MI VUELTA A LA VIDA

Lance Armstrong y Sally Jenkins

MI VUELTA A LA VIDA

Traducción de Daniel Menezo

Título original: *It's not about the bike: my journey back to life*
Autor:Lance Armstong con Sally Jenkins
Traducción. Daniel Menezo
Composición: Davis Anglès

Publicado por acuerdo con
Penguin Putnam Inc.
375 Hudson Street
New York, NY 10014

© 2000 by Lance Armstrong
© de esta edición: 2007, RBA Libros, S.A.
Pérez Galdós, 36 - 08012 Barcelona
rba-libros@rba.es / www.rbalibros.com

Primera edición de bolsillo: julio 2007
Segunda edición de bolsillo: enero 2009

Ref.: OBOL067 / ISBN: 978-84-7871-929-7
Depósito legal: B-2928-2009
Impreso por Liberduplex (Barcelona)

*Los autores desean agradecer a Bill Stapleton,
de Capital Sports Ventures, y a Esther Newberg, de ICM, que
percibieran la buena pareja que podríamos formar
y nos reunieran para escribir este libro. Stacy Creamer,
de Putnam, fue una editora esmerada y atenta,
y Stuart Calderwood nos ofreció sus valiosos consejos
y consiguió que todo saliera bien.
También damos las gracias a ABC Sports
por sus precisas aportaciones, y a Stacey Rodrigues
y David Mider por su ayuda e investigaciones.
Robin Rather y David Murray fueron generosos
y agradables anfitriones en Austin.
Gracias también a los editores de la revista
Women's Sports & Fitness por su paciencia
y apoyo, y a Jeff Garvey por el viaje en avión.*

ÍNDICE

I

ANTES Y DESPUÉS

Quiero morir a los cien años de edad con una bandera americana a la espalda y la estrella de Texas en el casco, tras descender gritando por los Alpes sobre una bicicleta, a 120 kilómetros por hora. Quiero cruzar una última línea de meta y oír a mi esposa y a mis diez hijos aplaudiendo, y luego quiero tumbarme en un campo de esos famosos girasoles franceses y expirar con elegancia: es decir, la antítesis perfecta de la patética muerte que un día me anticiparon.

Una muerte lenta no es para mí, porque yo no hago nada despacio, ni siquiera respirar. Todo lo hago a ritmo vivo: como rápido, duermo rápido, e incluso me molesta que conduzca mi esposa Kristin, porque se para cuando el semáforo está en ámbar, y mientras tanto yo me revuelvo, impaciente, en el asiento del pasajero.

—Venga, no seas tan miedica—, le digo.

—Lance —responde ella—, deberías casarte con un hombre.

Me he pasado toda la vida pedaleando en una bicicleta, desde las carreteras secundarias de Austin, en Texas, hasta los Campos Elíseos de París, y siempre imaginé que si moría de muerte prematura sería porque el todoterreno de algún ranchero me lanzara a la cuneta. De verdad, esto pasa a veces. Los ciclistas mantienen una lucha constante con los camioneros, y han sido tantos los vehículos que me han golpeado, tantas veces y en tantos países, que ya he perdido la cuenta. Hasta he aprendido a quitarme los puntos yo solo: lo único que hace falta es un cortaúñas y un estómago que no se revuelva fácilmente.

Si me vieran el cuerpo debajo del *maillot* entenderían lo que les digo. Tengo cicatrices blancuzcas en ambos brazos y no pocas señales descoloridas en las piernas, que siempre llevo afeitadas. Quizá por eso me quieren atropellar los camiones: ven mis piernas de aspecto afeminado y deciden no frenar. Pero los ciclistas tenemos que afeitarnos las piernas, porque así, cuando se te clava un poco de grava en la piel, si no tienes pelo la herida es más fácil de limpiar y vendar.

Vas pedaleando por la autopista en un momento dado y, al siguiente, ¡*catapúm!*, ya estás por los suelos. Te golpea una ráfaga de aire caliente, sientes en el paladar el sabor acre y aceitoso que desprende el tubo de escape y lo único que puedes hacer es agitar los puños en dirección a los faros traseros del vehículo.

El cáncer fue algo parecido. Fue como si un camión me hubiese echado de la carretera, y tengo cicatrices que pueden demostrarlo. Tengo una herida arrugada justo encima del corazón, que es donde me implantaron el catéter, y tengo una cicatriz que va desde el lado derecho de mi ingle hasta la parte superior del muslo, que señala dónde me amputaron el testículo. Pero las más espectaculares son dos profundas medias lunas que tengo en el cráneo, como si un caballo me hubiese coceado un par de veces. Son el recuerdo de la neurocirugía.

Cuando tenía venticinco años padecí cáncer testicular y estuve a punto de morir. Me dieron menos del cuarenta por ciento de posibilidades de sobrevivir y, francamente, algunos

14

de mis médicos me concedieron esa probabilidad sólo para que no perdiera la esperanza. Ya sé que la muerte no es precisamente un buen tema de conversación en una fiesta, ni tampoco lo es el cáncer o la neurocirugía, o nada que tenga que ver con zonas situadas de cintura para abajo. Pero no estoy aquí para mantener una conversación educada. Quiero contar la verdad. Estoy seguro de que les gustaría saber cómo Lance Armstrong se convirtió en el *Gran Americano* y «la inspiración para todos nosotros», cómo ganó el Tour de Francia, esa carrera de casi 3700 kilómetros que se considera el acontecimiento deportivo más agotador sobre la faz de la Tierra. Quieren que les hable de fe y de misterio, de mi milagrosa reaparición y de cómo entré a formar parte del libro de los récords junto a personajes tan importantes como Greg Lemond y Miguel Induráin. Quieren que les cuente mi épica escalada por los Alpes, mi conquista de los Pirineos y cómo se siente uno al conseguir eso. Pero el Tour fue lo menos importante de la historia.

Hay cosas que no son fáciles de decir ni agradables de leer. Quiero pedirles, ya de entrada, que dejen de lado sus ideas sobre héroes y milagros, porque yo no soy material para una novela. Esto no es Disneylandia ni Hollywood. Les voy a poner un ejemplo: he leído que volé por las colinas y montañas de Francia, pero nadie vuela para subir una colina. Uno se esfuerza lenta y dolorosamente cuesta arriba y, quizá, si lo ha intentado de verdad, llega a la cima antes que los demás.

El cáncer también es así. Hay personas buenas y fuertes que tienen cáncer y mueren a pesar de que hacen todo lo que pueden por vencerlo. Esta es la verdad esencial que van a aprender. La gente muere. Y una vez la hayan aprendido todo lo demás les parecerá irrelevante. Carecerá de trascendencia.

No sé por qué sigo vivo. Lo único que tengo son hipótesis. Tengo una constitución fuerte, y mi profesión me enseñó a enfrentarme a dilatados esfuerzos y grandes obstáculos. Me gusta entrenar duro y correr mucho. Eso me ayudó, fue un buen punto de partida, pero no cabe duda de que no fue el factor determinante. No puedo evitar la sensación de que mi supervivencia fue más bien una cuestión de pura suerte.

Cuando tenía dieciséis años me invitaron a hacerme unas pruebas en un lugar de Dallas llamado la Clínica Cooper, un prestigioso laboratorio de investigación y el lugar donde se inició la revolución de los ejercicios aeróbicos. Allí, un médico midió mi VO_2 máximo, que consiste en evaluar cuánto oxígeno puede inhalar y utilizar una persona, y recientemente me ha dicho que mis resultados siguen siendo los más elevados que hayan visto jamás. También produzco menos ácido láctico que la mayoría de las personas. El ácido láctico es el elemento químico que genera nuestro cuerpo cuando está cansado o le falta el aliento; es el que hace que nos ardan los pulmones y nos duelan las piernas.

En realidad, soy capaz de soportar más presión física que la mayoría de personas, y tardo más en cansarme. Supongo que eso me ayudó a sobrevivir. Tuve suerte: nací con una sobresaliente capacidad para respirar. Pero, a pesar de ello, la mayor parte del tiempo me vi inmerso en la niebla de la desesperación y la enfermedad.

La enfermedad me humilló y me abrió los ojos, forzándome a analizar mi vida de una forma más objetiva. En ella encontré muchos episodios vergonzosos: casos de egoísmo, tareas sin concluir, momentos de debilidad y cosas que lamentar. Tuve que preguntarme: «Si sobrevivo, ¿en qué me quiero convertir?», y descubrí que ese proceso tuvo mucho que ver con mi crecimiento como hombre.

No les voy a engañar: hay dos Lance Armstrong, uno anterior del cáncer y otro posterior. Todo el mundo me pregunta: «¿De qué manera le ha cambiado el cáncer la vida?», pero la verdadera pregunta debe ser: ¿hubo alguna faceta en que no me cambiara? Salí de mi casa el 2 de octubre de 1996 y, cuando volví a ella, era otra persona. Yo era un atleta importante a nivel mundial, con una mansión a la orilla de un río, las llaves de un Porsche y una fortuna en el banco que había amasado yo solo. Era uno de los ciclistas más famosos del mundo, y mi carrera estaba describiendo la parábola perfecta hacia el éxito. Cuando regresé a mi hogar era otra persona, literalmente. En cierto sentido, mi yo anterior murió y recibí una segunda vida. Ahora incluso mi cuerpo es distinto, porque durante la quimioterapia perdí todo el músculo que había acumulado y, cuando me recuperé, no volvió a crecer de la misma manera.

La verdad es que el cáncer es lo mejor que me ha pasado nunca. No sé por qué incubé esa enfermedad, pero hizo maravillas en mi vida, y no me gustaría perderla de vista. ¿Por qué tendría que querer cambiar, aunque sólo fuera por un día, el acontecimiento más importante de mi vida, el que le dio su forma actual?

Las personas mueren. Esta es una verdad tan patética que a veces no soy capaz de expresarla. Puede que me pregunten: ¿por qué seguir adelante? ¿Por qué no podemos pararnos, tumbarnos en cualquier sitio y morir? Pero también existe otra verdad. Las personas viven. Esa es una verdad equivalente y opuesta a la anterior. La gente vive, y de las formas más notables posibles. Cuando estaba enfermo fui testigo de más belleza, éxitos y verdades en un solo día de lo que había visto en cualquier carrera ciclista, pero se trataba de momentos humanos, no milagrosos. Conocí a un hombre que llevaba una sudadera deshilachada pero que resultó ser un cirujano brillante, y trabé amistad con una enfermera agobiada y sobrecargada de trabajo llamada LaTrice, que me cuidó de un modo que sólo pudo ser el resultado de la más profunda afinidad personal. Vi a niños sin pestañas o cejas, con el pelo quemado por la quimioterapia, que luchaban con corazones propios de Induráin.

Sigo sin comprenderlo del todo. Lo único que puedo hacer es contarles lo que sucedió.

Claro, tendría que haber sabido que algo no iba bien en mi interior, pero los atletas, sobre todo los ciclistas, son expertos en negarse cosas. Uno niega todos los dolores y molestias, porque tiene que hacerlo si quiere acabar la carrera. Es un deporte que exige que la persona se fuerce a sí misma. Te pasas de seis a siete horas diarias subido a la bicicleta bajo todo tipo de condiciones climáticas y ambientales, pedaleando sobre adoquines y grava, sobre el barro, acusando el viento y la lluvia, e incluso el granizo, y no puedes permitir que el dolor te venza. En esos momentos te duele todo, la espalda, los pies, las manos, el cuello, las piernas y, por supuesto, el trasero. De modo que no, no presté atención al hecho de que en 1996 no me encontraba bien. Cuando ese invierno se me hinchó ligeramente el testículo derecho me dije que tendría que vivir con ello, porque asumí que sería algo que me había hecho yo solito en la bici, o que mi organismo estaba compensando alguna cuestión fisiológica masculina. Seguía pedaleando duro, como siempre lo había hecho, y no tenía motivos para detenerme.

El ciclismo es un deporte que recompensa a los campeones maduros. Exige una resistencia física que se construye a lo largo de los años y una mente capaz de planificar estrategias, algo que es fruto de la experiencia. En 1996 me di cuenta de que estaba llegando a mi cima. Aquella primavera gané una carrera llamada la Fecha Valona, una prueba muy dura a través de las Ardenas que ningún americano había ganado antes. Acabé segundo en la Lieja-Bastogne-Lieja, una carrera clásica de 270 kilómetros en un solo día agotador. Y gané el Tour Du Pont, una carrera de 1971 kilómetros repartidos en doce días que atraviesa las montañas de Carolina. A esos resultados añadí otros cinco segundos puestos, y estaba a punto de entrar, por primera vez en mi carrera, en el grupo de los cinco mejores ciclistas del mundo.

Pero, cuando gané el Tour Du Pont, los seguidores del ciclismo se dieron cuenta de algo extraño: generalmente, cuando gano una carrera, subo y bajo los puños como si fueran pistones mientras cruzo la línea de meta. Pero aquel día me encontraba demasiado agotado como para celebrarlo sobre la bicicleta. Tenía los ojos inyectados en sangre, y estaba muy colorado.

Mis actuaciones durante esa primavera tendrían que haberme hecho sentir confiado y pletórico, pero, en cambio, estaba cansado. Me dolían los pezones. Yo no lo sabía, pero eso ya era indicio de enfermedad. Quería decir que tenía un número elevado de GCH (gonadotrofina coriónica humana), que es una hormona que generalmente producen las mujeres embarazadas. Los hombres sólo tienen una pequeña cantidad, a menos que sus testículos estén funcionando mal. Pensaba que era un simple caso de agotamiento. «Aguanta», me dije a mí mismo. «No puedes permitirte estar cansado. Aún tenía por delante dos de las carreras más importantes de la temporada: el Tour de Francia y los Juegos Olímpicos de Atlanta, y había estado entrenándome y compitiendo con el único objetivo de participar en esos acontecimientos.

Me retiré del Tour de Francia al cabo de sólo cinco días. En una de las etapas llovió, y eso me produjo faringitis y bronquitis. Me pasé el día tosiendo y con dolor de lumbares. No fui capaz de volver a subirme a la bici. «No podía respirar», comenté a la prensa. Cuando miro hacia atrás me doy cuenta de que esas palabras resultaron proféticas.

En Atlanta mi cuerpo volvió a rendirse. Fui sexto en la clasificación por tiempos y duodécimo en la carrera en pista; fueron buenos resultados globales, pero decepcionantes si tenía en cuenta mis elevadas expectativas.

Ya de regreso a Austin, yo suponía que aquello debía de ser una gripe. Dormía muchas horas, y tenía una sensación como de dolor de baja intensidad. Traté de ignorarlo, achacándolo a una temporada larga y dura. Celebré mi vigésimo quinto aniversario el 18 de septiembre y, un par de noches después, invité a un grupo de amigos a una fiesta antes de un concierto de Jimmy Buffett, en la que alquilamos una máquina para preparar cócteles margarita. Linda, mi madre, viajó desde Plano para visitarme, y esa noche, en mitad de la fiesta, le dije:

—Soy el hombre más feliz del mundo.

Me encantaba mi vida. Estaba saliendo con una preciosa amiga de la Universidad de Texas llamada Lisa Shiels, acababa de firmar un nuevo contrato de dos años con un prestigioso equipo ciclista francés, el Cofidis, por dos millones y medio de dólares, y tenía una casa nueva y gigantesca que habían construido a lo largo de los últimos meses siguiendo mis deseos, tanto en el diseño de la estructura como en la decoración de los interiores. Era una casa de estilo mediterráneo junto al lago Austin, con preciosas vidrieras que daban a la piscina y al patio porticado que bajaba hasta el embarcadero, donde tenía mi propio equipo de esquí acuático y mi lancha motora.

Sólo hubo algo que me arruinó la ocasión, y fue que en mitad del concierto empezó a dolerme la cabeza. Comenzó como una especie de martilleo sordo, y me tomé un par de aspirinas que no me ayudaron mucho; en realidad, el dolor aumentó.

Probé con ibuprofeno. Ya llevaba tomadas cuatro pastillas, pero el dolor de cabeza iba a más. Pensé que me había pasado bebiendo margaritas, y me prometí a mí mismo no volver a probar ese cóctel nunca más. La esposa de mi amigo y apoderado Bill Stapleton, Laura, tomaba medicación contra la migraña, y como llevaba el frasco en el bolso me lo pasó. Me tomé tres pastillas, que tampoco me hicieron efecto. A estas alturas ya era un dolor de cabeza de esos que se ven en las películas, de los que hacen que a la gente le fallen las piernas y se agarren la cabeza con las manos, como si les fuera a reventar el cráneo.

Al final tuve que irme a casa. Apagué todas las luces y me eché en la cama. El dolor no cedió, pero, unido a la tequila que había bebido, me había dejado agotado, y por fin me quedé dormido. Cuando me desperté a la mañana siguiente el dolor de cabeza había desaparecido. Mientras trasteaba por la cocina haciendo café me di cuenta de que veía un poco borroso, como si los bordes de las cosas fueran blandos. «Debe de ser que me hago viejo», pensé. «Quizá necesito gafas». Tenía excusas para todo.

Un par de días después, mientras estaba en el salón hablando por teléfono con Bill Stapleton, me dio un ataque de tos. Carraspeé y sentí como si tuviera algo metálico y salado en la garganta.

—Un momento, no cuelgues —le dije—. No me encuentro muy bien.

Fui corriendo hasta el baño y tosí sobre el lavabo. Escupí saliva y sangre. Me quedé mirando al lavabo y volví a toser y a escupir más sangre. No podía creerme que aquella masa sanguinolenta hubiera salido de mi propio cuerpo. Asustado, volví enseguida al salón y cogí el teléfono.

—Bill, te llamo un poco más tarde —le dije. Colgué y llamé a mi vecino, el doctor Rick Parker, un buen amigo que además era mi médico de cabecera en Austin. Rick vivía cerca de mí, al pie de la colina.

—¿Puedes venir ahora mismo? —le pregunté—. Estoy tosiendo sangre.

Mientras Rick venía de camino volví al baño y contemplé los residuos sanguinolentos en el lavabo. Abrí el grifo sin pensar. Quería limpiarlo todo. A veces hago cosas sin conocer mis propios motivos. No quería que Rick lo viera. Me daba vergüenza, y quería que la sangre desapareciese.

Rick llegó y me examinó la nariz y la boca. Usó una pequeña linterna para examinarme la garganta, y me pidió que le enseñara la sangre. Le enseñé una manchita que quedaba en el lavabo. «¡Por Dios!», pensé. «¡No puedo decirle la cantidad de sangre que he tosido, qué asco!». Lo que quedaba no era para inquietarse.

Rick estaba acostumbrando a oírme quejar de los senos nasales y las alergias. Austin tiene grandes cantidades de ambrosía y de polen, y por mucho que me afecte no puedo tomar ninguna medicación debido al estricto reglamento sobre el dopaje que rige en el mundo del ciclismo. A menudo tengo que aguantarme.

—Es posible que te sangren los senos nasales —dijo Rick—. Puede que te hayas roto uno.

—Genial —exclamé—. Así que no es nada grave.

Me sentí tan aliviado que bajé en moto por la colina hasta la casa de los Parker. Siempre me han gustado los juguetes motorizados, y las motos tipo escúter están entre mis favoritos. Pero aquella noche me dolía tanto el testículo que no logré sentarme a gusto en la moto. Tampoco me pude acomodar bien en la mesa del comedor.

Tenía que colocarme en una determinada posición, y no me atrevía a moverme por el dolor que sentía. Estuve a punto de decirle a Rick cómo me encontraba de verdad, pero me sentía demasiado cohibido. No me parecía correcto sacarlo a colación durante la comida, y ya le había molestado una vez con el asunto de la sangre. «Va a creer que soy un quejica», pensé, así que no dije nada.

Cuando me desperté a la mañana siguiente mi testículo estaba espantosamente hinchado, casi hasta el tamaño de una naranja pequeña. Me vestí rápidamente, saqué la bicicleta del garaje y salí a dar mi vuelta de entrenamiento habitual, pero apenas podía sentarme en el sillín. Hice todo el recorrido de pie sobre los pedales. Cuando regresé a casa, a primera hora de la tarde, volví a marcar a regañadientes el número de los Parker.

—Rick, tengo algún problema con mi testículo —le dije—. Está muy inflamado, y he tenido que hacer todo el camino sin sentarme en el sillín.

Rick me advirtió severamente:

—Tienes que ir a que te lo examinen ahora mismo.

Insistió en que me acompañaría a ver a un especialista esa misma tarde. Colgamos y él llamó al doctor Jim Reeves, un destacado urólogo de Austin. En cuanto Rick le explicó mis síntomas el doctor insistió en que fuéramos de inmediato. Nos reservaría hora de visita. Rick me dijo que Reeves sospechaba que yo padecía una simple torsión testicular, pero que debíamos ir a comprobarlo. Si lo pasaba por alto podía perder el testículo.

Me duché y me vestí. Cogí las llaves y subí al Porsche; es curioso, pero me acuerdo exactamente de la ropa que llevaba: unos pantalones color caqui y una camisa verde. La consulta de Reeves estaba en el centro de la ciudad, cerca del campus de la Universidad de Texas, en un edificio normal y corriente, de ladrillos marrones, reservado a los médicos. Reeves resultó ser un señor mayor con una voz grave y resonante que parecía provenir del fondo de un pozo. Dominaba ese arte propio de los médicos que consiste en explicar las cosas como si todo fuera mera rutina... a pesar de que se le vio bastante alarmado por lo que descubrió al examinarme. Mi testículo había triplicado su tamaño normal, y cuando lo palpó estaba muy duro y me dolía. Reeves tomó algunas notas y luego dijo:

—Me resulta un tanto sospechoso. Para estar seguros te enviaré aquí al lado, para que te hagan un ultrasonido.

Volví a vestirme y me acerqué al coche. El laboratorio estaba cruzando una avenida, en otro edificio de ladrillo marrón con aspecto de organismo oficial. Dentro había unas cuantas oficinas y habitaciones repletas de complejo instrumental médico. Volví a echarme en otra camilla para que me examinaran.

Entró una especialista femenina que comenzó a analizarme con el equipo de ultrasonidos, un aparato parecido a una varita que enviaba una imagen a una pantalla. Pensé que sería cuestión de unos minutos, un chequeo rutinario para que el doctor se quedara más tranquilo. Al cabo de una hora seguía tumbado en la camilla. Me daba la impresión de que la médico me estaba examinando centímetro a centímetro. Allí estaba yo, tumbado, callado e intentando no sentirme cohibido. ¿Por qué estaba tardando tanto? ¿Había descubierto algo?

Al final, dejó la varita sobre la mesa. Sin decir nada, salió del cuarto.

—Espere un momento —le dije—. ¡Oiga!

Pensé: «Se supone que sólo es una mera formalidad, ¿no?». Al poco rato ella regresó junto a un hombre al que antes había visto en la consulta. Era el radiólogo jefe. Cogió la varita y volvió a realizar el análisis él mismo. Estuve callado mientras me examinaba durante otros quince minutos. «¿Por qué está tardando tanto?»

—Muy bien, ya puede vestirse y salir —me dijo.

Me vestí a toda prisa y me reuní con él en el vestíbulo.

—Tenemos que hacer una radiografía del tórax —dijo.

Me quedé mirándole.

—¿Por qué? —le pregunté.

—El doctor Reeves ha pedido una radiografía —aclaró.

¿Por qué querrían examinarme el tórax? No me dolía. Volví a entrar en otro cuarto, me quité de nuevo la ropa y un nuevo especialista me hizo la radiografía pertinente. A estas alturas estaba empezado a enfadarme y a asustarme. Volví a vestirme y regresé a la consulta principal. Al avanzar por el pasillo vi al radiólogo jefe.

—Escuche —le dije, arrinconándolo—. ¿Qué está pasando? Esto no es normal.

—El doctor Reeves es el que debería hablar con usted.

—No. Quiero saber qué es lo que pasa.

—Bueno, no quisiera entrar en el terreno del doctor Reeves, pero según parece le está haciendo un pequeño chequeo en busca de actividad relacionada con el cáncer.

Me quedé de piedra.

—¡Oh, mierda! —dije.

—Llévele la radiografía al doctor Reeves. Le está esperando en su consulta.

Sentía un frío intenso en la boca del estómago que cada vez iba a más. Saqué mi teléfono móvil y llamé a Rick.

—Rick, aquí está pasando algo y no me dicen toda la verdad.

—Lance, no sé exactamente qué sucede, pero me gustaría acompañarte a ver al doctor Reeves. ¿Por qué no nos encontramos allí?

—Vale —contesté.

Estuve esperando en radiología mientras revelaban mi placa. Finalmente, el radiólogo salió y me entregó un gran sobre marrón. Me dijo que Reeves me esperaba en su consulta. Me quedé mirando el sobre con la radiografía de mi tórax.

«Esto no me gusta.» Volví a subirme al coche y me quedé mirando el sobre que contenía la placa de mi pecho. La consulta de Reeves estaba sólo a unos doscientos metros, pero se me hizo una distancia larguísima. Me parecieron tres kilómetros. O treinta.

Conduje esa breve distancia y aparqué. Ya era de noche, y se habían acabado las horas de visita normales. Si el doctor Reeves me había estado esperando todo ese rato, pensé, debía de haber un buen motivo. «Y el motivo es que estoy metido en un buen lío.» Cuando entré en la consulta del doctor Reeves me di cuenta de que el edificio estaba vacío. Todo el mundo se había marchado, y en el exterior estaba oscuro.

Rick llegó con aspecto preocupado. Me aposenté en una silla mientras el doctor Reeves abría el sobre y examinaba mis pruebas de rayos X. Las radiografías vienen a ser como una foto, pero al revés, y las anomalías salen en blanco. Es decir, que una imagen oscura es buena porque indica que tus órganos están bien. *Negro, bueno. Blanco, malo.*

El doctor Reeves colgó mi placa sobre un negatoscopio de la pared. Mi tórax parecía una tormenta de nieve.

—Vaya, la situación es grave —dijo el doctor Reeves—. Parece cáncer testicular con una amplia metástasis en los pulmones.

«Tengo cáncer».

—¿Está seguro? —pregunté.

—Bastante seguro —repuso el doctor Reeves.

«Tengo 25 años. ¿Por qué iba a tener cáncer?»

—¿No debería buscar una segunda opinión? —dije.

—Por supuesto —contestó el doctor Reeves—. Tiene todo el derecho a hacerlo, pero debo decirle que estoy seguro del diagnóstico. Le he pedido hora para mañana a la siete de la mañana, para amputar el testículo.

«Tengo cáncer y está en mis pulmones.»

El doctor Reeves me amplió la información: el cáncer testicular es una enfermedad poco usual, de la que en los Estados Unidos sólo se producen unos 7000 casos anuales. Solía afectar a los hombres de entre dieciocho y venticinco años y se consideraba muy tratable, dentro de la gravedad de un cáncer, gracias a los avances en la quimioterapia, pero un diagnóstico y una intervención tempranos eran clave para su curación. El doctor Reeves estaba seguro de que tenía cáncer. La pregunta era: ¿hasta qué punto estaba extendido? Me recomendó que fuera a ver al doctor Dudley Youman, un oncólogo prestigioso que trabajaba en Austin. La velocidad era esencial: cada día era importante.

Al acabar su explicación el doctor Reeves se calló. Yo también me quedé callado.

—Les dejaré solos unos minutos —dijo.

Cuando estuve a solas con Rick apoyé la cabeza en el escritorio.

—No puedo creerlo —le dije.

Pero tenía que admitirlo: estaba enfermo. Los dolores de cabeza, el toser sangre, la garganta séptica y el dormir tantas horas seguidas... Tenía la sensación de haber estado enfermo desde hacía ya tiempo.

—Lance, escúchame. Se ha mejorado mucho en el tratamiento del cáncer. Se puede curar. Cueste lo que cueste, vamos a derrotarlo. Haremos lo que sea.

—Vale —contesté—. Vale.

Rick volvió a llamar al doctor Reeves.

—¿Qué debo hacer? —le pregunté—. Vamos a por él. Matemos a esa cosa. Cueste lo que cueste, ¡hagámoslo!

Quería curarme de inmediato. Enseguida. Me hubiera sometido a una operación esa misma noche. Si hubiera servido de algo, hubiese manejado el cañón de radiación yo mismo. Pero Reeves me explicó pacientemente el procedimiento de la mañana siguiente: tendría que llegar pronto al hospital para hacerme una serie de pruebas y un análisis de sangre, de forma que el oncólogo pudiese determinar el grado del cáncer, y luego me someterían a una operación para amputarme el testículo.

Me levanté para marcharme. Tenía que hacer muchas llamadas, y una de ellas a mi madre. No sabía cómo lo haría, pero tenía que decirle que su hijo único tenía cáncer. Subí al coche y me dirigí, por las calles serpenteantes y bordeadas de árboles, hacia mi casa en la orilla del lago, y por primera vez en la vida conduje despacio. Estaba completamente pasmado. «¡Dios mío!, ya no podré volver a competir. ¡Dios santo, voy a morir! No podré tener hijos». Los pensamientos se mezclaban en medio de la confusión que sentía, pero lo primero que me venía a la cabeza era: «Dios mío, no podré volver a competir». Descolgué el teléfono del coche y llamé a Bill Stapleton.

—Bill, tengo muy malas noticias.

—¿Qué pasa? —contestó, preocupado.

—Estoy enfermo. Se acabó mi carrera.

—¿Qué?

—Se acabó, estoy enfermo. Nunca volveré a competir, y voy a perderlo todo. Colgué.

Circulé por las calles en primera, sin fuerzas ni siquiera para apretar el acelerador. Mientras avanzaba despacio puse todo en cuestión: mi mundo, mi profesión, a mí mismo. Cuando salí de casa era un tío de venticinco años, indestructible, a prueba de balas. Me di cuenta de que el cáncer iba a cambiarlo todo para mí; no solamente acabaría con mi carrera, sino que iba a impedir mi realización como persona.

Había empezado desde cero. Mi madre era secretaria en Plano, Texas, pero yo, subido a la bici, había llegado a ser alguien. Mientras los demás niños nadaban en el club local yo pedaleaba kilómetros y kilómetros al salir de la escuela, porque ahí estaba mi futuro. Cada uno de los trofeos y dólares que gané me exigieron litros de sudor, y ahora, ¿qué iba a hacer? ¿Quién iba a ser, si ya no era Lance Armstrong, el ciclista de categoría?

Un enfermo.

Entré en el camino que llevaba a mi casa. Cuando entré el teléfono estaba sonando. Arrojé las llaves sobre la mesa y el teléfono seguía sonando. Lo cogí. Era mi amigo Scott MacEachern, un representante de Nike asignado para trabajar conmigo.

—Eh, Lance, ¿qué está pasando?

—Bueno, muchas cosas —le contesté, enfadado—. Está pasando de todo.

—¿Qué quieres decir?

—Veras, yo...

Aún no lo había dicho en voz alta.

—¿Qué? —preguntó Scott.

Abrí la boca. Titubeé.

—Tengo cáncer —dije. Empecé a llorar.

Y fue entonces, en ese momento, cuando me vino a la mente una idea: podía perder algo más que mi deporte. Podía perder la vida.

2

LA LÍNEA DE SALIDA

Nuestro pasado nos moldea, tanto si nos gusta como si no. Cada relación y cada experiencia pasadas tienen su propio efecto sobre nosotros y nos van dando forma, de la misma manera que el viento moldea a los árboles mezquites de la llanura.

Lo principal que deben saber acerca de mi infancia es que nunca tuve un auténtico padre, aunque tampoco deseé tenerlo. Mi madre me tuvo a los diecisiete años, y aquel día todo el mundo le dijo que no llegaríamos muy lejos; pero ella pensaba otra cosa, y se dedicó a criarme con una idea fija: «Convierte tus obstáculos en oportunidades». Y eso es lo que hicimos.

Yo era un niño realmente muy inquieto, sobre todo para una mujer de pequeña estatura. El nombre de soltera de mi madre era Linda Mooneyham. Ella mide un metro sesenta y pesa unos cuarenta kilos, y la verdad es que no sé cómo pude salir de alguien tan poca cosa, porque al nacer pesé 3,7 kilogramos. El parto fue tan difícil que mi madre estuvo todo el día siguiente con fiebre, con una temperatura tan alta que las enfermeras ni siquiera permitieron que me cogiera en brazos.

Nunca conocí a mi padre, por llamarle de alguna forma. No tuvo influencia en mi vida, a menos que consideremos la ausencia una influencia. El mero hecho de haber ofrecido el ADN que me creó no le convierte en mi padre y, por lo que a mí respecta, no hay nada entre nosotros, ninguna relación. No tengo idea de quién es ni de qué le gusta o le disgusta, y hasta hace un año no sabía dónde vivía o en qué trabajaba.

Nunca lo pregunté. Nunca tuve una conversación concreta con mi madre acerca de él. Ni una sola vez. En ventiocho años ella no ha sacado el tema, ni yo tampoco. Puede parecer raro, pero es así. La verdad es que se trata de un tema que no me importa, y a mi madre tampoco. Ella me ha dicho que me hubiera hablado de él si yo le hubiese preguntado pero, francamente, hubiera sido como formular una pregunta retórica, porque él para mí no significaba nada. Mi madre me amaba al cien por cien y yo la amaba en el mismo grado, y eso nos bastaba a los dos.

Sin embargo, cuando me senté a escribir mi vida imaginé que tendría que descubrir algunas cosas acerca de mí mismo. Por desgracia, el año pasado un periódico de Texas le siguió la pista a mi padre biológico y publicó su historia, y esto es lo que decía: su apellido es Gunterson y es director de recorrido para el diario *Dallas Morning News*. Vive en Cedar Creek Lake, en Texas, y ha tenido otros dos hijos. Mi madre estuvo casada con él mientras estaba embarazada, pero se separaron antes de que yo cumpliera los dos años. El periódico incluía un comentario suyo en el que decía que se sentía orgulloso de mí como padre y que sus hijos me consideraban su hermano, pero esas declaraciones me sonaron a puro oportunismo, y no tengo interés alguno en conocerle.

Mi madre siempre estuvo sola. Sus padres se habían divorciado, y además su padre, Paul Mooneyham, mi abuelo, era un veterano del Vietnam aficionado a la bebida que trabajaba en Correos y vivía en una caravana. Mi abuela Elisabeth tuvo que luchar para sacar adelante a tres hijos, y en la familia de mi madre no hubo nadie que pudiera ayudarla mucho, aunque lo intentaron. El día en que yo nací mi abuelo dejó de beber, y desde entonces, hace ya ventiocho años, mi edad actual, ha estado sobrio. El hermano pequeño de mi madre, Al, hacía las veces de canguro. Más tarde se alistó en el ejército, una tradición en los hombres de mi familia, y logró hacer carrera, llegando a ser teniente coronel. Tiene un montón de condecoraciones en la guerrera, y él y su esposa tienen un hijo llamado Jesse al que quiero muchísimo. Estamos orgullosos de nuestra familia.

Yo fui un niño deseado. Mi madre estaba tan decidida a tenerme que ocultó su embarazo llevando camisas anchas, para que así nadie la molestara o intentara convencerla para que no me tuviese. Después de haber nacido, a veces mi madre y su hermana iban a comprar juntas, y una tarde mi tía me tenía en brazos mientras las cajeras me hacían arrumacos.

—¡Qué monada de bebé! —dijo una de ellas.

Mi madre se acercó enseguida.

—Es mío —aclaró.

Vivíamos en un triste apartamento en Oak Cliff, un barrio de Dallas, mientras mi madre trabajaba y acababa sus estudios. Era uno de esos vecindarios donde se ve la ropa colgada de los tendederos y donde hay un restaurante Kentucky Fried Chicken en la esquina. De hecho, mi madre trabajaba en el Kentucky, donde recibía los pedidos vestida con su uniforme a rayas rosas. También se encargaba de la caja registradora de la tienda Kroger, al otro lado de la calle. Más tarde consiguió un trabajo temporal en la oficina de Correos, clasificando cartas con destinatarios equivocados, y otro para archivar papeles, y todo esto lo hizo mientras seguía estudiando e intentaba cuidar de mí. Cobraba cuatrocientos dólares al mes, aunque el alquiler del piso ya eran doscientos, y aparte gastaba venticinco dólares semanales en mis necesidades. Pero me dio todo lo que necesité y más. Siempre fue capaz de conseguir pequeños extras de donde fuese.

Cuando yo era pequeño me llevaba al supermercado 7-Eleven de la zona y me compraba un Slurpee, un refresco que yo bebía con una pajita. Ella absorbía un poco de líquido y yo echaba la cabeza hacia atrás; entonces me ponía la pajita en la boca y me dejaba saborear aquel trago dulce y helado. Me mimaba a base de bebidas de cincuenta centavos.

Cada noche me leía algo. Aunque yo era sólo un bebé, demasiado pequeño para entender nada, me cogía en brazos y me leía. Nunca estaba demasiado cansada para hacerlo.

—Estoy deseando que llegue el día en que puedas leerme tú —me decía.

No es de extrañar que a los dos años yo recitara poesías. Todo lo hice rápido. A los nueve meses ya caminaba.

Al final, mi madre consiguió un empleo de secretaria por 12 000 dólares al año, lo cual le permitió que nos trasladáramos a un apartamento más bonito al norte de Dallas, a un barrio llamado Richardson. Más tarde obtuvo un empleo en una empresa de telecomunicaciones, Ericsson, donde ha conseguido ir subiendo en la escala jerárquica. Ahora ya no es secretaria, sino directora financiera y, lo que es más, sacó su título en Gestión de Bienes Inmobiliarios. Con esto ya saben de ella todo lo que deberían saber. Es una mujer muy aguda, capaz de trabajar más que nadie. Y además tiene un aspecto tan juvenil que parece mi hermana.

En comparación con Oak Cliff, a ella el nuevo vecindario le pareció el paraíso. Por la zona norte de Dallas se extiende un cadena de núcleos urbanos que llegan prácticamente hasta la frontera con Oklahoma, y cada uno es idéntico al anterior. Las amplias barriadas de casas baratas y los grandes paseos se estiran a lo largo de kilómetros por el paisaje plano y amarronado de Texas, pero existen buenos colegios y montones de parques donde los niños pueden jugar.

Cruzando la calle, delante de nuestro apartamento, había una pequeña tienda llamada Bicicletas Richardson, situada al extremo de un centro comercial. El propietario era un hombre pequeño y fornido, con unos ojos muy brillantes, llamado Jim Hoyt. A Jim le gustaba patrocinar a los participantes en carreras de bicicletas, y siempre intentaba animar a los niños a que se dedicaran a ese deporte. Un día a la semana mi madre me llevaba a un sitio cercano donde podíamos comer donuts recién hechos, y pasábamos por delante de la tienda de bicis. Jim sabía que a ella le costaba salir adelante, pero al mismo tiempo veía que siempre iba bien arreglada y que me llevaba limpio y bien cuidado. Se avino a ayudarnos, y le hizo un descuento en el precio de mi primera bicicleta importante. Era una Schwinn Mag Scrambler, que tuve a la edad de siete años. Era de un color marrón bastante feo y ruedas amarillas, pero a mí me encantaba. ¿Por qué a los niños les gustan las bicis? Suponen liberación, independencia, el primer par de ruedas propias. Una bicicleta implica la libertad de ir de aquí para allá, sin reglas y sin adultos.

Durante aquellos años sólo hubo una cosa que mi madre me dio y que a mí no me interesaba demasiado: un padrastro. Cuando yo tenía tres años se casó con Terry Armstrong, un hombre bajito con un gran bigote y con la costumbre de aparentar más éxito en la vida del que en realidad tenía. Vendía alimentos a las tiendas y era todo un compendio de los tópicos acerca de los vendedores ambulantes, pero siempre aportó a nuestro hogar un segundo sueldo, y ayudaba a pagar las deudas. Mientras tanto, a mi madre la iban ascendiendo en su trabajo y pudo comprar un piso en Plano, uno de los mejores barrios de la ciudad.

Yo era muy pequeño cuando Terry me adoptó legalmente y cambió mi apellido a Armstrong, y no recuerdo que eso me alegrara o me disgustara de manera especial. Lo único que sé es que aquél que fue el donante de ADN, Gunderson, renunció a sus derechos legales sobre mí. Era un paso necesario para que la adopción pudiera realizarse, ya que Gunderson tenía que dar su consentimiento. Así que cogió un bolígrafo y firmó los documentos.

Terry Armstrong era cristiano, y provenía de una familia que tenía cierta tendencia a decirle a mi madre cómo debía criarme. Pero, a pesar de sus sermones, Terry tenía mál carácter, y solía pegarme por cualquier tontería. Cosas de críos, como el ser desordenado. Una vez me dejé un cajón abierto en mi cuarto con un calcetín colgando, y Terry cogió su vieja pala *pacificadora*. Era una pala de madera gruesa y resistente que usaba para jugar al paddle, algo que, me parece, nadie debería usar con un niño pequeño. Aquel día me puso boca abajo y me dio unos cuantos azotes. La pala era su método favorito de disciplina. Si yo llegaba a casa tarde sacaba la pala. *Paf*. Si me las daba de listo sacaba la pala. *Paf*. No sólo me dolía físicamente, sino también emocionalmente. Así que no me gustaba Terry Armstrong. Pensaba que era un bruto y, como resultado de todo aquello, mis primeras opiniones sobre la religión organizada fueron que se trataba de algo propio de hipócritas.

A los atletas no les interesa demasiado profundizar en su infancia, porque la introspección no contribuye a ganar una carrera. Cuando uno está intentando subir una pendiente de casi dos kilómetros de desnivel, con un montón de italianos y españoles pegados a la rueda trasera, prefiere no pensar en sus resentimientos adolescentes. En ese momento hay que concentrarse. Pero una vez dicho esto, ahí queda, para añadir leña al fuego. Como suele decir mi madre: «Convierte cada cosa negativa en algo positivo». No hay nada que se desperdicie, todo sirve para algo, las viejas heridas y los desprecios de la infancia se convierten en energía competitiva. Pero en aquella época yo sólo era un niño cargado de resentimientos que pensaba. «Quizá si pedaleo en mi bici el tiempo suficiente esa carretera me llevará lejos de aquí»

Plano también tuvo su efecto sobre mí. Era el típico barrio americano de las afueras de una gran ciudad, con tiendas, calles perfectamente delineadas y clubes de antes de la guerra entre solares abandonados. Estaba habitado por individuos con camisas de golf y pantalones de cuadritos, mujeres cargadas de bisutería y adolescentes alienados. Allí no había nada antiguo, nada auténtico. Para mí, en aquel lugar reinaba una sensación deprimente, y quizá por eso el barrio tenía uno de los mayores índices de adicción a la heroína de todo el país, y también un número anormalmente elevado de suicidios entre adolescentes. Es el lugar donde se levanta la Plano East High School, uno de los institutos de secundaria más grandes y con mayor número de fanáticos por el fútbol americano. Se trata de una estructura moderna que tiene más bien pinta anodina, con unas enormes puertas del tamaño de un embarcadero. Allí es donde asistí a la escuela.

En Plano, Texas, si uno no jugaba al fútbol americano simplemente no existía, y si, además, no pertenecía a la clase media alta, mejor que no existiera. Mi madre era secretaria, de modo que intenté jugar al fútbol, pero me faltaba coordinación. Cuando había que moverse de un lado a otro, o el movimiento requería coordinación entre la vista y la mano —siempre que había una pelota de por medio—, yo era una nulidad.

Estaba decidido a encontrar algo en lo que pudiera destacar sobre los demás. Cuando estaba en quinto curso mi escuela de primaria organizó un maratón, y yo le dije a mi madre la noche justo antes de la carrera:

—Voy a ser campeón.

Ella se me quedó mirando. Luego rebuscó entre sus cosas y sacó un dólar de plata de 1972.

—Esta es una moneda de la buena suerte —me dijo—. Ahora, recuerda: lo único que debes hacer es ganarle al reloj.

Gané la carrera.

Unos meses después me uní al club local de natación. Al principio sólo era otra manera de intentar que me aceptaran los demás chicos del barrio, que solían nadar en Los Rios Country Club, del que sus padres eran miembros. El primer día de las prácticas lo hice tan mal que me relegaron al grupo de niños de siete años. Al mirar a mi alrededor vi a la hermana pequeña de uno de mis amigos. Fue vergonzoso. Había pasado de no ser bueno en el fútbol americano a no ser bueno en la natación.

Pero lo intenté. Si tenía que nadar junto a los niños pequeños para aprender técnica, eso es lo que haría. Incluso hoy día mi madre se emociona cuando recuerda la primera vez que me lancé a la piscina y la crucé a nado, chapoteando como si intentara vaciarla de agua.

—¡Lo intentabas con tantas ganas! —me dice.

No estuve con el grupo de los pequeños durante mucho tiempo. La natación es un deporte muy duro para un niño de doce años, y el club de natación de Plano era especialmente estricto. Nadaba para un hombre llamado Chris MacCurdy, que sigue siendo uno de los mejores entrenadores que haya tenido jamás. Al cabo de un año Chris me había transformado, y quedé cuarto en la prueba estatal de los 1500 metros estilo libre. Chris entrenaba a nuestro equipo muy en serio, con sesiones cada mañana de 5:30 a 7:00. Cuando crecí un poco comencé a usar mi bici para entrenarme, y recorría 16 kilómetros por las calles a la luz mortecina del amanecer. Solía hacer 4000 metros de piscina antes de ir a la escuela y volvía a ejercitarme dos horas más por las tardes, otros 6000 metros. Eso eran unos diez kilómetros diarios de piscina, más un paseo de más de treinta kilómetros en bici. Mi madre me permitía hacerlo por dos motivos: no podía llevarme a la escuela en coche porque tenía que ir a trabajar y, además, sabía que yo necesitaba encauzar mi carácter.

Una tarde, cuando yo rondaba los trece años y estaba dando vueltas por los alrededores de Bicicletas Richardson, vi un folleto que anunciaba una competición llamada *Iron-Kids*. Era un triatlón infantil, una prueba que combinaba ciclismo, natación y carrera. En mi vida había oído hablar de un triatlón, pero se componía de las tres cosas que a mí se me daban bien, de forma que me inscribí. Mi madre me llevó a una tienda y me compró un equipo de triatlón, que venía a consistir en unos pantalones cortos y una camiseta hecha de un material que se secaba rápido, de modo que pudiera llevarla puesta en todas las pruebas sin tener que cambiarme. Entonces fue cuando tuve mi primera bicicleta de carreras. Era una Mercier, una bicicleta estilizada y elegante.

Gané, y además gané con ventaja, sin siquiera haberme preparado. Poco después hubo otro triatlón en Houston. Ese también lo gané. Cuando regresé a casa había aumentado un montón la confianza en mí mismo. Era uno de los mejores nadadores en el equipo infantil, si bien es cierto que nunca había llegado a ser el mejor. Pero, además, era el mejor atleta infantil de triatlón entre todos los niños de Plano y, por extensión, de todo el estado. Era una sensación agradable.

Lo que en realidad crea a un atleta de gran resistencia física es la capacidad de ignorar el posible ridículo y sufrir sin quejarse, y yo estaba descubriendo que si se trataba de algo que me exigiera apretar los dientes, sin importar la cara que se me pusiera, y de superar a todos los demás competidores, ganaba. Parecía que no importara de qué deporte se tratara: en una carrera recta, de larga distancia, era capaz de vencer a todo el mundo. Puede que fuera una persona cargada de resentimientos, pero al menos se me daba bien sacarles provecho.

Podría haber soportado la raqueta de paddle de Terry Armstrong, pero hubo otra cosa que jamás hubiera aceptado. Cuando yo tenía catorce años mi madre fue al hospital a que le hiciesen una histerectomía. Es una operación muy dura para cualquier mujer, física y emocionalmente hablando, y mi madre aún era muy joven cuando se la hicieron. Yo estaba inscrito en una competición de natación en San Antonio, de modo que estaría fuera mientras ella se estuviera recuperado de la operación, así que Terry decidió acompañarme. Yo no quería que él viniera, no deseaba que representara el personaje de *papá de liga infantil,* y pensaba que su sitio estaba en el hospital. Pero él insistió.

Estábamos en el aeropuerto esperando nuestro vuelo y yo miraba a Terry pensando «¿Qué pintas aquí?» Mientras le observaba él escribía notas en un bloc. Empezaba a garabatear, arrancaba la hoja y la arrugaba, la echaba en la papelera y comenzaba de nuevo. Pensé que era algo raro. Al cabo de un rato Terry se levantó y fue al lavabo. Me acerqué a la papelera, recogí los papeles hechos una bola y los guardé en la mochila.

Más tarde, cuando estuve solo, los saqué y los alisé. Iban destinados a otra mujer. Los leí uno por uno. Le estaba escribiendo a otra mujer mientras mi madre estaba en el hospital tras una histerectomía. Hice el regreso a Dallas en avión con las páginas arrugadas en el bolsillo. Cuando llegué a casa fui a mi cuarto y cogí de la estantería mi ejemplar del *Libro Guinness de los Récords.* Con unas tijeras, recorté un hueco en el centro del libro, metí allí las páginas del bloc y volví a dejar el libro en la estantería. Quería conservarlas, aunque no sé por qué. Quizá como una especie de seguro; como munición por si algún día la necesitaba en caso de que a Terry le diera por volver a usar la pala. Si antes nunca me había gustado Terry, a partir de ese momento ya no sentí nada por él. No le respetaba, y comencé a desafiar su autoridad.

Permítanme que resuma mi turbulenta adolescencia. Cuando era un crío me había inventado un juego llamado *bola de fuego,* que consistía en empapar de queroseno una pelota de tenis, prenderle fuego y lanzarla al aire y recogerla usando unos guantes de jardinero. Llenaba una palangana de plástico con queroseno y luego echaba dentro unas cuantas pelotas de tenis, dejando que flotaran un rato. Luego pescaba una, le pegaba fuego y mi mejor amigo, Steve Lewis, y yo jugábamos a lanzárnosla hasta que nuestros guantes echaban humo. Imaginen: dos chavales en medio de un campo peinado por la brisa tórrida de Texas lanzándose pelotas en llamas. A veces los guantes se prendían y teníamos que dar palmadas contra los tejanos, hasta que las chispas invadían el aire sobre nuestras cabezas.

Una vez, por accidente, lancé la pelota a lo alto de un tejado. Algunas de las tablillas se prendieron, y tuve que trepar hasta allí y apagarlas a pisotones antes de que el fuego se propagara al resto de la casa y, desde ahí, a las cercanas. Luego, en otra ocasión, una pelota de tenis aterrizó en un bidón que contenía gasolina y saltó todo por los aires. Era, literalmente, un muro de fuego rodeado por una columna de humo negro. Me entró el pánico y pateé el bidón, intentando extinguir el fuego. En lugar de eso el bidón comenzó a derretirse, como si hubiera salido de la película *El síndrome de China.*

Buena parte de mi comportamiento se debía al hecho de saber que mi madre no era feliz; no entendía por qué seguía con Terry cuando ambos parecían tan desgraciados. Pero seguramente le parecía mejor seguir con él que educar a un hijo por su cuenta, viviendo de un solo sueldo.

Finalmente, unos cuantos meses después del viaje a San Antonio el matrimonio se desintegró. Una tarde yo iba a llegar tarde para la cena, así que llamé por teléfono a mi madre. Ella me dijo:

—Hijo, tienes que venir a casa ahora mismo.

—¿Qué sucede?

—Tengo que hablar contigo.

Me subí a la bici y pedaleé hasta llegar a casa. Cuando llegué, ella estaba sentada en el salón.

—Le he dicho a Terry que se vaya —me dijo—. Quiero el divorcio.

Me sentí mucho más que aliviado, y no me molesté en ocultarlo. De hecho, estaba entusiasmado.

—Eso es estupendo —le dije, sonriendo.

—Pero, hijo —continuó ella—, no quiero que me des problemas. Ahora mismo no podría resolverlos. Por favor, procura no darme ningún problema.

—De acuerdo —repuse—. Te lo prometo.

Esperé a que pasaran unas cuantas semanas antes de decir algo más, pero un día, cuando estábamos sentados en la cocina, le dije a mi madre, así por las buenas:

—Ese tío no era buena persona.

No le conté lo de las cartas, porque mi madre ya lo estaba pasando bastante mal. Pero unos años más tarde, un día que estaba arreglando mi cuarto, las encontró. No se sorprendió.

Durante un tiempo Terry intentó mantener el contacto conmigo enviándome tarjetas de cumpleaños y cosas así. A veces me enviaba un sobre con cien dólares dentro. Yo se lo llevaba a mi madre y le decía:

—¿Por favor, puedes devolvérselo? No lo quiero.

Al final le escribí una carta diciéndole que, si pudiera, me cambiaría el apellido. No sentía que tuviera ninguna relación con él ni con su familia.

Tras el divorcio, mi madre y yo estuvimos muy unidos. Creo que ella había sido desgraciada durante mucho tiempo, y cuando una persona no es feliz no es ella misma. Una vez se divorció, cambió. Se la veía más relajada, como si hubiera vivido bajo una presión que ya había desaparecido. Por supuesto, ahora estaba bajo otra presión, la de ser una mujer soltera que intentaba salir adelante con su hijo, pero eso ya lo había experimentado antes. Siguió soltera durante cinco años.

Intenté ser alguien digno de su confianza. Me subía al tejado a poner las luces de Navidad para que no lo hiciera ella, y si bien es cierto que enseñaba el trasero a los coches que pasaban por la avenida, bueno, era un crimen pequeñajo y que no causaba víctimas. Cuando ella regresaba a casa después del trabajo nos sentábamos juntos a cenar, apagábamos la tele y conversábamos. Me enseñó a cenar a la luz de las velas, e insistía en que guardara los buenos modales a la mesa. Preparaba una ensalada de taco mejicano, o una fuente de Hamburger Helper, encendía las velas y me hablaba de cómo le había ido el día. A veces comentaba lo frustrada que se sentía en el trabajo, donde creía que no la valoraban lo suficiente por el mero hecho de ser una secretaria.

—¿Por qué no te vas? —le preguntaba yo.

—Hijo, nunca te des por vencido —decía ella—. Lo superaré.

Otras veces llegaba a casa y yo veía que había tenido un mal día. Si estaba escuchando algo en el equipo de música con el volumen a tope, como Guns 'N Roses, al ver la cara que traía enseguida quitaba la música ruidosa y ponía otra cosa.

—Mamá, ésta te la dedico —le decía, y le ponía Kenny G. De verdad, era todo un sacrificio.

Intenté ofrecerle respaldo emocional, porque ella tenía muchos detalles conmigo. Cosas pequeñas. Cada sábado me lavaba y planchaba cinco camisas, para que tuviese una camisa limpia por cada día de la semana. Sabía lo mucho que me entrenaba y el hambre con que llegaba a casa por las tardes, así que me dejaba una fiambrera llena de espaguetis con tomate en la nevera, para que picara entre horas. Me enseñó a cocer la pasta, lanzando un espagueti a la pared para ver si estaba hecho.

Empecé a ganar mi propio dinero. Cuando tenía quince años, participé en el President's Triathlon de 1987, enfrentándome a muchos otros atletas con experiencia. Acabé en el puesto 32, sorprendiendo a los demás competidores y al público, que no imaginaban que un chaval de quince años hubiera resistido todas las pruebas. Gracias a ese acontecimiento salí en algunos periódicos, y a uno de los periodistas le comenté:

—Creo que dentro de unos años estaré entre los mejores, y que dentro de diez años seré el mejor.

Mis amigos, gente como Steve Lewis, pensaban que estaba fanfarroneando, y eso les divertía, pero al año siguiente acabé quinto. El triatlón me proporcionaba bastante dinero. De repente, me vi con una cartera repleta de billetes, y comencé a participar en todos los triatlones que podía. La mayoría de los más importantes tenían restricciones de edad —había que tener dieciséis años para participar—, de modo que alteraba mi fecha de nacimiento en el impreso de inscripción para poder entrar. En los campeonatos profesionales no ganaba, pero me clasificaba entre los cinco primeros. Los demás participantes empezaron a llamarme *Junior*.

Todo parece muy fácil, pero no lo fue en absoluto. En uno de los primeros triatlones profesionales en que participé cometí el error de comer demasiado antes de salir, y lo pagué desfondándome durante la carrera, o sea, que me quedé completamente sin fuerzas, sin combustible. Fui el primero en salir del agua y el primero en saltar de la bici, pero, en medio de la carrera, casi me desmayé. Mi madre me esperaba en la línea de meta, acostumbrada como estaba a verme llegar entre los primeros, y no entendía qué me estaba retrasando. Al final, fue andando por la pista hasta que me vio, casi arrastrándome.

—¡Venga, hijo! ¡Puedes hacerlo! —me dijo.

—Estoy hecho polvo. Me he desfondado.

—Vale —respondió—, pero no puedes abandonar. Aunque tengas que cruzar la meta andando.

Crucé la meta andando.

Empecé a hacerme un nombre también en las carreras ciclistas. Los martes por la noche, en un viejo circuito alrededor de los solares vacíos de Richardson, se celebraban critérium, carreras de varias vueltas. Los *crits* del martes por la noche enfrentaban a participantes veteranos de clubes locales, y atraían a una gran multitud. Yo corría para Hoyt, que era el patrocinador de un equipo de Bicicletas Richardson, y mi madre me regaló una caja de herramientas para que cuidase el mantenimiento de mi bicicleta. Me dice que aún recuerda cómo pedaleaba dando vueltas a la pista, adelantando a los demás chicos, casi rozando la cuneta. Le parecía increíble lo fuerte que era. Me daba igual que se tratara de un premio de cien dólares: era capaz de arrancarles las piernas a los demás sólo por obtenerlo.

Dentro del ciclismo de competición hay diversos niveles, clasificados por categorías; la categoría 1 es el grado más elevado, y la 4 el más bajo. En aquellos critérium del martes por la noche comencé a participar en carreras de categoría 4, pero estaba impaciente por subir de nivel. Para conseguirlo tenía que obtener ciertos resultados, ganar un determinado número de carreras. Pero yo era demasiado impaciente para eso, de modo que convencí a los organizadores de que me dejasen participar en una carrera de categoría 3, junto al grupo de participantes de mayor edad y experiencia. Los organizadores me dijeron:

—De acuerdo, pero, pase lo que pase, no ganes.

Si atraía demasiada atención sobre mi persona la gente se podría dar cuenta de que me habían dejado saltarme el reglamento.

Gané. No pude evitarlo. Además, con una buena ventaja sobre los demás corredores. Después hubo ciertas discusiones sobre qué iban a hacer conmigo, y una de las opciones era la de suspenderme. En lugar de eso me subieron de categoría. Había tres o cuatro tíos que pertenecían a la categoría 1, héroes locales que corrían en el Bicicletas Richardson, así que empecé a entrenar con ellos.

Un chaval de dieciséis años entrenando con jóvenes que pasaban de venticinco. En aquella época ya era la promesa del año en los triatlones, y mi madre y yo nos dimos cuenta de que tenía futuro como atleta. Ganaba unos 20.000 dólares al año, y pronto tuve una agenda llena de contactos de negocios. Necesitaba patrocinadores y colaboradores, gente que me ayudara a pagarme los billetes de avión y mis gastos en las diferentes carreras. Mi madre me dijo:

—Mira, Lance, si vas a llegar a alguna parte, tienes que hacerlo tú solo, porque nadie más va a hacerlo por ti.

Se había convertido en mi mejor amiga y mi aliada más fiel. Era mi organizadora y mi motivación, pura energía.

—Si no puedes dar el ciento diez por ciento, no lo conseguirás —me decía. Ella aportó un enfoque de profesionalidad a mis entrenamientos.

—Mira, yo no sé lo que necesitas exactamente —me advirtió—. Pero te recomiendo que te sientes y hagas una lista mental de todas las cosas, porque no querrás llegar a un determinado lugar y encontrarte con que no las tienes.

Estaba orgulloso de ella y, de hecho, éramos muy parecidos; nos comprendíamos mutuamente a la perfección, y cuando estábamos juntos apenas teníamos que hablar. Nos entendíamos sin palabras. Siempre se las arregló para comprarme la bici que me hiciera más ilusión, o los accesorios que la acompañaban. Ella conserva incluso todos mis cambios y pedales viejos, porque eran tan caros que nunca quiso desprenderse de ellos.

Viajábamos juntos por todas partes, y yo competía en las carreras de diez kilómetros y en los triatlones. Incluso empezamos a pensar que podría participar en los Juegos Olímpicos. Todavía conservaba el dólar de plata de la suerte, y luego ella me regaló una cadena con la inscripción «1988», el año de las siguientes Olimpiadas de verano.

Cada día, al salir de clase, corría diez kilómetros, y luego me subía a la bici y me pasaba la tarde pedaleando. Durante esos entrenos aprendí a amar Texas. El campo era hermoso, aunque desolado. Recorría las carreteras secundarias atravesando tierras de ranchos y campos de algodón, sin ver nada en el horizonte excepto las cisternas del agua, los elevadores de grano y las barracas abandonadas. El ganado dejaba la hierba rala como la palma de la mano, y la tierra se parecía a los posos que deja el café en el fondo de una taza vieja. A veces descubría extensos campos cubiertos de flores silvestres, y árboles mezquites solitarios a los que el viento había dado formas extrañas. Otras veces el terreno era tan sólo una pradera amarillenta, con alguna que otra gasolinera en medio de los campos interminables, campos de hierba parda, o campos de algodón, lisos y desolados, barridos por el viento. Dallas es la tercera ciudad más ventosa de todo el país, pero a mí el viento me favorecía. Me daba resistencia.

Una tarde un camión me sacó de la carretera. Por aquel entonces ya había descubierto para qué servía mi dedo anular, de forma que le hice el gesto típico. Detuvo el vehículo, me tiró un bidón vacío y vino a por mí. Salí corriendo, abandonando mi hermosa bici Mercier en la cuneta. Aquel tío le saltó encima y la destrozó, pero antes de que se fuera memoricé su número de matrícula, mi madre le llevó a juicio y lo ganó. Mientras, me compró una bici nueva con el dinero de su seguro, una Raleigh con ruedas de carreras.

En aquellos tiempos no disponía de cuentakilómetros, de modo que si quería saber cuánta distancia había recorrido entrenando mi madre tenía que acompañarme con el coche. Si le decía que tenía que medir la longitud de un entrenamiento ella montaba en el coche, por muy tarde que fuera. Ahora un paseo en bicicleta de cincuenta y tantos kilómetros no es nada para mí, pero para una mujer que acababa de salir del trabajo conducir esa distancia era agotador. Pero nunca se quejó.

Nos volvimos muy abiertos el uno con el otro. Ella confiaba plenamente en mí y yo hacía lo que quería, aunque lo curioso del caso es que, hiciera lo que hiciera, siempre se lo contaba. Nunca le mentí. Si quería salir, nadie me lo impedía. Mientras que por la noche la mayoría de los chicos se escabullía a hurtadillas de sus casas yo salía por la puerta principal. Tal vez me diera demasiada libertad, porque era un chaval hiperactivo, y podría haber acabado mal. En Plano había muchos bulevares y campos extensos, toda una tentación para un adolescente subido a la bicicleta o conduciendo un coche. Subía y bajaba por las avenidas en mi bici, esquivando automóviles y saltándome los semáforos, alejándome hasta llegar a veces casi hasta el centro de Dallas. Solía conducir entre el tráfico simplemente por el reto que eso suponía.

Mi recién estrenada Raleigh era fantástica y hermosa, pero la tuve poco tiempo, porque la destrocé en un accidente que casi me mata. Sucedió una tarde, cuando estaba compitiendo contra los semáforos en rojo. Iba a toda velocidad de uno a otro, intentando pasar antes de que cambiaran de color. Logré pasar cinco. Entonces llegué a un gran cruce entre dos calles de seis carriles mientras el semáforo se ponía en ámbar. Yo seguí adelante, como hacía siempre. Ahora también lo hago. Pasé tres carriles antes de que la luz se pusiera en rojo. Estaba cruzando el cuarto carril cuando vi de reojo a una señora que conducía un Ford Bronco. Ella no me vio, aceleró y se me llevó por delante. Salí despedido por encima del resto de los carriles. No llevaba casco, así que al final aterricé de cabeza en la esquina, tras dar unas cuantas vueltas.

Estaba solo. No llevaba carnet, ningún documento. Intenté levantarme, pero entonces ya estaba rodeado de gente. Alguien dijo:

—¡No, no, no te muevas!

Volví a tumbarme y esperé a la ambulancia mientras a la señora que me había atropellado le entraba la histeria. La ambulancia llegó y me llevó al hospital, donde estuve suficientemente consciente como para decir mi número de teléfono, y el personal del hospital llamó a mi madre, que también se puso bastante histérica.

Tenía una conmoción cerebral y me tuvieron que dar varios puntos en la cabeza y otros en un pie, donde me había hecho un gran desgarrón. El coche me había golpeado de costado, de modo que tenía un esguince en la rodilla, que estaba despellejada, y tuvieron que vendármela por todas partes. Por lo que respecta a la bicicleta, quedó inutilizada.

Le expliqué al médico que me atendió que estaba entrenándome para un triatlón que iba a celebrarse al cabo de seis días en Lake Dallas, en Louisville. El doctor me dijo:

—Ni hablar. Durante tres semanas tienes que guardar reposo absoluto. Nada de correr ni de caminar.

Salí del hospital al día siguiente cojeando, dolorido y pensando que estaba en el dique seco. Pero al cabo de un par de días de no hacer nada me aburría. Salí a jugar al golf en una pequeña pista local, aunque aún seguía con el vendaje en la rodilla. Era estupendo estar fuera, tomando el aire. Me quité el vendaje. En ese momento pensé: «Bueno, tampoco es tan terrible».

Al cabo de cuatro días no veía motivos de preocupación. Me sentía bien. Me inscribí en el triatlón y esa noche le dije a mi madre:

—Voy a participar en la carrera.

Ella sólo respondió:

—Vale. Muy bien.

Llamé a un amigo y le dije:

—Tengo que pedirte prestada la bici.

Luego me fui al baño y me quité los puntos del pie. Ya se me daba bien usar el cortaúñas. Los de la cabeza me los dejé, porque iba a llevar un gorro de baño. Después hice un agujero tanto en mis deportivas como en las zapatillas de montar en bici, para que no me rozaran la herida del pie.

A la mañana siguiente, temprano, estaba en la línea de salida con el resto de los competidores. Fui el primero en salir del agua y fui el primero en dejar la bicicleta. En la carrera de los diez kilómetros me atraparon otros dos chavales, y quedé tercero. Al día siguiente apareció un extenso artículo en el periódico que explicaba cómo me había atropellado un coche y aun así había quedado tercero. Una semana más tarde mi madre y yo recibimos una carta del médico. «Me parece increíble», decía.

Nada parecía detenerme. Me encanta la aceleración de cualquier tipo, y de adolescente me fascinaban los coches muy potentes. Lo primero que hice con el dinero que obtuve de mi carrera como competidor de los triatlones fue comprarme un Fiat rojo de segunda mano, con el que conducía por Plano... sin carnet de conducir.

Una tarde, cuando ya estaba en el undécimo grado, hice una maniobra que a mis amigos todavía les asombra. Bajaba por una calle de dos carriles junto a algunos compañeros cuando nos aproximamos a dos coches que circulaban despacio. Impaciente, aceleré e hice pasar el Fiat entre los dos coches. Pasé como una bala por el espacio libre, y podría haber sacado el dedo por la ventanilla para meterlo en las bocas abiertas de los otros dos conductores.

Sacaba el coche por las noches, que era ilegal si no iba acompañado de un adulto. Hubo unas Navidades en las que estaba trabajando por horas en Toys 'R' Us, ayudando a los clientes a llevar las compras a sus coches. Steve Lewis consiguió un trabajo en Target, y ambos trabajábamos de noche, de modo que nuestros padres nos dejaban llevar el coche. Mal hecho. Steve y yo echábamos carreras de vuelta a casa, conduciendo a cien por hora por las calles.

Él tenía un Pontiac Trans Am y yo había comprado un Camaro IROC Z28, un verdadero monstruo motorizado. Estaba en la etapa de gusto por la movida nocturna discotequera, y quería ese coche más que a nada. Jim Hoyt me ayudó firmando el préstamo, y yo me encargué de todos los pagos mensuales y del seguro. Era un coche rápido, muy rápido, y algunas noches nos íbamos a Forest Lane, que era una zona despejada, donde nos poníamos a 170 por hora por una carretera limitada a 80.

Tenía dos grupos de amigos, un círculo de clase más popular con el que me relacionaba, y luego mis amigos deportistas, los ciclistas, corredores y atletas participantes en triatlones, algunos de los cuales eran ya adultos. En Plano East existía la presión social, pero mi madre y yo no podíamos competir con los Jones, así que ni lo intentamos. Mientras otros chicos conducían coches que sus padres les habían regalado yo llevaba el que había comprado con mi propio dinero.

Aun así, a veces me sentía desplazado. Yo era aquel tío que practicaba deportes raros y no se amoldaba a las etiquetas preestablecidas. Algunos de mis amigos con mayor éxito social me decían cosas como:

—A mí me daría vergüenza llevar esos pantalones de lycra que te pones.

Yo pasaba de eso. Había un código no escrito sobre la moda; las personas socialmente aceptables se uniformaban llevando ropa de marca. Puede que ellos no lo supieran, pero eso es precisamente lo que llevaban: uniformes. Los mismos pantalones, el mismo calzado, los mismos cinturones, las mismas carteras, las mismas gorras. Era el conformismo absoluto, y yo estaba en contra de todo eso.

Durante el otoño de mi último curso en el instituto me inscribí en una importante contrarreloj en la localidad de Moriarty, en Nuevo Méjico, una gran carrera para jóvenes sobre un circuito sin demasiada dificultad. Se trataba de una pista de unos veinte kilómetros y con muy poco viento, al lado de una autopista. Por allí pasaban muchos camiones de gran tamaño, que lanzaban golpes de aire caliente que te hacían tambalear. Los jóvenes ciclistas solían ir allí para intentar establecer récords y llamar la atención.

Cuando salimos de Texas era septiembre, y aún hacía calor, de modo que hice una maleta pequeña con cuatro cosas. Pero la mañana de la carrera, cuando me levanté a las seis de la mañana y salí por la puerta, me recibió una ráfaga de aire gélido de montaña. Lo único que llevaba puesto era el *culotte* y un *maillot* de manga corta. Tras pasar cinco minutos en la calle pensé «No voy a soportarlo». Estaba completamente helado.

Volví a entrar y me dirigí al cuarto. Dije:

—Mamá, ahí fuera hace tanto frío que no podré correr. Necesito una chaqueta o algo así.

Revisamos nuestro equipaje, que no contenía una sola prenda de abrigo. No había traído nada, no estaba preparado en absoluto. Era el típico acto de aficionado total.

Mi madre dijo:

—Bueno, lo que sí tengo es una cazadora que compré.

Entonces sacó una cazadora diminuta de color rosa. Ya les he contado lo pequeña y encantadora que es. Parecía ropita de muñeca.

—Me la llevo —le dije. Estaba congelado.

Volví a salir. Las mangas me llegaban a los codos y la cazadora me apretaba por todas partes, pero la llevé puesta durante el precalentamiento, cuarenta y cinco minutos de entrenamiento. Aún la llevaba puesta cuando llegué a la línea de salida. Mantenerse caliente es esencial para una contrarreloj, porque cuando se oye el *¡ya!* hay que salir disparado, *¡zoom!,* y así durante 20 kilómetros. Pero seguía sintiendo frío.

Desesperado, pedí:

—Mamá, vamos al coche y pon la calefacción a tope.

Puso en marcha el coche, esperó a que se calentara el motor y luego encendió la calefacción al máximo. Entré y me arrebujé justo delante de las rejillas de ventilación. Le dije:

—Avísame cuando sea la hora.

Ese fue mi calentamiento.

Finalmente me tocó. Salí del coche y subí directamente a la bici. Me acerqué a la línea de meta y salí disparado. Superé el récord de la pista en cuarenta y cinco segundos.

Las cosas que eran importantes para la gente de Plano cada vez lo eran menos para mí. Ahora, la escuela y el hacer amigos eran asuntos secundarios: mi objetivo era convertirme en un atleta de categoría mundial. La ambición de mi vida no era poseer una casa barata al lado de un supermercado cutre. Tenía un coche rápido y dinero en la cartera, pero eso era porque estaba ganando carreras, y en deportes que ninguno de mis compañeros entendía o que no les importaban.

Cada vez entrenaba más tiempo yo solo. A veces iba con unos amigos a acampar o a hacer esquí acuático y luego, en vez de volver a casa en coche, como todo el mundo, volvía solo en bicicleta. Una vez, después de una acampada en Texoma con algunos colegas, recorrí los casi cien kilómetros de regreso en bici.

Ni siquiera los profesores del instituto entendían lo que pretendía hacer. Durante el segundo semestre de mi último año la Federación Estadounidense de Ciclismo me invitó a ir a Colorado Springs a entrenarme con el equipo juvenil nacional, y a viajar a Moscú para mi primera carrera importante de ámbito internacional, el Campeonato del Mundo Juvenil de 1990. Ya se habían extendido los rumores de mi actuación en Nuevo Méjico.

Pero la dirección de Plano East puso objeciones. Tenían una política estricta: nada de faltas injustificadas a clase. Cualquiera pensaría que un viaje a Moscú merecía unas clases perdidas, y que cualquier escuela estaría orgullosa de tener en su lista de graduados un atleta olímpico en potencia, pero eso a ellos les daba igual.

En cualquier caso, hice el viaje a Colorado Springs, y de allí a Moscú. En el Campeonato del Mundo Juvenil no tenía ni idea de lo que estaba haciendo. Era pura energía, sin ninguna idea de lo que era marcar un ritmo o seguir alguna táctica, pero a pesar de ello fui en cabeza durante unas cuantas vueltas, antes de desmayarme por falta de oxígeno por querer atacar demasiado pronto. Aun así, los representantes de la Federación Americana se sintieron impresionados, y el entrenador ruso le dijo a todo el mundo que yo era el mejor ciclista que había visto desde hacía años.

Estuve seis semanas fuera del país. Cuando volví en marzo todas mis notas eran ceros por culpa de mi ausencia. Mi madre y yo nos reunimos con la dirección y profesores, quienes nos dijeron que, a menos que recuperara el trabajo perdido en todas las materias en las siguientes semanas, no podría graduarme con el resto de la clase. Mi madre y yo nos quedamos de piedra.

—Pero es imposible hacer algo así —protesté.

Ellos se limitaron a mirarme.

—Tú no eres de los que abandonan, ¿no? —me dijo uno.

Me los quedé mirando. Sabía muy bien que si jugara al fútbol americano y llevara polos de marca, si tuviera padres que pertenecieran al Los Rios Country Club, las cosas serían muy diferentes.

—Se acabó la reunión —les dije.

Nos levantamos y salimos. Ya habíamos pagado por los gastos de la graduación, la toga y el birrete y el baile de final de curso. Mi madre me dijo:

—Quédate en el instituto el resto del día. Para cuando vuelvas a casa ya habré resuelto esto.

Regresó a su oficina y telefoneó a todos los institutos privados que aparecían en la guía de Dallas. Les pedía a los institutos que me aceptasen, y luego confesaba que no podría pagar las mensualidades, de modo que, ¿querrían aceptarme gratis? Llamó a centros repartidos por toda la zona y les explicó el dilema en que estábamos.

—No es un mal chico —les rogaba—. No toma drogas. Y les prometo que llegará alto.

Al cabo del día había encontrado una academia privada,

Bending Oaks, que estaba dispuesta a aceptarme si realizaba un par de cursos para ajustarme al programa. Transferimos todos mis créditos desde Plano East y obtuve mi diploma a su debido tiempo. Durante la ceremonia de graduación todos mis compañeros llevaban cintas marrones en los birretes, mientras que la mía era dorada, pero no sentí ni pizca de vergüenza.

Decidí acudir a mi baile de gala de graduación en Plano East, a pesar de todo. Ya habíamos pagado por ello, y no estaba dispuesto a perdérmelo. Compré un ramo de flores para mi cita, y alquilé un esmoquin y una limusina. Esa noche, mientras me vestía con el esmoquin y la pajarita, tuve una idea. Mi madre jamás había viajado en limusina.

Quería que tuviese esa experiencia. ¿Cómo se puede expresar todo lo uno siente que le debe a su madre? Ella me había dado más de lo que cualquier profesor o padre me hubiera dado nunca, y lo había hecho a lo largo de muchos años, años que a ella debieron de parecerle a veces tan vacíos como los desolados campos de Texas. Cuando se trataba de no tirar la toalla, sin importarme mi aspecto, de apretar los dientes y seguir hasta el final, sólo esperaba tener la resistencia y fortaleza de mi madre, una mujer soltera con un hijo adolescente y un sueldo escaso. Ella no encontraba recompensas al final del día, nada de trofeos ni grandes cheques. Sólo le quedaba saber que el esfuerzo honrado era una experiencia transformadora, y que su amor era toda una redención. Cada vez que me decía «convierte tus obstáculos en oportunidades, convierte lo negativo en positivo» hablaba de mí, de su decisión de haberme tenido y del modo en que me había criado.

—Ponte tu vestido de gala —le dije.

Ella tenía un precioso vestido al que le gustaba referirse como «el de gala», de modo que se lo puso y se metió en la limusina con mi cita y conmigo, y juntos dimos vueltas por el pueblo durante más de una hora, riéndonos y brindando por mi graduación, hasta que llegó la hora de dejarnos en la fiesta.

Mi madre volvía a ser feliz, y estaba empezando una nueva relación. Cuando yo tenía diecisiete años conoció a un hombre llamado John Walling, un buen tío con el que acabó casándose. Él me caía bien, y nos hicimos amigos, de modo que lo sentí cuando se separaron en 1998.

Resulta gracioso: la gente siempre me dice: «Oye, me he encontrado con tu padre». Y yo tengo que pararme y pensar: «¿A quién se refieren exactamente?». Podrían ser tres personas distintas y, la verdad, sería incapaz de distinguir a mi padre biológico del cajero del banco, y no tengo nada que hablar con Terry. De vez en cuando alguno de los Armstrong intenta ponerse en contacto conmigo, como si fuera de la familia. Pero no tenemos parentesco alguno, y me gustaría que respetaran mis sentimientos sobre este tema. Mi madre y yo somos los Mooneyham. En cuanto a Armstrong, es como si me lo hubiera inventado; eso es lo que siento respecto al apellido. Estoy seguro de que los Armstrong les dirán 50 000 motivos por los que yo necesitaba un padre, y el gran trabajo que hicieron conmigo, pero no estoy de acuerdo. Mi madre fue quien me lo dio todo. Lo único que yo sentía por ellos era frialdad y una total falta de confianza.

Durante los meses posteriores a la graduación solía dejarme caer por Plano. La mayor parte de mis antiguos compañeros de Plano East fueron a la universidad estatal como, por ejemplo, mi amigo Steve, que se licenció en 1993 en North Texas State. Por cierto, hace poco tiempo Plano East celebró su décimo aniversario, al que no me invitaron.

Estaba cansado de vivir en Plano. Competía en carreras ciclistas por todo el país para un equipo local patrocinado por Subaru-Montgomery, pero sabía que el auténtico mundo de las carreras estaba en Europa, y sentía que era allí adonde debía ir. Además, estaba demasiado resentido con aquel lugar después de lo que había sucedido antes de mi graduación.

Estaba en las nubes. En aquellos momentos lograba vencer a los adultos con los que competía, ya fuera en el triatlón, o en la carrera de 10 kilómetros, o los martes por la noche en las carreras de Plano. Y, para matar el tiempo, seguía frecuentando el Bicicletas Richardson de Jim Hoyt. Jim había sido un ávido ciclista cuando era joven, pero luego le enviaron a Vietnam cuando tenía diecinueve años y pasó dos años en la infantería, el destino más duro que se pueda imaginar. Cuando regresó a casa lo único que deseaba era volver a subirse a una bicicleta. Comenzó trabajando como distribuidor para Schwinn, y luego abrió su propio comercio junto a su mujer, Rhonda. Durante años Jim y Rhonda han animado a los jóvenes ciclistas de la zona de Dallas, ofreciéndoles bicicletas y equipaciones y pagándoles un sueldo. Jim creía en los incentivos como método para aumentar el rendimiento. Competíamos para ganar dinero o equipaciones que él nos ofrecía, y creo que corríamos con más fuerzas pensando en la recompensa. Durante mi último año del instituto yo ganaba 500 dólares mensuales compitiendo para Jim Hoyt.

Jim tenía un pequeño despacho en la parte trasera de la tienda, donde nos sentábamos a charlar. Yo no hacía mucho caso de los directores del instituto o de mis padres adoptivos, pero me gustaba hablar con él.

—Me estoy machacando de tanto trabajar —decía él—, pero me encanta ser quien soy. Si juzgas a la gente por el dinero que tiene es que aún te quedan muchas cosas por aprender en esta vida, porque tengo algunos buenos amigos que tienen sus propias empresas y otros, igual de buenos, que cortan el césped para ganarse la vida.

Una noche, en una de las carreras de los martes por la noche, me enzarcé en un duelo de velocidad con otro corredor, un hombre mayor que no me caía demasiado bien. Cuando enfilamos la última recta, nuestras bicicletas se entrechocaron. Cruzamos la línea de meta empujándonos mutuamente, y antes de que las bicis se detuvieran ya nos estábamos dando puñetazos. Acabamos rodando por el suelo, a golpes. Al final, Jim y otros lograron separarnos, y todo el mundo se rió de mí porque intentaba seguir atizándole. Pero Jim se enfadó muchísimo conmigo, porque no estaba dispuesto a permitir ese tipo de comportamiento. Se acercó, cogió mi bici y se alejó con ella. Me dolió verlo. Era una Schwimm Paramount, una gran máquina que había montado en los campeonatos mundiales de Moscú, y quería volver a usarla en una carrera por etapas a la semana siguiente. Así que, un poco más tarde, me acerqué a casa de Jim. Él salió a la puerta principal.

—¿Me puedes devolver la bici? —le pedí.

—No —me contestó—. Si quieres decirme algo, ven mañana a mi oficina.

Me alejé de allí. Jim estaba muy enfadado, tanto que temí que intentara pegarme. Y había otra cosa de mí que a él no le gustaba mucho: sabía que me gustaba correr demasiado con el Camaro. Unos días después se quedó también con el coche. Yo estaba fuera de mí. Había pagado todos los plazos de aquel coche, unos cinco mil dólares. Bién es cierto que parte de ese dinero provenía de lo que él me había pagado por correr para su equipo, pero yo no podía pensar con claridad, estaba demasiado enfadado. Cuando tienes diecisiete años y alguien te aparta de un Camaro IROC Z, lo pones en tu lista negra, de forma que no fui a verle. Estaba demasiado furioso, y además le tenía miedo. Pasaron años antes de que volviésemos a hablar.

En lugar de eso me fui del pueblo. Tras el viaje a Colorado Springs y a Moscú me habían elegido para la selección estadounidense de ciclismo, y recibí una llamada de Chris Carmichael, el recién nombrado director del equipo. Chris conocía mi reputación; yo era muy fuerte, pero no entendía gran cosa sobre las tácticas de una carrera. Chris me dijo que quería desarrollar un equipo nuevo de jóvenes ciclistas americanos; era un deporte que en Estados Unidos no tenía apenas seguidores, y buscaba nuevos corredores que le dieran un poco de vida. También había escogido a otros ciclistas jóvenes con potencial, gente como Bobby Julich y George Hincapie, y me dijo que quería que fuera uno de ellos. ¿Me gustaría visitar Europa?

Era hora de abandonar el nido.

3

YO NO DEJO A MI MADRE EN LA CALLE

La vida de un ciclista implica mantener los pies pegados a los pedales mientras mueves las piernas a una velocidad de entre 30 y 70 kilómetros por hora, y así durante horas y horas y días y días, atravesando continentes enteros. Implica beber agua y engullir barritas de chocolate sin bajar del sillín, porque a ese ritmo el corredor pierde de diez a doce litros de agua y quema unas seis mil calorías diarias. Implica no detenerse para nada, ni siquiera para orinar o para ponerse un impermeable, porque nada interrumpe esa especie de partida rápida de ajedrez que juega el apretado nudo de ciclistas llamado *pelotón*. Pasan siseando entre la lluvia y se afanan trepando por las frías laderas montañosas, patinando sobre un pavimento empapado y rebotando sobre los adoquines, sabiendo que cualquier movimiento imprevisto de algún corredor que frene bruscamente o gire con demasiada fuerza el manillar puede convertirte, a ti y a tu máquina, en un amasijo de metal retorcido y carne despellejada.

No tenía ni idea de dónde me estaba metiendo. Cuando salí de casa a los dieciocho años mi idea de una carrera se reducía a subirse a la bici y pedalear. En mis primeros años me llamaban *temerario,* y es una etiqueta que siempre me ha seguido, quizá justificadamente. Era muy joven y tenía mucho que aprender, y dije e hice muchas cosas que quizá no debiera hacer dicho o hecho, pero no intentaba ser un incordio. Simplemente, era tejano. *El Toro de Texas,* me apodó la prensa española.

En mi primera gran carrera internacional hice todo aquello que mi entrenador me dijo que no hiciese. Fue el Campeonato del Mundo Aficionado de 1990, en Utsunomiya, Japón, una carrera de unos 185 kilómetros por una pista dura, con un ascenso largo y difícil. Para complicar aún más las cosas, resultó ser un día muy caluroso, con temperaturas que sobrepasaban los 32 grados. Competía como miembro de la selección estadounidense bajo el mando de Chris Carmichael, un joven entrenador pecoso con el pelo de un rubio rojizo al que aún no conocía muy bien... y al que tampoco hacía mucho caso.

Chris me dio instrucciones estrictas: tenía que quedarme en la parte trasera del pelotón durante gran parte de la carrera y esperar su señal antes de hacer nada. Hacía demasiado calor y el recorrido era demasiado difícil como para intentar correr en cabeza, tirando de los demás. Lo más sensato era mantenerse a rueda y conservar energías.

—Quiero que esperes —me dijo Chris—. No quiero verte cerca de la cabeza de carrera tragando viento.

Asentí y me dirigí a la zona de salida. En la primera vuelta hice lo que me dijo y rodé en la parte trasera del pelotón, pero después no pude evitarlo: quería probar mis piernas, así que empecé a escalar posiciones. En la segunda vuelta me puse en cabeza, y cuando llegué al control lo hice solo, con 45 segundos de ventaja. Pasé como una flecha junto a Chris. Mientras pasaba le miré de reojo. Tenía los brazos abiertos, como diciendo «Pero, ¿qué haces?».

Le sonreí y le hice la señal que recuerda los cuernos de

la vaca de raza Texas Longhorn. Sacudí la mano en el aire con el dedo meñique y el índice extendidos. Buena cornada, astado.

Chris comenzó a gritar a sus ayudantes del equipo:

—¿Qué está haciendo?

¿Que qué estaba haciendo? Correr. Fue una acción que llegó a convertirse en típica del novato Lance Armstrong: un ataque absurdo y espectacularmente mal dirigido. Seguí yendo solo durante las tres vueltas siguientes y llegué a sacar una ventaja de un minuto y medio. Me sentía la mar de bien conmigo mismo, pero fue entonces cuando el calor comenzó a vencerme. Cuando quise darme cuenta estaba rodeado por otros 30 corredores. Me quedaba media carrera por delante y ya estaba sufriendo. Intenté seguir en cabeza de la carrera, pero no me quedaban fuerzas. Derrotado por el calor y el ascenso, quedé undécimo.

Aun así, era la mejor posición que había alcanzado un americano en toda la historia de aquella carrera, y cuando ésta acabó Chris estaba más satisfecho que enojado. Más tarde nos fuimos al bar del hotel a tomar una cerveza y charlamos un buen rato. Aún no estaba seguro de lo que pensaba sobre Chris. Cuando llegué de Plano él acababa de dividir el equipo norteamericano en dos grupos y me había colocado en el equipo B, algo que todavía no le había perdonado. Sin embargo, llegaría a aprender que a su campechana forma de ser unía una lealtad digna de un hermano y unos grandes conocimientos sobre el mundo del ciclismo; había sido competidor en las Olimpiadas, y de joven había competido con Greg Lemond.

Estábamos comentando jocosamente los acontecimientos del día mientras bebíamos kirin y, de repente, Chris se puso serio. Me felicitó por haber conseguido la undécima posición, y me dijo que le gustaba lo que veía.

63

—No tuviste miedo de fracasar —me dijo—. No tuviste miedo de pensar: «¿Qué pasará si los demás me alcanzan?».

Yo recibí esa alabanza muy contento. Pero luego añadió:

—Por supuesto, si hubieras sabido hacer las cosas y hubieses conservado tus fuerzas habrías estado entre los medallistas.

Acababa de superar todos los intentos norteamericanos anteriores, ¡y Chris me sugería que no era lo bastante bueno! De hecho, con su estilo tan sutil, me estaba diciendo que había cometido una pifia. Él continuó hablando:

—Lo digo en serio. Puedes hacerlo mucho mejor. Estoy convencido de que serás campeón mundial. Pero aún tenemos mucho que trabajar.

Chris me explicó que los mejores corredores, los Marco Pantani, los Miguel Induráin, eran tan fuertes, o más, que yo.

—Y así serán todos tus competidores en este nivel —me dijo.

Tenía que aprender a correr, y el único lugar donde hacerlo era sobre la bicicleta. Aquel primer año tendría que pasar unos doscientos días fuera de mi país corriendo por toda Europa, porque la verdadera prueba llegaba en las carreteras. Nadie podía esconderse en una carrera de 260 kilómetros: en la última parte, o ganabas o no ganabas.

Cuando volví a casa me establecí en Austin, en la zona de las colinas de Texas, zona de laderas verdes y rocosas que rodean la ciudad junto al lago del mismo nombre, alimentado por las abundantes y revueltas aguas del río Colorado. En Austin a nadie parecía importarle qué ropa llevara, o si *encajaba* o no. De hecho, nunca veías a dos personas que vistieran igual, y algunos de los habitantes más ricos de la ciudad hubieran podido pasar por vagabundos. Era una ciudad que parecía creada para los jóvenes, con una oferta siempre cambiante de bares y discotecas en 6th Street y pequeños restaurantes *tex-mex* donde podía comer chilis por puro placer. También era un lugar estupendo para entrenarse, con incontables carriles para bicis y caminos secundarios por explorar que se extendían kilómetros y kilómetros. Alquilé un pequeño bungaló cerca del campus de la Universidad de Texas, lo cual encajaba muy bien conmigo, porque en realidad yo era un estudiante, aunque no dentro de un aula, por supuesto, sino sobre una bicicleta.

El ciclismo es un deporte complejo y muy politizado, que se basa en el equipo mucho más de lo que se imagina el espectador, tal y como yo iba descubriendo poco a poco. Tiene un idioma propio, un conglomerado de palabras y expresiones recogidas por toda Europa, y también una ética particular. En cualquier equipo, cada miembro tiene un trabajo, y es responsable de una parte específica de la carrera. Los corredores más lentos se denominan *gregarios,* porque se encargan del trabajo menos espectacular, el de tirar en beneficio de sus compañeros de equipo y de proteger al líder del grupo de los diversos peligros que surgen durante una carrera. El líder del equipo es el ciclista principal, el corredor con mayor capacidad de hacer un *sprint* para cruzar la meta a pesar de haber pedaleado durante 250 kilómetros. Yo estaba empezando como gregario, pero me iría preparando poco a poco para ocupar el puesto de líder del equipo.

También aprendí cosas sobre el pelotón, ese gran conjunto de corredores que compone el cuerpo principal de la carrera. Para el espectador resulta como un fogonazo de colores, pero lo cierto es que, en su interior, pasa de todo: los corredores entran en contacto, los manillares y los codos o rodillas chocan, y está lleno de intrigas y conjuras entre los participantes de los distintos países. La velocidad del pelotón varía. A veces se mueve a 30 kilómetros por hora mientras los corredores pedalean pausadamente y conversan unos con otros. Otras veces el grupo va más estirado a lo largo de la carretera y alcanza los 60 kilómetros por hora. Dentro del pelotón hay constantemente tratos entre los competidores: *tira tú hoy y yo lo haré por ti mañana*. Déjame un poco de espacio y gánate un amigo. Por supuesto, nadie hace pactos que le comprometan a él o a su equipo, pero, si uno puede, sí que ayuda a otros corredores, para que éstos le puedan devolver el favor.

Para un corredor novato este comportamiento puede resultar ambiguo y confuso, incluso molesto. De hecho, yo recibí una dura lección sobre estrategia de pelotón a principios de 1991. Mi plan era el de participar como aficionado en los Juegos Olímpicos de Barcelona, y después pasarme al profesionalismo. Mientras tanto, seguía corriendo en los Estados Unidos para Subaru-Montgomery. Técnicamente, era miembro de dos equipos distintos: en las competiciones internacionales corría para la selección nacional estadounidense, bajo Chris Carmichael, pero en el plano local competía para Subaru-Montgomery.

Mientras estaba fuera del país en 1991, con el equipo nacional, participamos en una prestigiosa carrera italiana llamada la Settimana Bergamasca. Era una carrera de etapas programadas, una carrera que duraba diez días y atravesaba el norte de Italia, y donde se darían cita algunos de los mejores ciclistas del mundo. Ningún americano había ganado jamás esa carrera, pero nuestro equipo, bajo la dirección de Chris, tenía la moral alta, y sus miembros nos ayudábamos en todo, así que nos daba la sensación de que podríamos alzarnos con la victoria.

Pero había un problema. El equipo de Subaru-Montgomery también iba a participar, y yo correría contra ellos, con mi camiseta de las barras y estrellas, mientras que ellos llevarían las propias de su equipo. Nueve de cada diez días eran mis colegas, pero durante esta carrera serían mis competidores.

A poco de empezar la carrera un miembro del equipo Subaru-Montgomery y amigo mío, Nate Reese, se colocó en cabeza. Pero yo también lo estaba haciendo bien, y me alcé hasta la segunda posición. Estaba exultante, porque me parecía estupendo que los dos estuviéramos corriendo al frente del pelotón. Pero el director del equipo Subaru-Montgomery no estaba tan contento. No le hacía gracia verme competir contra ellos, y además me lo dijo. En un momento entre dos etapas me pidió que fuera a hablar con él.

—Tú trabajas para Nate —me dijo.

Me lo quedé mirando, sin comprenderle. ¿No querría decir que tenía que quedarme atrás y hacer el papel de gregario para Nate? Pues sí, eso era exactamente lo que quería decir.

—No debes intentar ningún ataque —me ordenó. Luego me dijo directamente que debía dejar que ganase Nate.

Yo era totalmente fiel al equipo nacional. Comparados con el resto de los participantes, éramos poca cosa, un puñado de gente que se alojaba en un hotel diminuto, tres personas por cuarto y sin un duro de prima. Teníamos un presupuesto tan ajustado que Chris lavaba nuestras botellas de agua para reciclarlas al día siguiente, mientras que los competidores de equipos profesionales como Subaru-Montgomery tiraban las suyas después de un solo uso. Si pudiese ganar la Settimana Bergamasca eso supondría una tremenda victoria para la selección norteamericana, y en general para el ciclismo del país, pero el director de mi equipo local me ordenaba que me quedase atrás.

Fui a ver a Chris y le confesé que el director del equipo Subaru-Montgomery me había pedido que no me esforzara demasiado.

—Lance, esta carrera está hecha a tu medida —me dijo Chris—. No puedes quedarte atrás. ¡Es tuya!

Al día siguiente corrí con fuerza. Imagínense: subes por una pendiente con cien corredores en el pelotón. Poco a poco, cincuenta se van quedando atrás; luego, se van descolgando otros veinte, y luego diez más. Ya sólo quedan quince o veinte corredores. Es una carrera de desgaste. Para complicar aún más las cosas a tus competidores, decides atacar, aumentar aún más el ritmo. Los corredores que no pueden mantenerlo también se van quedando atrás. Esta es la esencia de las competiciones en carretera.

Pero se suponía que yo debía esperar a Nate. Cuanto más pensaba en el tema menos opciones me parecía tener. Me dije a mí mismo: «Si es lo bastante fuerte como para mantenerse delante, perfecto. Si no, no pienso esperarle». Se quedó atrás. Y yo no le esperé.

Seguí en el grupo de los líderes, y al final de la etapa conseguí el *maillot* de líder, mientras que Nate había perdido unos veinte minutos. El director del equipo Subaru-Montgomery estaba furioso, y más tarde tuvo una acalorada discusión con Chris y conmigo.

—¿Se puede saber qué estáis intentando hacer? —preguntó.

Chris salió en mi defensa de inmediato.

—¡Eh, esto es una carrera ciclista! —le dijo—. Lance está luchando para ganar.

Me sentí muy molesto mientras nos alejábamos de él. Por una parte, me sentía traicionado y abandonado por el director de aquel equipo y, por otro, seguía luchando con la sensación de culpabilidad y las lealtades en conflicto. Esa noche Chris y yo volvimos a hablar sobre el tema.

—Mira, quien te diga que no ataques es que no tiene en cuenta lo que es mejor para ti —me dijo Chris—. Esta es una carrera de gran tradición, que ningún americano ha ganado antes, y estás compitiendo con los mejores profesionales de Italia. Si ganas será estupendo para tu carrera. Y lo que es más importante, estás corriendo para el equipo nacional estadounidense. Si no te esfuerzas al máximo, ¿qué mensaje estarás trasmitiendo?

Según mi opinión, hubiera sido el mensaje más triste imaginable: «Siento estar en cabeza. Tengo que dejar que gane ese otro señor porque resulta que él es un profesional». No podía permitirlo. Pero estaba preocupado porque el director del Subaru-Montgomery pudiera perjudicar mi futuro como profesional con sus calumnias.

Chris me dijo:

—No te preocupes. Haz lo que creas correcto. Si eres capaz de ganar esta carrera es que tienes futuro.

Quería hablar con mi madre. Me costó bastante entender los teléfonos para llamar a Estados Unidos, pero al final contacté con ella.

—¿Qué sucede, hijo? —preguntó.

Le expliqué la situación, tan furioso que casi tartamudeaba.

—Mamá, no sé qué hacer —le confesé—. Ocupo una de las primeras posiciones, pero el director de Subaru me dice que Nate Reese es quien va a ganar, y que tengo que ayudarle.

Mi madre me dejó terminar y después me dijo:

—Lance, si crees que puedes ganar la carrera, hazlo.

—Creo que puedo hacerlo.

—Entonces, ¡a paseo con ellos! —añadió—. Vas a ganar esta carrera. No permitas que nadie te intimide. Agacha la cabeza ¡y corre!

Agaché la cabeza y corrí. Fui un líder no muy popular, y no sólo para Subaru-Montgomery; los aficionados italianos que bordeaban la calzada estaban tan molestos porque un americano liderara la carrera que tiraban cristales y chinchetas al asfalto, con la esperanza de que pinchara una rueda. Pero, a medida que avanzaba la carrera, los italianos fueron apoyándome cada vez más y, cuando al fin crucé la línea de meta, me aplaudieron.

Había ganado. Lo había conseguido, había concedido a la selección nacional estadounidense una victoria en una carrera europea. Nuestro equipo estaba loco de alegría, igual que Chris. Esa noche, cuando descendí del podio, Chris me dijo algo que jamás he olvidado.

—Algún día ganarás el Tour de Francia.

El ciclismo es un deporte que ridiculiza a la juventud en lugar de exaltarla. Tal y como había planeado, me convertí en profesional justo después de los Juegos Olímpicos... e inmediatamente después acabé siendo el último en mi primera carrera.

En los Juegos de Barcelona tuve una actuación deplorable, quedando en decimocuarta posición en la prueba en carretera, pero de alguna manera conseguí impresionar a uno de los hombres con mayor influencia en el ciclismo americano, un hombre llamado Jim Ochowicz, que se arriesgó a firmarme un contrato como profesional. «Och», como todo el mundo le llamaba, era el director del equipo patrocinado por Motorola compuesto sobre todo por ciclistas americanos. Och era un pionero del ciclismo: en 1985 organizó el primer equipo mayoritariamente americano para competir fuera del país, y había demostrado que los norteamericanos podían competir en un deporte tradicionalmente europeo (uno de los primeros ciclistas para el equipo de Och, el 7-Eleven, fue Chris Carmichael). Un año más tarde Greg Lemond ganó el Tour de Francia de 1986, e hizo que ese acontecimiento despertara las conciencias de los norteamericanos.

Och siempre estaba buscando a jóvenes promesas estadounidenses, y Chris me condujo hacia él. Nos presentó una noche en medio del Tour Du Pont, la carrera ciclista por etapas más importante que se celebra en Estados Unidos. Fui al hotel de Och para lo que debía ser una entrevista laboral. Entonces no lo sabía, pero iba a conocer a mi padre adoptivo.

Mi primera impresión de él fue la de un hombre larguirucho y cuarentón, de voz suave, con una risa fácil y una ancha sonrisa llena de dientes. Nos sentamos y charlamos sobre mi procedencia, y me contó que estaba buscando a un ciclista: quería encontrar a un joven americano que siguiera los pasos de Lemond y ganase el Tour de Francia. Los equipos de Och habían conseguido colocar en la cuarta posición a un americano en dos ocasiones, pero nunca habían ganado. Och me preguntó cuáles eran mis ambiciones.

—Quiero ser el mejor corredor del mundo — le dije —. Quiero ir a Europa y ser profesional. No quiero limitarme a hacerlo bien, quiero ser el mejor.

A Och le bastó con eso. Firmamos un contrato y me envió a Europa.

Mi primera carrera fue la Clásica de San Sebastián. Puede que la llamen *clásica,* pero en realidad es una carrera de un solo día terriblemente dura, en la que los corredores recorren más de 160 kilómetros, con frecuencia sobre un terreno desigual y con un clima espantoso. Es una carrera histórica y de gran ambiente, pero realmente brutal. San Sebastián resultó ser una preciosa ciudad costera en el País Vasco, aunque el día en que debuté era gris, estaba lloviendo y hacía mucho frío. No hay nada más incómodo que pedalear bajo la lluvia, porque en ningún momento puedes entrar en calor. El *maillot* de lycra no es más que una segunda piel, y la lluvia fría lo empapa y hace que se ciña al cuerpo, de modo que el frío se mezcla con el sudor y se te mete en los huesos. Los músculos aumentan de volumen y pesan más en una especie de agotamiento helado y húmedo.

El día en que debuté llovía tanto que el agua casi hacía daño. Cuando comenzamos a correr bajo los alfilerazos del chaparrón helado enseguida me quedé rezagado, y a medida que avanzaba el día cada vez me iba retrasando más, temblando y luchando por pedalear. Ya estaba en la última posición. Por delante mío el pelotón se iba deshilachando, a medida que los participantes abandonaban poco a poco. De vez en cuando alguno se detenía a un lado de la carretera y tenía que retirarse. Estuve tentado a hacer lo mismo, a frenar, erguirme sobre el manillar y acercarme a la cuneta. ¡Sería tan fácil! Pero no podía hacerlo, no en mi primera carrera como profesional. Sería demasiado humillante. ¿Qué pensarían mis compañeros de equipo? Yo no era un cobarde.

¿Por qué no abandonas?

Hijo, nunca abandones.

Hubo cincuenta corredores que se retiraron, pero yo seguí pedaleando. Llegué el último de un pelotón de 111 corredores. Crucé la línea de meta casi media hora después que el vencedor, y mientras trepaba por la última colina algunos espectadores empezaron a reírse de mi y a silbarme:

—¡Mira ese pobre que va el último! —dijo uno.

Unas horas más tarde, sentado en el aeropuerto de Barajas, hundido en una butaca, tenía ganas de abandonar el deporte. Aquella fue la carrera más reveladora de mi vida; de camino a San Sebastián había llegado a pensar que tenía posibilidades de ganar, y ahora lo que me planteaba es si podría seguir compitiendo. Todos se habían reído de mí.

El ciclismo profesional iba a ser mucho más duro de lo que había imaginado; el ritmo era más rápido, el terreno más duro, los competidores tenían más nivel del que había pensado. Saqué del bolsillo un talonario de billetes de avión sin usar. Entre ellos tenía uno abierto para regresar a los Estados Unidos. Me planteé la posibilidad de usarlo. «Quizá sería mejor volver a casa», pensé, y encontrar otro trabajo, algo que se me diera bien.

Fui a una cabina de teléfonos y llamé a Chris Carmichael. Le comenté lo deprimido que me sentía, y que me estaba planteando abandonar. Chris se limitó a escucharme y luego me contestó:

—Lance, vas a aprender más de esta experiencia de lo que aprenderás en ninguna otra carrera en toda tu vida.

Hice bien en quedarme hasta el final y acabar la carrera, para demostrar a mis compañeros de equipo que era un corredor resistente. Si tenían que confiar en mí debían saber que no iba a abandonar. Ahora lo sabían.

—De acuerdo —dije—. Muy bien. Seguiré adelante.

Colgué y subí al avión que me llevaría a la siguiente carrera. Sólo tenía dos días de descanso y luego debía competir en el Gran Premio de Zúrich. Tenía mucho que demostrar, a mí mismo y a los demás, y a menos que me explotara el corazón en el pecho no pensaba volver a quedar el último.

En Zúrich acabé en segunda posición. Ataqué desde el principio, y seguí haciéndolo durante prácticamente toda la carrera. No tenía mucha idea, o ninguna, de las tácticas que se emplean en una carrera; me limité a agachar la cabeza y pedalear sin descanso, y cuando subí al segundo peldaño del podio lo hice más aliviado que entusiasmado. «Vale», pensé. «Creo que, después de todo, puedo conseguirlo.»

Telefoneé a Chris Carmichael.

—¿Lo ves? —me dijo.

En cuestión de pocos días había pasado de ser un novato deprimido a ser un competidor serio. Este cambio provocó comentarios en el mundillo de este deporte: ¿Quién es ese tío y de qué va?, quería saber el público.

Era una pregunta que aún tenía que responderme a mí mismo.

En aquellos momentos un ciclista norteamericano era como si un equipo de béisbol francés jugara las Series Mundiales en Estados Unidos. Me había colado de rondón en un deporte respetado y de gran tradición, y no tenía mucha idea de cuáles eran sus reglas o su protocolo. Digamos, simplemente, que mis modales tejanos no encajaban muy bien en Europa, porque existe una gran diferencia entre las sutiles tácticas del ciclismo europeo y el enfoque fanfarrón y predispuesto a decir tonterías propio de las competiciones en las que me había criado. Como la mayoría de los americanos, crecí sin pensar en el ciclismo; no fue hasta la victoria de Lemond en el Tour del 86 cuando me llamó la atención ese deporte. Pero había una determinada manera de hacer las cosas, y unas actitudes que no entendía. E incluso, cuando las comprendí, no pensé que debiera identificarme con ellas. De hecho, las ignoré. Corrí sin respeto alguno. Ninguno, en absoluto. Daba la nota, presumía de mis logros, alzaba los puños al aire. Jamás daba un paso atrás. A los periodistas les encantaba, porque era distinto, les hacía vender ejemplares, era alguien pintoresco. Pero al mismo tiempo me estaba creando enemigos.

Una carretera tiene una anchura determinada, y no más. Los ciclistas no paran de maniobrar sobre ella, luchando por una buena posición, y a menudo lo más inteligente y diplomático es dejar situarse a un compañero. En una larga carrera por etapas uno puede permitirse ceder un poco para hacerse un amigo, a quien es posible que necesites más tarde. *Cede un centímetro y hazte un amigo.* Pero yo no lo hacía. Quizás era en parte por mi carácter en aquella época, inseguro y a la defensiva, sin fiarme por completo de mis fuerzas. Seguía siendo el chaval de Plano, con mis resentimientos a cuestas, embistiendo, pedaleando por pura rabia. Pensaba que no me podía permitir ceder centímetros.

Algunas veces gritaba, enfadado, a otros corredores del pelotón:

—¡Acelerad o quitaos de en medio!

Aún no comprendía que, por diversos motivos, un corredor puede decidir quedarse en la parte de atrás del grupo, quizá porque el líder de su equipo se lo ha ordenado, o quizá porque está cansado y dolorido. No tenía por qué apartarse de mi camino o esforzarse más para que yo pudiera acelerar. Ahora ya no me molestan esas cosas y, de hecho, a menudo soy yo el que se queda atrás, dolorido, pero en aquellos tiempos era diferente. Aprendí que en el pelotón hay corredores capaces de obstaculizarte la marcha sólo para evitar que ganes. Existe una palabra para esto en el ciclismo: *cerrar*. Si alguien *te cierra* en el pelotón significa que te está fastidiando. Dentro del pelotón los corredores *se cierran* a menudo los unos a los otros.

Algunos me fastidiaban por el placer de hacerlo. Corrían para asegurarse de que yo no ganaba, porque no les caía bien. Intentaban cerrarme. Podían aislarme y hacerme correr más despacio, o bien acelerar y subir el ritmo de pedaleo, obligándome a esforzarme más para debilitarme. Por fortuna, estaba rodeado de compañeros del equipo que me protegían, gente como Sean Yates, Steve Bauer y Frankie Andreu, quien intentaba explicarme que no estaba beneficiando a nadie, ni a mí mismo ni a ellos.

—Lance, tienes que aprender a controlarte, te estás creando enemigos —decía Frankie.

Parecían aceptar que yo tenía que madurar un poco. Si estaban molestos conmigo, la verdad es que no se les notaba, y poco a poco me iban encauzando, pacientemente, por el buen camino.

Los compañeros de equipo son esenciales en el ciclismo; yo tenía ocho en el equipo Motorola, y necesitaba a cada uno de ellos. En una cuesta pronunciada podía ahorrarme hasta un treinta por ciento de energía si pedaleaba detrás de un compañero, que tiraba para mí mientras yo me quedaba a rueda. O, si el día era muy ventoso, mis ocho compañeros se colocaban por delante, protegiéndome y haciéndome ahorrar un cincuenta por ciento del esfuerzo que, de otro modo, tendría que haber desarrollado yo solo al completo. Todo equipo necesita corredores con capacidad de esprintar, otros que sean buenos escaladores y otros dispuestos a hacer el trabajo sucio. Era muy importante reconocer el esfuerzo de todos los implicados y no malgastarlo.

—¿Quién va a aceptar trabajar duro para alguien que no gana? —me preguntó Och, y era una buena pregunta.

Una carrera no la gana nadie solo. Necesita a sus compañeros de equipo, y la buena voluntad y la cooperación del resto de los competidores. Los demás tenían que querer correr para ti y contigo. Pero en aquellos primeros meses hubo un par de mis competidores a quienes les hubiera gustado darme una lección.

Estaba insultando a los grandes campeones europeos. En una de mis primeras carreras como profesional, el Tour del Mediterráneo, conocí a Moreno Argentin, un ciclista italiano muy importante y respetado. Era uno de los veteranos del deporte, un antiguo campeón mundial que había ganado las principales carreras del continente. Pero me acerqué a la cabeza de pelotón a toda velocidad y le desafié. Alrededor había 150 corredores, todos en una piña, maniobrando para coger posición, fastidiándose unos a otros, entrechocando y apartándose a empujones.

Cuando me puse a la par con Argentin me echó un vistazo rápido, un tanto sorprendido, y me dijo:

—¿Qué haces por aquí, Bishop?

Por algún motivo, eso me molestó. No conocía mi nombre. Pensaba que era Andy Bishop, otro miembro del equipo americano. Pensé: «¿Es que este tío no conoce mi nombre?».

—¡Que te den, Chiapucci! —le dije, llamándole por el nombre de otro de sus compañeros.

Argentin, sorprendido, tardó en reaccionar. Él era el *capo,* el jefe, y para él yo era un americano desconocido que aún no había ganado nada, y sin embargo ahí estaba, provocándole. Pero yo había obtenido ya muchos resultados destacados y, desde mi punto de vista, él debía saber quién era yo.

—¡Eh, Chiapucci! —le dije—. Me llamo Lance Armstrong, y al final de la carrera te acordarás del nombre.

El resto de la carrera mi objetivo fue hacer bajar a Argentin de su pedestal. Pero, al final, me agoté. Era una prueba de cinco días, y no logré resistir el ritmo. Era evidente que me faltaba experiencia. Después, Argentin vino dando voces hasta donde estaba mi equipo para quejarse a mis compañeros de mi conducta. Esto también forma parte del protocolo: si uno de los corredores jóvenes plantea un problema, los más veteranos deben encarrilarlo. En términos generales, lo que Argentin vino a decir fue «A ver si le enseñáis un poco de educación».

Unos días después participé en una carrera en Italia, el Trophée Laigueglia, todo un clásico. La gente pensaba que el Trophée implicaba una victoria segura para Argentin, y yo lo sabía. Los favoritos de cualquier carrera en Italia son, por supuesto, los italianos, y sobre todo Argentin, el líder, y una de las cosas que no se debía hacer era faltar al respeto a un ciclista veterano en su propio país, delante de sus seguidores y patrocinadores. Pero volví a por él. Le desafié justo cuando nadie más se atrevía a hacerlo, y en esta ocasión el resultado fue distinto, porque el duelo en el Trophée Laigueglia lo gané yo.

Llegando al final de la carrera íbamos escapados cuatro corredores, Argentin, Chiapucci, un venezolano llamado Sierra y yo. Ya en el *sprint* final, yo demarré a tope y me puse en cabeza. Argentin no se podía creer que fuera a perderme a mí, al norteamericano fanfarrón. Entonces hizo algo que tengo grabado en la memoria. A cinco metros de la meta frenó intencionadamente. Quedó cuarto, sin recibir medallas, y yo gané la carrera.

En un podio hay tres puestos, y Argentin no quería subirse a él junto a mí. De alguna manera, eso me causó más impacto que cualquier sermón, o incluso que una pelea a puñetazos. Lo que me estaba diciendo es que no me respetaba. Era una forma de insulto curiosa y elegante, y además muy efectiva. En los años transcurridos desde entonces he madurado y aprendido a admirar cosas muy propias de los italianos: sus exquisitos modales, su arte, su comida y su elocuencia, por no mencionar a su gran corredor, Moreno Argentin. De hecho, Argentin y yo nos hemos hecho buenos amigos. Siento mucho afecto por él, y en la actualidad, cuando nos encontramos, nos damos un abrazo al estilo italiano y nos reímos juntos un rato.

Mis resultados siguieron subiendo y bajando de forma tan aleatoria como mis movimientos dentro del pelotón. Atacaba en cualquier momento, o me daba por acelerar de repente. Alguien subía el ritmo y yo aceleraba, no porque siguiera ningún tipo de estrategia, sino más bien por decirle: «¿Eso es todo lo que puedes hacer?». Obtuve buenos resultados porque era una persona fuerte y me aprovechaba de las tácticas de los otros, reaccionando frente a sus movimientos, pero la mayor parte del tiempo era demasiado agresivo y seguía repitiendo el mismo error fundamental que había cometido cuando corrí en Japón para Chris Carmichael: me adelantaba hasta la cabeza del pelotón y tiraba yo solo hasta que me fallaban las fuerzas. A veces ni siquiera acabé entre los veinte primeros. Después, algún compañero me preguntaba:

—¿Qué demonios estabas haciendo?

—Me dio por ahí —respondía yo, avergonzado.

Por fortuna, tuve la suerte de correr para dos entrenadores muy inteligentes y sensatos, ya que seguí entrenando con Chris como miembro de la selección nacional al tiempo que Och y el director de su equipo, Henny Kuiper, se encargaban de mis carreras de la temporada regular para Motorola. Ellos se pasaron mucho tiempo al teléfono comparando sus apuntes, y ambos estuvieron de acuerdo en admitir algo importante: yo tenía un tipo de energía innata. Puedes enseñarle a alguien cómo controlar sus energías, pero no puedes enseñarle a ser fuerte. Si bien era cierto que mi agresividad no me estaba granjeando muchas amistades dentro del pelotón, ellos sospechaban que algún día podría convertirse en algo valioso. Och y Chris pensaban que las carreras de resistencia no sólo implicaban soportar el dolor, sino también provocarlo, y en mi naturaleza agresiva detectaban los rasgos en potencia de un auténtico depredador.

—¿Has oído alguna vez eso de que cuando le clavas un puñal a alguien lo siente como algo de lo más personal? —me dijo Chris una vez—. Pues una carrera ciclista es así de personal. No te engañes, es como una pelea a navajazos.

Och y Chris pensaban que si alguna vez conseguía dominar mi temperamento podría llegar a ser un corredor digno de ser tenido en cuenta. Mientras tanto, me trataban con bastante tacto, porque intuían que si empezaban a gritarme lo más probable es que lo tirara todo por la borda o me rebelara contra ellos. Pensaron lo mejor era irme haciendo asimilar las lecciones poco a poco.

Hay algunas cosas que sólo se aprenden en la práctica, así que Och y Chris dejaron que fuera sacando mis propias conclusiones. Al principio nunca analizaban mis carreras, y yo seguía pensando: «Soy el corredor más potente que hay aquí; no hay nadie de mi nivel». Pero, después de perder varias carreras, tuve que empezar a reflexionar seriamente, y un día, al fin, caí en la cuenta: «Pero bueno, si soy el tío más fuerte, ¿cómo es que no he ganado?».

Lenta, pero firmemente, Och y Chris me fueron transmitiendo sus conocimientos sobre las particularidades de distintas carreras y el modo en que una competición va evolucionando en el plano táctico.

—Hay momentos en que puedes usar tus energías en beneficio propio, y hay otros en que usarlas es una tontería, un auténtico desperdicio —decía Och.

Empecé a fijarme en los demás corredores, dejando que ellos me orientaran. Me acerqué a dos veteranos, Sean Yates y Steve Bauer, que tuvieron una gran influencia sobre mí. Ellos me instruyeron en gran medida, transmitiéndome en todo momento muchos de sus conocimientos, incluso en las comidas. Me ayudaron a mantener los pies en tierra firme. Yo era *míster Energía,* el que se subía por las paredes, el que decía cosas como «¡Venga, vamos a darles una paliza!». Cuando me escuchaban decir cosas así se desesperaban.

Och no sólo me domesticó, sino que, lo que es más importante, me educó en un período difícil. No me sentía a gusto viviendo en Europa siete meses al año: echaba de menos la cerveza Shiner Bock y la comida mejicana, los campos secos y cálidos de Texas y mi apartamento de Austin, donde tenía una calavera de vaca Longhorn cubierto de cuero rojo, blanco y azul, con una estrella de Texas en el centro. Me quejaba de todo, de los coches, de los hoteles, de la comida.

—¿Por qué seguimos en este tugurio? —preguntaba.

En esos momentos estaba conociendo una realidad dentro del ciclismo: a las molestias propias de la competición hay que añadir las que se refieren a los alojamientos. Algunos de los hoteles en los que me alojé convertían en apetecibles a los moteles americanos de mala muerte: había migas en el suelo y pelos en las sábanas y, respecto a las comidas, no reconocía la carne, la pasta se me hacía demasiado pesada y el café me sabía a agua sucia. Pero al final me aclimaté y, gracias a mis compañeros, mi incomodidad inicial llegó a parecerme hasta divertida. Cuando nos parábamos delante de cada nuevo hotel ellos esperaban a que empezara a quejarme.

Cuando miro atrás y veo a aquel joven corredor y joven persona que era yo, tan sin pulir, no puedo evitar un sentimiento de incomodidad, pero también de simpatía. Bajo una capa de chulería, agresividad y quejas, en el fondo estaba asustado. Tenía miedo de todo: me daban miedo el programa de entrenamiento, los aeropuertos y las carreteras, me daba miedo el teléfono, porque no sabía cómo marcar desde donde estuviera, y me daban miedo los menús, porque no los entendía. Una vez, en una comida de negocios con unos ejecutivos japoneses, con Och de anfitrión, me superé a mí mismo. Él había pedido a cada uno de los corredores que se presentara, diciendo su nombre y su país de origen. Me puse de pie.

—Hola, soy Lance, de Texas —solté.

Todo el mundo estalló en carcajadas. Ya estaban riéndose otra vez de mí.

Pero, inevitablemente, vivir en Europa empezó a pulirme. Alquilé un apartamento junto al lago Como, en Italia, y quedé encantado por aquella ciudad neblinosa y polvorienta escondida en los Alpes italianos. Och era un amante de los buenos vinos, y yo me beneficié de sus gustos, aprendiendo a reconocer la buena comida y el vino de calidad. Descubrí que tenía facilidad para los idiomas, y empecé a chapurrear español, italiano y francés, e incluso me defendía en holandés si era necesario. Paseaba por Milán mirando escaparates, y allí aprendí lo que eran los buenos trajes. Una tarde visité el Duomo y en ese momento todas mis ideas sobre el arte cambiaron para siempre. Me sentí sobrecogido por sus colores y proporciones, por la gris inmovilidad de sus arcos, el brillo apergaminado de las velas, la expresividad de las esculturas y lo airoso de las vidrieras.

Conforme se acercaba el verano fui madurando. Sobre la bicicleta las cosas empezaron a encajar, y mi estilo se fue consolidando.

—La cosa mejora —aseguró Och, y era cierto.

Un patrocinador de carreras americano, Thrift Drugs, ofreció un millón de dólares para cualquiera que fuese capaz de ganar la Triple Corona Ciclista, una serie de tres prestigiosas carreras en Estados Unidos, así que me concentré en ellas. Cada competición era distinta de las otras: para ganar el premio había que correr una carrera muy dura de un solo día en Pittsburgh, luego otra de seis días en Virginia Occidental y, por último, el Campeonato Profesional de Estados Unidos, que era una carrera de un día de duración y un recorrido de 250 kilómetros, atravesando Filadelfia. Era un reto muy importante, y los organizadores lo sabían. Para ganar había que ser un ciclista muy completo: saber esprintar, ser un buen escalador y un buen corredor por etapas, todo en uno, y, lo que es más importante, había que ser tremendamente regular, algo que yo todavía no había conseguido.

Todos los corredores hablábamos de ganar el premio, y al minuto siguiente de lo imposible que era. Pero una noche, cuando estaba hablando por teléfono con mi madre, ella me preguntó:

—¿Qué probabilidades hay de ganar esa prueba?

—Bastantes —contesté.

En junio ya había ganado las dos primeras carreras. La prensa estaba como loca, y los organizadores preocupados. Lo único que quedaba era la prueba del Campeonato en Filadelfia, pero allí tendría a otros 119 ciclistas intentando detenerme. Se había creado una gran expectación, y se calculaba que medio millón de personas estaría junto a la carretera.

El día antes de la carrera llamé a mi madre y le pedí que volase a Filadelfia. Al avisarla con tan poco tiempo el billete le costaría mucho más caro, pero ella pensó que era como comprar un décimo de lotería: si no venía y yo ganaba, lamentaría no haber estado allí. Por mi parte, yo estaba decidido a hacer una carrera inteligente, así que nada de ataques a lo loco. Me dije a mí mismo: «Piensa la carrera».

Y durante la mayor parte de la prueba eso es lo que hice. Entonces, cuando quedaban unos 32 kilómetros, me disparé. Ataqué furioso en la parte más empinada de todo el recorrido, Manayunk. No sé lo que me pasó, lo único que sé es que me levanté del asiento y me vacié sobre los pedales, y durante los cinco segundos del demarraje no paraba de gritar. Conseguí despegarme bastante del pelotón, y al final de la penúltima vuelta había conseguido suficiente ventaja como para enviarle un beso a mi madre. Crucé la línea de meta con el margen más amplio de la historia de la carrera. Bajé de la bici entre una multitud de periodistas, pero me deshice de ellos para acercarme a mi madre, y cuando nos abrazamos rompimos a llorar.

Ese fue el comienzo de un verano casi mágico, ya que poco después obtuve una inesperada victoria en una etapa del Tour de Francia con otro ataque de última hora. Era el final de un recorrido de 183 kilómetros, desde Châlons-sur-Marne a Verdún, y estuve a punto de estrellarme contra las vallas protectoras mientras esprintaba para sacarle ventaja al pelotón en los últimos 50 metros de la carrera. Una etapa del Tour se consideraba por derecho propio una victoria extremadamente valiosa y, a mis ventiún años, era el corredor más joven que la había obtenido.

Pero, para que se hagan una idea de la experiencia que hay que tener para competir en el Tour, un par de días más tarde tuve que retirarme de la carrera, incapaz de continuar. Abandoné, temblando, tras la duodécima etapa, quedando en la posición 97. Los Alpes pudieron conmigo. Como les confesé más tarde a los periodistas, eran «demasiado largos y fríos». Me quedé tan atrás que cuando llegué a la línea de meta el coche del equipo ya se había marchado al hotel. Tuve que volver a pie a nuestro alojamiento, empujando la bici por un camino de grava. «Como si la etapa no fuera suficiente, además tenemos que subir por ahí», le dije a la prensa. Aún no tenía la madurez física necesaria para cubrir las duras etapas de montaña.

Seguía luchando contra mi impaciencia. En ocasiones empezaba corriendo con la cabeza, pero luego me dejaba llevar. Parecía que no fuera capaz de asimilar que, para ganar, al principio tendría que ir más lento. Me llevó algún tiempo aceptar la idea de que ser paciente no es lo mismo que ser débil, y que correr siguiendo una estrategia no es sinónimo de no entregarse a fondo.

Tan sólo una semana antes del Campeonato del Mundo cometí el error de siempre en otro gran premio, el de Zúrich, quemándome antes de llegar a la parte esencial de la carrera. Una vez más, no me clasifiqué ni entre los veinte primeros. Och podría haber perdido la paciencia conmigo, pero, en lugar de ello se quedó en Zúrich los dos días siguientes y salió a pedalear conmigo. Estaba seguro de que podría ganar en los Mundiales de Oslo, aunque sólo si lo hacía usando la cabeza. Mientras entrenaba conmigo me habló del concepto de autodominio.

—Lo único que debes hacer es esperar —me dijo—. Sólo esperar. Dos o tres vueltas son suficientes. Si empiezas antes perderás la oportunidad de ganar. Pero, a partir de ahí, puedes atacar todas las veces que quieras.

En el Campeonato del Mundo no había ciclistas mediocres. Tendría que enfrentarme a grandes corredores en la cima de sus carreras, y el favorito era Miguel Induráin, que acababa de conseguir su tercera victoria en el Tour de Francia. Además, si quería vencer tendría que luchar contra las estadísticas, que decían que ningún corredor de ventiún años había ganado jamás un título mundial en ciclismo.

En los días previos a la carrera volví a llamar a mi madre y le pedí que viniese a estar conmigo. No quería pasar por aquello yo solo, y ella siempre había sido una fuente de confianza para mí. También quería que me viera competir *tan bien acompañado*. Ella se tomó unas vacaciones en Ericsson y vino en avión a verme. Se alojó en mi habitación del hotel y me cuidó como siempre lo había hecho. Me lavaba la ropa en el lavabo, se encargaba de darme la comida que me gustaba, respondía al teléfono y se aseguraba de que durmiera las horas necesarias. No tenía que hablar de ciclismo con ella ni explicarle cómo me sentía; ella lo entendía. Cuanto más nos acercábamos al día crítico, más tranquilo estaba. Conseguí desconectar de todo, concentrándome en planificar la carrera en mi cabeza. Ella leía junto a una lamparita mientras yo contemplaba el techo o dormitaba.

Por fin llegó el día de la carrera pero, cuando me desperté, estaba lloviendo. Abrí los ojos y vi las gotas resbalar por los cristales. La lluvia odiosa y temida, el origen de tanta angustia y vergüenza en San Sebastián. Llovió torrencialmente durante todo el día, pero hubo una persona que aquel día lo pasó peor que yo bajo el agua: mi madre. Estuvo sentada en la grada, aguantando el chaparrón durante siete horas, sin levantarse. Delante de la grada había una enorme pantalla para que la multitud pudiera vernos en la carrera de 18 kilómetros y medio, y allí estaba ella, empapada, viendo cómo los corredores iban cayendo por el camino.

En Europa, cuando llueve, las calles se cubren de una capa resbaladiza formada por gasolina y polvo. Los neumáticos patinaban y los participantes salían despedidos hacia todas partes por encima de sus bicicletas. Yo también me caí dos veces, pero pude recuperarme para volver a subir a la bici y seguir luchando.

Esperé y esperé a lo largo de toda la prueba quieto al fondo del pelotón, como Och me había dicho. Cuando quedaban 14 vueltas yo estaba en el grupo de cabeza, justo donde estaba Induráin, el magnífico corredor español. Al final, en la penúltima vuelta, ataqué. Tiré colina arriba y alcancé la cima con una ligera ventaja sobre el pelotón. Después bajé a toda velocidad por la pendiente y me enfrasqué en otro ascenso pronunciado, llamado el Ekeberg, con los demás corredores pegados a mi espalda. Me dije: «Tengo que intentarlo a tope justo ahora». Me alcé sobre el sillín y volví a atacar. Esta vez gané una ventaja algo mayor.

Al otro lado del Ekeberg había otro descenso prolongado y peligroso, de cuatro kilómetros, y bajo la lluvia podía pasar de todo. Si la carretera se volvía deslizante las ruedas de la bicicleta podían patinar en cualquier momento. Yo tracé las curvas cerradas con fuerza y, al llegar abajo, miré por encima del hombro a ver quién me seguía.

Nadie.

Me entró el pánico. «Has vuelto a cometer el mismo error de siempre», pensé. «Has atacado demasiado pronto». Seguro que se me había olvidado en qué vuelta estaba. Seguro que aún quedaba otra vuelta, porque haber sacado semejante ventaja era demasiado bonito como para ser cierto.

Eché un vistazo al cuentakilómetros de la bici. Era la última vuelta. Iba a ganar.

Cuando quedaban los últimos 700 metros empecé a celebrarlo. Cerré los puños y los agité en el aire, eché besos y saludé a la multitud. Mientras cruzaba la línea de meta casi daba botes, como una mala bailarina de cabaret. Al final, frené y bajé de la bicicleta y, en mitad de la multitud, a la primera que busqué fue a mi madre. La encontré y nos quedamos allí, bajo la lluvia, abrazados.

—¡Lo hemos hecho! ¡Lo conseguimos!

Nos pusimos a llorar los dos.

En algún momento de la confusión posterior a la carrera, en medio de las celebraciones y la ceremonia, llegó un escolta real para decirme que el rey Harald de Noruega quería saludarme. Acepté y le dije a mi madre:

—Venga, mamá. Vamos a conocer al rey.

Ella contesto:

—Bueno, vale.

Empezamos a pasar por los controles de seguridad hasta llegar a una puerta, tras la cual estaba el rey esperando para concederme una audiencia privada. Un guardia de seguridad nos detuvo.

—Ella tendrá que quedarse aquí —nos dijo el escolta—. El rey le recibirá sólo a usted.

—No dejaré a mi madre en la puerta —contesté.

La tomé del brazo y nos dimos la vuelta para irnos.

—Venga, vámonos —dije. No tenía intención de ir a parte alguna sin ella.

El escolta cedió.

—De acuerdo. Hagan el favor de acompañarme.

Y así pudimos conocer al rey, que era un hombre muy agradable. Nuestra audiencia fue muy breve y muy correcta, y luego volvimos a las celebraciones.

Parecía que para mi madre y para mí se había terminado una etapa, como si hubiéramos llegado a una meta. Se había acabado la parte más dura del combate; ya no habría más gente que nos dijera que no íbamos a llegar lejos, se acabaron las preocupaciones por las deudas o por saber de dónde sacar el dinero para comprar equipos o billetes de avión. Quizá fuera el final de la larga y dura escalada que es la infancia.

Aunque era campeón mundial aún tenía muchas cosas que aprender, y los tres años posteriores fueron un proceso de prueba y perfeccionamiento. Obtuve otros triunfos, pero a partir de entonces la vida sería cuestión de ir mejorando poco a poco, de buscar ese pequeño margen que pudiera destacarme de los demás corredores de élite. Ganar es toda una ciencia. El espectador raras veces ve el lado técnico del ciclismo, pero por detrás de la pintoresca serpiente multicolor del pelotón está la otra realidad, más aburrida, que dice que las carreras ciclistas son algo cuidadosamente calibrado, y que a menudo una prueba se gana por una pequeña aceleración que tuvo su origen en un laboratorio de entrenamiento, en un túnel de viento o en un velódromo, mucho antes de empezar la carrera. Los ciclistas somos esclavos del ordenador, puesto que dependemos de cálculos minuciosos sobre la cadencia, la eficiencia del esfuerzo y la potencia. Yo me pasaba la vida subido en una bicicleta estática, con el cuerpo cubierto de electrodos, ensayando posturas sobre el sillín que me permitiesen ganar unos pocos segundos o el descubrimiento de un componente del equipo que fuera un poco más aerodinámico.

Unas pocas semanas después de ganar el Mundial acudí junto a Chris Carmichael a un laboratorio de alto rendimiento en el Centro de Entrenamiento Olímpico de Colorado Springs. A pesar del gran año que llevaba aún tenía ciertos puntos débiles, y me pasé varios días en el laboratorio, cubierto de electrodos, mientras los médicos me pinchaban para hacerme análisis de sangre. El objetivo era determinar mis diversos umbrales y puntos de ruptura, para de esta forma saber cómo podría incrementar mi eficiencia sobre la bicicleta. Analizaron mi ritmo cardíaco y mi VO_2 máximo y, en un solo día, me pincharon hasta quince veces en el pulgar para analizarme la sangre. Queríamos averiguar cuál era mi esfuerzo máximo y cuánto tiempo podría mantenerlo. Intentamos localizar mi ritmo óptimo, es decir, la cadencia de pedaleo que me iba mejor, y también los puntos débiles de mi técnica, los *puntos muertos* en los que dilapidaba energía. Mi forma de pedalear era como la de un martillo neumático, arriba y abajo, y me estaba esforzando demasiado sin que eso repercutiera en una mayor velocidad. Fuimos a un velódromo a comprobar mi postura sobre la bicicleta y a decidir de qué modo estaba malgastando mis fuerzas. El objetivo en ciclismo es generar la máxima velocidad con el menor esfuerzo posible, y el número de vatios indica la cantidad de trabajo que uno hace cuando pedalea. Probamos a bajar el sillín, y mi rendimiento mejoró de inmediato.

Por aquella época conocí al legendario corredor belga Eddy Merckx, cinco veces ganador del Tour de Francia y uno de los ciclistas de ataque más feroz que hayan existido nunca. Había oído muchas historias sobre Merckx, sobre lo valiente y sufrido era como corredor, y pensaba que era el tipo de ciclista que yo querría ser. Yo no sólo quería vencer, sino hacerlo de una manera determinada. Enseguida nos hicimos amigos. Eddy me dijo que algún día yo podría ganar el Tour de Francia, pero que debía perder peso. Mi constitución era más bien de defensa de fútbol americano, con mucha masa muscular en el pecho como resultado de mi etapa nadando y haciendo triatlón. Eddy me explicó que sería difícil arrastrar todo ese peso subiendo y bajando montañas durante tres semanas. En parte, yo seguía corriendo basándome en la fuerza bruta, pero para ganar un Tour de Francia tendría que hallar el modo de perder peso sin perder energía. Así que dejé de comer pasta, dejé a un lado la comida *tex-mex* y comprendí que tendría que encontrar un nuevo tipo de fuerza, esa fuerza interior llamada *autodominio*.

En 1995 aún no había competido en un Tour de Francia completo, sólo en etapas sueltas. Mis entrenadores no creían que estuviera listo, y tenían razón; no poseía ni el cuerpo ni la resistencia mental que hacen falta para soportar esa prueba. Un corredor joven debe pasar poco a poco por ese proceso, irse desarrollando a lo largo de los años hasta que esté listo para acabar la carrera, y acabarla estando sano. Yo iba mejorando mucho: en el 94 quedé segundo en el Lieja-Bastogne-Lieja, segundo en San Sebastián y segundo en el Tour Du Pont. Pero ahora Och me decía que debía pasar a otro nivel, que necesitaba acabar el Tour de Francia, no sólo empezarlo. Ya era hora de que comenzase a aprender qué implicaba ganar la carrera por etapas más grande del mundo.

Yo tenía la reputación de ser un buen corredor en pruebas de un día: me daban la salida y yo corría lleno de rabia y de adrenalina, dejando atrás a mis competidores uno a uno. Podía alcanzar un umbral del dolor que nadie más querría experimentar, y por ganar una carrera era capaz de arrancarle la cabeza a quien fuera. Pero el Tour era una historia muy distinta. Si corría de esa manera en el Tour tendría que abandonar al cabo de dos días. Esa prueba requería una visión más amplia. En el Tour había que tirar de los recursos necesarios cuando hiciese falta, dosificando las fuerzas pacientemente en cada momento sin desperdiciar movimientos ni energía. Era cuestión de seguir y seguir pedaleando, por desanimado que uno se sintiera, cuando ya no le quedaran fuerzas para dar otro empujón.

Si existe una característica que defina a un hombre como opuesto a un niño seguramente es la paciencia. En 1995, al fin, conseguí comprender la exigente naturaleza del Tour, con todas sus extraordinarias pruebas y peligros. Lo acabé, y lo acabé sintiéndome fuerte, incluso ganando una etapa en los últimos días. Pero tuve que pagar un alto precio por ese conocimiento, y ojalá no lo hubiera adquirido del modo en que lo hice.

Ya avanzada la carrera, nuestro compañero del equipo Motorola Fabio Casartelli, campeón olímpico en 1992, murió durante un descenso a toda velocidad. Al descender una pendiente el pelotón va en fila india, y si un corredor se cae puede provocar una tremenda reacción en cadena. Fabio no se cayó solo: con él fueron al suelo veinte corredores más, pero él se golpeó la cabeza en un bordillo y se fracturó el cuello y el cráneo.

Pasó demasiado rápido como para darse cuenta. Cayeron muchos corredores, y todo el mundo estaba enganchado al lado de alguien, tumbado en el suelo, pero estas cosas suelen pasar en un Tour. Sólo me enteré más tarde, a través de la radio, de lo que había pasado: Fabio estaba muerto. Cuando alguien te dice algo así apenas puedes creerlo. Fue uno de los días más largos de mi vida. Fabio no sólo era la joven esperanza del ciclismo italiano, sino que hacía poco que se había casado y había tenido un hijo. El bebé tenía sólo un mes.

Teníamos que seguir adelante, acabar la etapa por tristes y enfermos de angustia que estuviésemos. Yo había conocido a Fabio cuando empecé a correr en el circuito internacional, en 1991. Él vivía a las afueras de Como, donde yo tenía el apartamento, y habíamos competido uno contra otro en los Juegos Olímpicos de Barcelona 92, donde él obtuvo la medalla de oro. Era un hombre relajado, amigo de la diversión, un poco payaso, un bromista. Algunos corredores italianos eran más serios, iban más de chulos, pero Fabio no era así. Era una persona muy dulce.

Esa noche los miembros de Motorola tuvimos una reunión para decidir si seguíamos la carrera o no. Había dos opiniones divididas. La mitad quería abandonar, irse a casa y llorar junto a sus amigos y familiares, y la otra mitad seguir adelante como homenaje a Fabio. Personalmente, quería abandonar; no me sentía con ánimos de subirme a una bicicleta. Era la primera vez que me encontraba con la muerte y el dolor tan intenso que ella supone, y no sabía cómo reaccionar. Pero entonces vino a vernos la esposa de Fabio y nos dijo que quería que siguiésemos corriendo, porque sentía que eso era lo que su marido hubiera deseado. Así que nos sentamos en la hierba detrás del hotel, rezamos unas oraciones y decidimos quedarnos en la prueba.

Al día siguiente el pelotón rodó en honor a Fabio, y ofreció a nuestro equipo una victoria ceremonial en esa etapa. Fue otro día largo y terrible: ocho horas sobre la bici con todo el mundo llorando. El pelotón no corrió. En lugar de eso, avanzábamos lentamente, en formación. Era prácticamente una procesión fúnebre, y al fin nuestro equipo atravesó la línea de meta mientras, detrás nuestro, un coche transportaba la bicicleta de Fabio con una cinta negra.

A la mañana siguiente empezamos la carrera en serio, hasta Burdeos. La siguiente era la etapa a Limoges, y esa noche Och vino a nuestras habitaciones y dijo al equipo que Fabio había tenido dos objetivos en el Tour: quería acabar la carrera y además deseaba intentar ganar la etapa a Limoges. En ese momento supe que si Limoges era la etapa que Fabio quería ganar, ahora era yo quien quería hacerlo para él, y que iba a terminar la carrera.

Más o menos a la mitad de la etapa del día siguiente me encontré agrupado en cabeza con otros venticinco corredores.

Induráin llevaba el *maillot* amarillo del líder, e iba por detrás nuestro. Hice lo que me salía con más naturalidad: me fugué. El problema fue que ataqué demasiado pronto, como siempre. Aún me quedaban cuarenta kilómetros por delante, y un tramo cuesta abajo por una colina. Hay dos cosas que nunca se deben hacer: atacar demasiado pronto ni cuesta abajo. Pero bajé por la pendiente tan rápido que enseguida conseguí una ventaja de treinta segundos. Los demás corredores se quedaron pasmados. Podía sentir sus pensamientos: «¿En qué estará pensando?».

¿En qué estaba pensando? Había mirado atrás y había visto que los otros seguían pedaleando tranquilamente, sin ninguna ambición especial. Era un día caluroso, y no había incentivos para correr mucho; todo el mundo intentaba irse acercando a la línea de meta, momento en el cual pondrían en práctica alguna sus tácticas. Eché otro vistazo atrás y vi a uno que estaba bebiendo agua. Volví a mirar. Otro se estaba arreglando la gorra. Así que demarré como una bala. ¡*Zoom*! Me perdí del resto. Cuando tienes a quince tíos detrás tuyo, cada uno de un equipo distinto, nunca se organizan. Se quedan mirándose y dicen: «¡Venga, sal! ¡No, sal tú!». Así que me escapé, y más rápido de lo que lo había hecho jamás. Fue un golpe directo a la mandíbula, y no tuvo nada que ver con la potencia o la habilidad; todo dependía del asombro inicial y la ventaja que sacara. Fue una estupidez, pero funcionó.

Nadie se acercaba más de 55 segundos. El coche de apoyo del equipo no dejaba de acercarse y darme informes. Henny Kuiper, el director de nuestro equipo, decía:

—Tienes 30 segundos de ventaja.

Unos minutos después volvía y me decía:

—Llevas 45 segundos de ventaja.

Cuando vino la tercera o cuarta vez le dije:

—Henny, no vuelvas a decirme nada. No me van a pillar.

—Vale, vale —contestó, y se perdió por detrás de mí.

No me atraparon.

Gané por un minuto, y no sentí ni un instante de dolor. En cambio, sentí algo espiritual; sé que ese día corrí con un propósito más elevado que de costumbre. A pesar de que había atacado demasiado pronto no lo pasé nada mal después de escaparme. Me gustaría pensar que esa experiencia fue también la de Fabio: sencillamente, se escapó del mundo. No me cabe ninguna duda de que en aquella bicicleta íbamos dos corredores, que Fabio estaba conmigo.

En la meta sentí una emoción que jamás he vuelto a experimentar. Sentí que estaba ganando por Fabio, su familia y su hijo, y por el país italiano que estaba de duelo. Cuando crucé la meta alcé los ojos y señalé a los cielos, a Fabio.

Tras el Tour, Och hizo erigir un monumento conmemorativo a Fabio. Contrató a un escultor de Como para que hiciera una estatua en mármol blanco de Carrara. El equipo acudió desde todas las partes del mundo, y nos reunimos en lo alto de la montaña para la colocación del monumento y la ceremonia de dedicatoria. El conjunto tenía un reloj de sol donde se leían tres fechas y horas: su cumpleaños, el día en que ganó en los Juegos Olímpicos y el día en que murió.

Yo había aprendido lo que era participar en el Tour de Francia. Allí lo importante no es la bicicleta. Es una metáfora de la vida, y no sólo la carrera más larga del mundo, sino también la más espectacular, desgarradora y potencialmente trágica. Ofrece al corredor todo lo que pueda concebir: frío, montañas, llanuras, baches, ruedas pinchadas, vientos fuertes, tremenda mala suerte, una belleza inconcebible, un agotamiento que obnubila y, sobre todo, una tremenda oportunidad para aprender acerca de uno mismo. Durante nuestras vidas nos enfrentamos también con todas estas cosas, experimentamos muchos obstáculos y luchamos mano a mano con el fracaso, agachando la cabeza bajo la lluvia, intentando mantenernos firmes y conservar la esperanza. El Tour no sólo es una carrera ciclista, en absoluto. Es una prueba. Te prueba físicamente, mentalmente, e incluso moralmente.

Ahora lo comprendía. Me di cuenta de que no habían atajos. Hacía falta años y años para preparar la mente, el cuerpo y el carácter, hasta que el corredor ha dejado atrás cientos de carreras y cientos de miles de kilómetros. No sería capaz de ganar un Tour de Francia hasta que tuviera hierro en mis piernas, en mis pulmones, mi cerebro y mi corazón. Hasta que fuese un hombre. Fabio había sido todo un hombre. Yo seguía intentando ponerme a su altura.

4

DE MAL EN PEOR

Yo pensaba que sabía lo que era el miedo, pero escuchar las palabras «Tiene usted cáncer» lo cambió todo. El miedo de verdad vino ahora trayendo una sensación inconfundible, como si mi sangre empezase a fluir en dirección contraria. Los temores pasados, el miedo a no gustarle a los demás, el miedo a que se rieran de mí, el miedo a perder mi dinero, todos parecían de repente pequeñas cobardías. Ahora todo ganaba una nueva perspectiva: las angustias de la vida —una rueda pinchada, perder una carrera, un atasco de tráfico— adquirían su verdadera categoría como necesidades o simples deseos, como problemas reales o sustos sin importancia. Así que un viaje en avión en medio de turbulencias era solamente eso, pero no era tener un cáncer.

Una de las posibles definiciones de *humano* sería la siguiente: rasgo de las personas que las diferencia de Dios, los animales o las máquinas como seres especialmente vulnerables ante las debilidades, y que sin embargo saca a la luz sus mejores cualidades. Los atletas no suelen pensar en sí mismos en estos términos; están demasiado ocupados cultivando su halo de invencibilidad como para admitir que tienen miedo, o se sienten débiles, indefensos, vulnerables o falibles; por este mismo motivo no son especialmente amables, considerados, misericordiosos, benévolos o indulgentes, ni consigo mismos ni con los que les rodean. Pero, mientras estaba sentado en mi casa aquella primera noche, me resultaba humillante tener tanto miedo. Y sin embargo era una experiencia que me hacía más humano.

No era lo bastante fuerte como para decirle a mi madre que estaba enfermo. Poco después de regresar de la consulta del doctor Reeves, Rick Parker vino a verme porque consideraba que no debía quedarme solo. Le dije a Rick que no soportaba la idea de llamar a mi madre para darle la noticia.

—No quiero decírselo —le dije. Rick se ofreció a hacerlo por mí, y yo acepté.

No había ninguna forma delicada de decirlo. Ella acababa de llegar a casa del trabajo y estaba sentada fuera, en el jardín, leyendo el periódico, cuando sonó el teléfono.

—Linda, Lance tendrá que hablar contigo sobre este tema, pero quiero decirte lo que está pasando. Se le ha diagnosticado un cáncer testicular y tendrán que operarle mañana a las siete de la mañana.

Mi madre respondió:

—No. ¿Cómo es posible?

Rick continuó:

—Lo siento, pero creo que deberías venir esta misma noche.

Mi madre empezó a llorar y Rick intentó consolarla. Quería que ella subiera cuanto antes a un avión para llegar a Austin rápidamente. Mi madre no tardó en reaccionar.

—Vale —zanjó—. De acuerdo, estaré allí en unas horas.

Colgó sin siquiera hablar conmigo, llenó una pequeña bolsa de viaje con todo lo que se le ocurrió y salió en dirección al aeropuerto.

Después de que Rick colgase tras la conversación con

mi madre volví a hundirme, llorando. Rick me ayudó con sus palabras.

—Es normal que llores —me dijo—. Incluso es bueno para ti. Lance, esto se puede curar. Es sólo un bache, y tenemos que superarlo.

Ya un poco más entero, fui a mi habitación y empecé a llamar por teléfono a todas aquellas personas a quienes necesitaba decírselo cuanto antes. Llamé a mi amigo y compañero del Motorola Kevin Livingston, que estaba compitiendo en Europa. Kevin era como un hermano menor para mí. Estábamos tan unidos que habíamos planeado alquilar un apartamento juntos en Europa para la temporada siguiente, y le había convencido de que se viniera a Austin a entrenarse conmigo. Cuando conseguí contactar con él en Italia aún le sentía lejos, muy lejos.

—Tengo algo que decirte... Hay malas noticias.

—¿Qué? ¿Has tenido problemas en alguna carrera?

—Tengo cáncer.

Quería decirle a Kevin cuáles eran mis sentimientos y cuánto necesitaba verle, pero él estaba en un apartamento con otros tres miembros de la selección estadounidense y no quería que ellos lo supieran. Así que tuvimos que hablar en clave.

—Ya sabes —le dije. Y él respondió:

—Sí, ya sé.

Y eso fue todo. Colgamos. Al día siguiente él estaba ya en el avión camino de casa.

Luego contacté con Bart Knaggs, quizá mi mejor y más viejo amigo en Austin, que había sido ciclista y ahora trabajaba para una nueva empresa de informática. Le localicé en su oficina, donde estaba trabajando hasta tarde, como siempre.

—Bart, tengo cáncer testicular —le informé. Bart tartamudeó, sin saber qué decir, y luego contestó:

—Lance, hoy día hacen maravillas con el cáncer, y creo que, dentro de lo malo, es uno de los más tratables.

—No sé, la verdad. Estoy aquí sentado en mi casa, yo solo, y tengo mucho miedo.

Bart, muy típico en él, se puso a navegar por Internet y buscó toda la información que pudo sobre la enfermedad. Allí se estuvo hasta bien tarde, investigando sobre el cáncer testicular, e imprimió todo lo que había encontrado hasta completar un montón de páginas. Buscó en los archivos clínicos, investigaciones y las diversas opciones de tratamiento, y lo descargó todo. Luego cogió el material y se pasó por mi casa. A la mañana siguiente tenía que irse a Orlando con su novia, Barbara, pero vino para decirme que me quería y a traerme todo aquel material impreso.

Uno a uno, empezaron a llegar mi familia y amigos. Llegó Lisa a poco de llamarla. Había estado estudiando en la biblioteca, y sus ojos reflejaban el impacto que le produjo la noticia. Los siguientes fueron Bill Stapleton y su esposa Laura. Bill era un joven abogado de un bufete de Austin al que había elegido para representarme porque parecía irradiar lealtad. Tenía aspecto de tomarse las cosas con calma, pero era también un competidor consumado. Había sido nadador olímpico cuando estaba en la Universidad de Texas, y seguía teniendo el físico de un atleta. Cuando entró le mencioné que sería el final de mi carrera.

—Se acabaron las competiciones —le dije—. Ya no voy a necesitar un representante.

—Lance, tenemos que tomarnos las cosas una tras otra —contestó—. No tienes idea de lo que significa esto, ni de lo que puede pasar.

—No lo entiendes, Bill. Voy a prescindir de los agentes. No voy a volver a firmar contratos.

—Vale, pero no estoy aquí como agente tuyo, sino como amigo. ¿Cómo puedo ayudarte?

Fue uno de esos momentos en que todo parecía darme vueltas. Estaba obsesionado con el hecho de que iba a perder mi carrera, cuando en realidad había cosas más importantes para preocuparse.

—Puedes ir al aeropuerto a recoger a mi madre —le pedí.

Bill y Laura se levantaron del sofá y fueron al aeropuerto a buscar a mi madre. Me alegré de no haber ido yo también, porque en cuanto vio a Bill volvió a ponerse a llorar.

—¡Mi pequeño! —exclamó—. ¿Cómo ha podido pasar? ¿Qué vamos a hacer?

Pero, durante el camino hasta casa, mi madre se serenó. En ella no cabe un solo resquicio de autocompasión, y cuando el coche entró en el aparcamiento ya volvía a ser fuerte. Cuanto entró me reuní con ella en el salón y le di un tremendo abrazo.

—Todo va a salir bien —me dijo mi madre al oído—. No vamos a darnos por vencidos. Siempre hemos tenido obstáculos, y esto es algo que no va a superarnos. Ni hablar.

Los dos lloramos un poco, pero pronto nos centramos en las cosas importantes. Me senté con mis amigos y mi madre y les expliqué el diagnóstico del doctor Reeves. Había algunos asuntos que resolver y algunas decisiones que tomar, y no disponíamos de mucho tiempo, porque tenían que operarme a las siete de la mañana. Saqué la radiografía que me había dado el doctor Reeves y se la enseñé a todos. Se veían los tumores, como pelotas de golf, flotando en mis pulmones.

Me interesaba que la noticia no se hiciera pública hasta que pudiera informar a mis patrocinadores y compañeros de equipo, así que, mientras yo seguía conversando con mi madre, Bill llamó al hospital y pidió que mi diagnóstico fuera confidencial. También, que me ingresaran bajo un nombre falso. Por otro lado, teníamos que avisar a mis patrocinadores, Nike, Giro, Oakley y Milton-Bradley, así como a la organización Cofidis, y sería necesario convocar una rueda de prensa. Pero, antes que nada, tenía que decírselo a mis amigos más cercanos, amigos como Och y Chris, y a mis compañeros de equipo, y la mayoría de ellos estaban dispersos fuera del país y eran difíciles de localizar.

Cada persona reaccionaba de una forma distinta a la noticia. Algunas se quedaban sin palabras y otras intentaban animarme pero, por encima de todo, mis amigos procuraron acudir a Austin lo antes posible. Och estaba en su casa de Wisconsin comiendo cuando logré localizarle y, tal y como lo veo hoy, su reacción fue típica de él.

—¿Estás sentado? —le pregunté.

—¿Qué pasa?

—Tengo cáncer.

—Vale. ¿Y eso qué significa?

—Quiere decir que tengo cáncer testicular y me van a operar mañana.

—De acuerdo, déjame que lo piense —dijo Och, con toda calma—. Nos vemos mañana.

Al final llegó el momento de acostarse. Lo curioso es que esa noche dormí profundamente. Entré en un estado de reposo completo, como si me estuviera preparando para una competición muy importante. Cada vez que competía en una prueba dura me aseguraba de dormir las horas necesarias, y supongo que éste era un caso parecido. En un nivel inconsciente, supongo, quería estar en plena forma para los próximos días.

A la mañana siguiente me presenté en el hospital a las cinco. Fui en coche, con mi madre en el asiento del pasajero, y crucé la puerta vestido con una sudadera, para iniciar mi vida como paciente con cáncer. Primero me hicieron una serie de pruebas básicas, cosas como resonancias magnéticas y análisis de sangre. Tenía una vaga esperanza de que los médicos acabaran las pruebas y me dijeran que se habían equivocado, que mi enfermedad no era tan grave. Pero nadie me lo dijo.

Nunca me habían ingresado en un hospital, y no sabía nada de los trámites necesarios, de modo que no llevaba mi cartera. Imagino que siempre había estado demasiado ocupado arrinconando mis muletas y quitándome los puntos yo solo. Miré a mi madre, y ella enseguida se ofreció para encargarse de la burocracia. Mientras me hacían los análisis, ella rellenó todos los documentos necesarios para el hospital.

Entre la operación y el postoperatorio pasaron unas tres horas, que a mi madre, sentada en la sala de espera con Bill Stapleton esperando verme de vuelta, le parecieron una eternidad. El doctor Reeves fue a verla y le dijo que todo había ido bien, que habían extirpado el tumor sin ningún problema. Luego llegó Och. Mientras yo seguía en el quirófano mi madre le puso al corriente de todo. Dijo que estaba decidida a que todo fuera bien, como si por pura fuerza de voluntad pudiera solventar aquel asunto.

Finalmente, me llevaron a mi cuarto. Seguía confuso por la anestesia, pero estaba lo bastante despierto como para conversar con Och cuando éste se inclinó sobre mi cama.

—Voy a superar esto, sea lo que sea —le dije.

El hospital me mantuvo en observación esa noche y mi madre se quedó conmigo, durmiendo en un pequeño sofá. Lo cierto es que ninguno de los dos descansó bien. Al día siguiente de la operación estaba muy dolorido; la incisión era larga y profunda, y estaba situada en un lugar sensible, así que cada vez que mi madre oía agitarse las sábanas se acercaba enseguida a la cama para comprobar que estuviera bien. Yo tenía puesto el suero, y cuando tenía que ir al baño ella me ayudaba a salir de la cama y a arrastrar la barra mientras yo cojeaba por el cuarto, y luego me ayudaba a acostarme de nuevo. La cama del hospital tenía una sábana de plástico que envolvía el colchón, y que me hacía sudar abundantemente. Me despertaba cada dos horas con las sábanas pegadas a mi espalda por el sudor, y mi madre me tenía que secar.

A la mañana siguiente el doctor Youman se acercó a darme los primeros resultados de los informes anatomopatológicos y los análisis de sangre. Yo seguía aferrado a mi esperanza de que el cáncer no fuera tan grave como habíamos pensado, hasta que el doctor Youman empezó a hablarnos de cifras. Dijo que, según la biopsia y los análisis de sangre, el cáncer se estaba extendiendo rápidamente. Un rasgo típico del cáncer testicular es que se desplaza por el flujo sanguíneo para llegar a los linfáticos, y habían descubierto su presencia en mi abdomen.

En las venticuatro horas posteriores al momento en que me diagnosticaron cáncer había hecho todos los *deberes* que pude. Ya sabía que los oncólogos dividen el cáncer testicular en tres fases: en la primera el cáncer está confinado en los testículos, y los pacientes tienen un pronóstico excelente; en la segunda fase el cáncer se ha extendido a los ganglios linfáticos abdominales y, en la tercera, se extiende a los órganos vitales, como los pulmones. Las pruebas demostraban que yo estaba en la tercera fase, con tres distintos tipos de cáncer en mi cuerpo, el más maligno de los cuales era el coriocarcinoma, una variante muy agresiva que se transmite por el flujo sanguíneo y es muy difícil de detener.

La quimioterapia debía empezar al cabo de una semana por medio de un catéter Grosjam implantado en mi pecho. Duraría tres largos meses. Iba a necesitar tantos análisis de sangre y medicación intravenosa que no resultaba práctico usar agujas desechables, de forma que el catéter Grosjam era inevitable. Era espantoso de ver, aquel bulto bajo mi piel, y aquella abertura en mi pecho parecía antinatural, casi como una agalla.

Había otro asunto importante: durante un tiempo yo sería estéril. Mi primera sesión de quimioterapia estaba planificada para la semana siguiente, y Youman me aconsejó que donara todo el esperma que pudiera a un banco de semen. Era la primera vez que surgía el tema de la esterilidad, y me pilló por sorpresa. Youman me explicó que algunos pacientes de quimioterapia recuperan su virilidad y otros no; los estudios demostraban que al cabo de un año en torno al cincuenta por ciento regresaba a la normalidad. En San Antonio, a dos horas del hospital, había un banco de semen, y Youman me recomendó que acudiera allí.

Aquella noche, antes de volver a casa desde el hospital, mi madre se pasó por la unidad de oncología y recogió todos los repuestos para mi catéter, las recetas de los medicamentos que evitaban las náuseas y documentación adicional sobre el cáncer testicular. Si nunca han estado en una unidad oncológica permítanme que les diga que puede resultar todo un trauma. Mi madre, cuando fue a buscar los repuestos, vio a personas envueltas en sábanas sin pelo, conectadas por todas partes a goteros, pálidas y muy débiles. Tan pronto se los trajeron metió todo en una bolsa grande de lona que se convertiría en nuestro equipo de viaje durante la enfermedad y regresó a mi habitación. No pudo menos de hacerme un comentario:

—Hijo, tengo que advertirte que, cuando vayas a hacerte el tratamiento, vas a ver cosas desagradables. Pero quiero que pienses en una cosa: todas esas personas están ahí para lo mismo que tú, curarse.

Y luego me llevó a casa.

El sábado por la mañana me desperté temprano. Fui al baño y, al mirarme en el espejo, tuve que ahogar un grito. Mi catéter presentaba un enorme coágulo de sangre, y tenía el pecho hinchado y cubierto de sangre seca. Volví al dormitorio y se lo enseñé a Lisa, que se me quedó mirando, muda de espanto. Llamé a gritos a mi madre.

—¡Mamá! ¿Puedes venir? ¡Rápido!

Mi madre entró corriendo en el cuarto y examinó el catéter. Sin que le entrara el pánico, cogió una toallita y lo limpió con toda calma, y después llamó al hospital. Una enfermera le explicó que no era infrecuente que los catéteres formaran coágulos, y le detalló el procedimiento para evitar que se infectara. Pero aun así, tenía un aspecto horrible.

Mi madre colgó y fue a la farmacia, y cuando regresó traía una caja de esparadrapo de color fosforescente. Colocó un trozo en el catéter, y al verlo a Lisa y a mí nos entró la risa. Luego contactó por teléfono con el doctor Youman.

—El catéter no tiene buen aspecto. He intentado limpiarlo todo lo que he podido, pero quizá debieran quitárselo.

El doctor Youman contestó:

—Bueno, de momento no haga nada, porque he decidido que Lance debe comenzar su tratamiento de quimioterapia de inmediato. Empieza el lunes a la una en punto.

—¿Por qué? —quiso saber mi madre.

Me puse al teléfono. El doctor Youman explicó que tenía más resultados de los análisis, y que estos eran preocupantes. En sólo venticuatro horas el cáncer había avanzado. Los oncólogos usan algo llamado *marcadores tumorales* para seguir de cerca el progreso de la enfermedad: los niveles de diversas proteínas que hay en la sangre, como la gonadotrofina coriónica humana (HCG) y la alfa-feto-proteína (AFP), indican la cantidad de células cancerígenas presentes en el organismo. Parece que, en un solo día, las cifras habían aumentado. El cáncer se extendía, y además con velocidad, y Youman ya no creía conveniente esperar una semana para la quimioterapia. Empezaría el tratamiento de inmediato, porque si el cáncer crecía tan deprisa cada día que pasara era importante.

Colgué el teléfono bastante desanimado. Pero no había tiempo para lamentarse: tendría una ocasión, y sólo una, de visitar el banco de esperma de San Antonio aquella misma tarde.

—Esto es horroroso —le confesé amargamente a mi madre.

El viaje a San Antonio fue triste. Lo único que aliviaba la tensión fue que Kevin Livingston, que acababa de llegar, hizo el viaje conmigo para darme ánimos. Me alegré de volver a verle. Tiene una cara ancha, el cabello negro y unos ojos azules muy intensos, y siempre parece estar a punto de reírse. Cuando él se encuentra cerca resulta difícil que te dure el mal humor. Otro colaborador inesperado fue el joven Cord Shiflet, el hijo de mi arquitecto y amigo David Shiflet, que se ofreció a llevarnos.

Estaba sentado en el asiento trasero, en silencio, viendo pasar los kilómetros, mientras la cabeza me bullía de ideas dramáticas. Sólo tendría una oportunidad de dar mi esperma, puede que luego ya no pudiera tener hijos. Estaba a punto de soportar mi primera sesión de quimioterapia: ¿me iba a marear?

Por fin llegamos al centro médico de San Antonio. Cord y Kevin se quedaron con mi madre en la sala de espera mientras una enfermera me llevaba a una sala privada, y Kevin se las arregló para hacer un chiste malo, reduciendo la terrible tensión que nos atenazaba.

—Eh, Lance —me dijo—, ¿necesitas una revista?

Apenas pude sonreir.

Entré en una habitación con una especie de sillón, un diván. La luz era difusa, supongo que para crear ambiente.

En una mesita había una pila de revistas. Pornográficas, comprobé disgustado. Me acerqué al diván, solté un tremendo suspiro y estuve a punto de llorar. Me dolía mucho: la cicatriz estaba justo en la parte superior de mi ingle, hasta el abdomen. Me sentía deprimido y cada vez más hundido de conocer el último diagnóstico, ¿y se suponía que ahora debía tener una erección? No había manera. Mientras estaba recostado en el sofá pensé: «Las cosas no son así». Se supone que engendrar un hijo debe implicar estar lleno de ilusiones, y no atrapado por este método triste, solitario y desesperado.

Quería ser padre, lo deseaba mucho, pero siempre había asumido que lo sería cuando me enamorase. Tras cumplir los veinte años había pasado de una relación sentimental a otra. Salía con una chica un tiempo y luego, tras unos meses me iba quemando y rompíamos. Salí con una antigua compañera de instituto y con una modelo holandesa, pero mis relaciones nunca duraban más de un año. Mis compañeros de equipo me llamaban en broma *FedEx,* como la empresa de mensajería urgente, por la velocidad con que cambiaba de novias. El eslogan de FedEx es «Cuando usted lo necesite, cuando le haga falta... enseguida». No estaba casado, no tenía ataduras y no era el peor momento de mi vida. Con Lisa Shiels, sin embargo, la cosas fueron diferentes. Cuando recibí mi diagnóstico ya estábamos muy unidos. Era una joven brillante y sensata concentrada en sus estudios en Texas, y la idea de casarme y tener hijos con ella se me había pasado por la cabeza, por supuesto. No estaba seguro de que a largo plazo estuviéramos hechos el uno para el otro, pero sí sabía que yo deseaba ser un marido, y también que quería ser mejor padre que aquellos a los que había conocido.

No tenía elección, así que cerré los ojos e hice lo que debía hacer.

En la sala de espera estaban sentados en silencio mi madre y mis dos amigos. Más tarde me enteré de que, mientras estaban allí, mi madre se volvió hacia Cord y Kevin y les dijo, algo enfadada:

—Bueno, chicos, escuchadme. Cuando salga, no quiero oíros decir una sola palabra. ¡Ni una!

Ella, de alguna manera, supo que aquella era una de las experiencias más angustiosas y deprimentes de toda mi vida.

Cuando pasó todo salí y le entregué el frasquito al médico. Cord y Kevin se quedaron en silencio. Rellené a toda prisa algunos papeles y les dije a las enfermeras que más tarde les enviaría la documentación restante. Lo único que quería era salir de allí. Pero, cuando estábamos saliendo, el médico me llamó.

—Es un nivel muy bajo —me dijo.

El doctor me explicó que mi recuento de espermatozoides llegaba sólo a un tercio de lo que debería haber sido. Parece que el cáncer ya había afectado a mi capacidad reproductiva. Ahora la quimioterapia haría el resto.

El camino de vuelta a casa fue todavía más triste que el de ida. Ni siquiera recuerdo si comimos. Hablé con Cord y Kevin de las revistas.

—¿Os imagináis que le den eso a la gente para animarse?

Kevin y Cord estuvieron estupendos. Se comportaron como si la cosa no fuera nada del otro jueves, nada de que estar avergonzado, simplemente un acto sensato, algo que había que hacer. Se lo agradecí de corazón y actué en consecuencia: fue la última vez que me avergoncé de la naturaleza de mi enfermedad.

Pasé el resto de la semana en el sofá, recuperándome de la operación. La anestesia me confundía las ideas, y la cicatriz me dolía bastante. Descansé y miré el fútbol por la tele mientras mi madre cocinaba, y ambos nos dedicamos a leer un montón de cosas sobre el cáncer.

—No dejaremos ningún cabo suelto —dijo mi madre.

Entre sesión y sesión de lectura comentábamos lo que íbamos a hacer.

—¿Cómo podemos librarnos de esa cosa? —le preguntaba. Actuábamos como si pudiésemos planificar una estrategia para derrotar al cáncer, como cuando entrenábamos en los viejos tiempos.

Aquella primera semana mi madre recogió todas mis recetas y mi historial médico, recorrió las librerías buscando material sobre el cáncer y organizó mi agenda. Me compró un diario donde tomar notas y un libro de visitas, para ir apuntando quién venía a verme. Planificaba las visitas de mis amigos de forma rotatoria, de modo que nunca me sintiera demasiado solo. Lo llamamos «el calendario de la comunidad», y las visitas se fueron sucediendo, sin acumularse nunca demasiado pero sin que tampoco escasearan y me diera tiempo de deprimirme. Dibujó un calendario de tres meses para seguir el proceso de mi tratamiento de quimioterapia, e hizo listados de mis medicamentos y de las horas a las que debía tomar cada uno. Se ocupó de mi enfermedad como si fuese un proyecto de trabajo que ella dirigiera. Usaba lápices de colores, tablas y horarios, porque creía que la buena organización y una información completa facilitarían mi cura.

Me levanté cojeando del sofá y fuimos a la consulta de un nutricionista. Necesitábamos unas pautas para combatir el cáncer y una lista de alimentos compatibles con los medicamentos de la quimioterapia: pollo a todas horas, brécol, nada de quesos ni otras grasas y mucha vitamina C para combatir las toxinas de la quimioterapia. Mi madre no tardó en empezar a hervir ollas y más ollas de brécol para mí.

Pero, por debajo de toda su frenética actividad, yo notaba que ella seguía luchando consigo misma. Cuando hablaba con otros miembros de la familia por teléfono se podía detectar un temblor en su voz, y al final dejó de llamarles mientras yo estuviera presente. Intentaba no exteriorizar todo lo que sentía, pero yo sabía que por las noches se metía en su cuarto a llorar.

El lunes por la mañana llegó el momento de anunciar lo que pasaba. Celebré una rueda de prensa para informar de que estaba enfermo y que no seguiría compitiendo. Todo el mundo estaba allí, Bill, Lisa, mi madre y algunos patocinadores. Por enlace telefónico había también algunos periodistas europeos, así como los representantes de Cofidis, el equipo canadiense al que se suponía debía unirme la temporada siguiente. La habitación estaba llena de cámaras y tenía que pronunciar un discurso que había preparado. Se escuchó un murmullo audible cuando pronuncié la palabra «cáncer», y pude notar el espanto e incredulidad en los rostros de los periodistas. Un señor de Cofidis llamó de inmediato por teléfono: me ofrecían su apoyo incondicional para vencer a la enfermedad y poder volver a subirme a una bicicleta.

—Estoy decidido a luchar contra esta enfermedad —concluí—. Y voy a ganar.

Esa tarde entré en otro anodino complejo hospitalario de ladrillo marrón para mi primera sesión de quimioterapia. Me sorprendió lo informal que resultaba: una mera sala de espera con algunos sillones, sofás y sillas de varios tipos, una mesita de café y un televisor. Parecía el salón de cualquier persona que recibiera invitados. Podría incluso haber sido una fiesta, excepto por un detalle: todo el mundo estaba conectado a su gotero intravenoso individual.

El doctor Youman nos explicó que el protocolo estándar

del tratamiento contra el cáncer testicular se llamaba BEP, un cóctel de tres medicamentos distintos, bleomicina, etopósido y cisplatino, unas sustancias tan tóxicas que las enfermeras, para manipularlas, tenían que usar protección antirradiactiva. El ingrediente más importante de los tres era el cisplatino, que en realidad es platino, cuyo pionero en su uso contra el cáncer testicular había sido el doctor Lawrence Einhorn, del centro médico de la Universidad de Indiana, en Indianápolis. Antes del descubrimiento de Einhorn el cáncer testicular era, casi siempre, fatal: venticinco años antes había matado a una estrella del fútbol americano que jugaba en los Chicago Bears, Brian Piccolo, y a otras muchas personas. Pero el primer hombre al que Einhorn trató con platino, un maestro de Indianápolis, aún seguía vivo.

Youman me explicó que, de haber vivido veinte años antes, hubiera muerto en un plazo de seis meses. La mayoría de la gente cree que Piccolo murió de cáncer pulmonar, pero originalmente fue en realidad cáncer testicular. No pudieron salvarle, y murió en 1970 a los ventiséis años de edad. Desde entonces, el cisplatino se ha convertido en el arma mágica contra el cáncer testicular, y el primer paciente de Einhorn, el maestro de Indianápolis, había sobrevivido a la enfermedad durante dos décadas. De hecho, cada cumpleaños da una gran fiesta en su casa, y el doctor Einhorn y las enfermeras que trabajaron con él vienen a visitarle.

Así que pensé: «¡Pues venga! ¡Dadme platino!» Pero el doctor Youman me advirtió de que el tratamiento podía hacerme sentir realmente mal. Las tres drogas anticancerígenas irían penetrando en mi organismo durante cinco horas al día, durante cinco días consecutivos, con un efecto acumulativo. Junto a las drogas se me administrarían antieméticos para evitar que padeciese ataques de náuseas, pero que no eliminarían del todo el malestar.

La quimioterapia es tan potente que no se puede recibir diariamente. Se administra en ciclos de tres semanas, es decir, me darían el tratamiento una semana y en las dos siguientes dejarían al cuerpo recuperarse y producir nuevos glóbulos rojos. El doctor Youman me explicó todo con detalle, preparándonos para lo que iba a experimentar. Cuando terminó sólo me quedaba una pregunta, pregunta que formularía muchas veces durante las siguientes semanas:

—¿Cuál es el porcentaje de curaciones? ¿Qué probabilidades hay?

—De un sesenta a un sesenta y cinco por ciento.

Mi primera sesión de quimioterapia fue, curiosamente, muy poco dramática. De entrada, no me encontraba mal. Entré en la sala, elegí una silla en un rincón, la última en una fila de seis o siete personas. Mi madre se despidió con un beso y se fue a hacer unas compras, dejándome con mis compañeros. Ocupé mi lugar junto a ellos.

Ella me había preparado por si mi primer encuentro con otros pacientes de cáncer me hiciera sentirme a disgusto, pero no fue así. En realidad, sentía cierto compañerismo hacia ellos. Me alivió poder conversar con otras personas con mi misma enfermedad, y comparar nuestras experiencias. Cuando mi madre regresó yo estaba conversando animadamente con el tío que tenía al lado. Tendría la edad de mi abuelo, pero en seguida congeniamos, así que estábamos charlando muy animados cuando entró mi madre.

—Hola, mamá —le dije, sonriendo—. Éste es Paul, que tiene cáncer de próstata.

«Tengo que seguir adelante», me repetía a mí mismo. Cada mañana, durante aquella primera sesión de quimioterapia, me levantaba temprano, me ponía un par de sudaderas y mis auriculares y me iba a caminar. Tiraba calle arriba durante una hora o más, respirando hondo y sudando. Y cada tarde paseaba en bicicleta.

Bart Knaggs regresó de Orlando con una gorra de Mickey Mouse que había comprado en Disneylandia. Cuando me lo regaló me explicó que la había comprado porque sabía que tendría que ponerme algo cuando perdiera el pelo. Nos íbamos a montar en bici juntos, y a menudo Kevin Livingston nos acompañaba. Bart elaboraba para nosotros grandes mapas de casi dos metros. Conseguía mapas de los condados cercanos en el Departamento de Autopistas y los recortaba y pegaba cuidadosamente. Nos pasábamos el rato mirándolos, buscando nuevas rutas, caminos largos y serpenteantes en medio de ninguna parte.

La idea era descubrir siempre un camino nuevo, algún lugar donde no hubiéramos estado nunca, en vez de ir siempre por el mismo sitio. No soportaba entrenar siempre por la misma ruta. El entrenamiento puede ser tan aburrido que las novedades son necesarias, aunque la mitad de las veces acabe uno en un tramo de carretera malísima o acabe perdiéndose. A veces no está mal eso de perderse.

¿Que por qué montaba en bici si tenía cáncer? Pedalear es tan duro, y el sufrimiento tan intenso, que resulta completamente purificador. Uno puede salir ahí fuera sintiendo el peso del mundo sobre sus hombros y, al cabo de seis horas de pedalear en el límite del dolor, se siente en paz. El dolor es tan agudo y profundo que parece como si tu cerebro se apagara por completo. Al menos durante un rato, uno puede olvidarse de todo sin tener que pensar en sus problemas. Puede desconectar porque el esfuerzo y la fatiga posteriores son absolutamente completos. Una actividad tan dura esconde una inconsciente simplicidad, y por eso es probable que haya algo de verdad en la idea de que los atletas de fama mundial siempre están huyendo de algo. Una vez alguien me preguntó qué placer encontraba en pasar tanto tiempo sobre una bicicleta.

—¿Placer? —contesté—. No entiendo la pregunta.

No lo hacía por el placer, lo hacía por el dolor.

Antes del cáncer nunca había analizado el entramado psicológico del hecho de saltar a una bicicleta y pedalear durante seis horas. Los motivos no estaban muy claros, de la misma forma que muchas cosas que hacemos no tienen sentido mientras las hacemos. Por entonces no quería analizar demasiado ese asunto, no fuera que el genio se escapara de la botella. Pero ahora sabía exactamente por qué montaba en bicicleta: mientras pudiera seguir pedaleando no me sentiría tan enfermo.

El dolor físico provocado por el cáncer no me molestaba tanto, porque estaba acostumbrado. En realidad, si no hubiera padecido me hubiera sentido traicionado. A medida que iba reflexionando sobre el tema, el cáncer se iba pareciendo cada vez más a una carrera. Lo único que había cambiado era la meta. Ambos tenían una vertiente física agotadora y en ambos el factor tiempo era esencial. Además, los dos compartían los estudios sobre los progresos realizados que había que presentar en determinados momentos, y los controles y la esclavitud de las cifras y los análisis de sangre. La única diferencia es que yo debía concentrarme más y mejor de lo que lo había hecho nunca subido a una bicicleta. En la competición que era esta enfermedad no podía permitirme el lujo de ser impaciente o perder la concentración; tenía que pensar en mi vida, fortaleciéndola minuto a minuto. Esta idea, de alguna manera, me resultaba reconfortante: la mejor victoria posible sería recuperar mi propia vida.

Estaba tan concentrado en ponerme bueno que, en aquella primera sesión de quimioterapia, no sentí nada. Nada. Incluso le dije al doctor Youman:

—Quizá debería estar un rato más.

No me daba cuenta de que tenía mucha suerte: mi cuerpo toleraba bastante bien las dosis. Antes de acabar el proceso conocí a otros pacientes que, tras el primer ciclo, padecían vómitos incontrolables, y al final del tratamiento yo mismo sentiría náuseas que ningún medicamento podía aliviar.

Lo único que al principio se resintió fue mi apetito. Cuando uno se somete a quimioterapia las cosas saben diferente, por los elementos químicos que hay en el cuerpo. Recuerdo que mi madre me preparaba un plato de comida y me decía:

—Hijo, si no tienes hambre y no quieres comer no vas a herir mis sentimientos.

Pero yo intentaba comer. Cuando me despertaba de una siesta ella me traía un plato de fruta ya cortada y una botella de agua. Necesitaba comer para poder seguir adelante.

«Muévete», me decía a mí mismo. Me levantaba, me ponía ropa de abrigo, me colocaba los auriculares y caminaba. No sé qué distancia recorría. Subía la colina empinada, traspasaba la puerta principal y tiraba carretera arriba.

Si podía moverme es que estaba sano.

Un par de días después de comenzar la quimioterapia recibimos una carta del hospital: según nuestros archivos, usted carece de seguro de enfermedad.

Me quedé mirando la carta sin acabar de entenderla. No era posible. Tenía un seguro contratado con Motorola que debía cubrirme por completo. Irritado, cogí el teléfono y llamé a Bill Stapleton para leerle la carta. Bill me dijo que me calmara, que él se encargaba de informarse.

Unas horas más tarde Bill me llamó. El problema estribaba en el tiempo. Yo estaba cambiando de empresa, y aunque mi contrato con Cofidis ya había entrado en vigor, el cáncer era una situación médica preexistente, para la que no me cubría el plan del grupo Cofidis. Y mi seguro con Motorola había expirado. Tendría que pagar el tratamiento y la hospitalización de mi bolsillo, a menos que a Bill se le ocurriera algo.

Tenía cáncer y ni siquera tenía seguro de enfermedad.

En aquellos primeros días había ido conociendo muchas cosas desagradables, y esto era en el fondo sólo una cuestión de dinero. Aun así, el tema podía llevarme a la ruina. Recorrí la casa pensando en qué podría vender. Económicamente, pensaba, estaba hecho un desastre. Acababa de pasar de cobrar dos millones de dólares al año a no cobrar nada. Tenía un pequeño seguro contra incapacidad física o mental, pero eso era todo, y ya no ingresaría nada, porque las empresas que me patrocinaban o me pagaban dejarían de hacerlo, dado que ya no podría competir. El Porsche, que yo siempre consideré un tesoro, quedaba ahora reducido a un mero capricho. Necesitaría hasta el último dólar para pagar las facturas del hospital, así que empecé a planificar la subasta. Vendería el Porsche, algunos cuadros y unas cuantas cosas más.

Al cabo de unos días el coche estaba vendido. Lo hice por dos motivos. El primero era que pensaba que iba a necesitar todo mi dinero para pagar el tratamiento y vivir el resto de mi vida con lo que me quedara. Pero creo también, y éste es el segundo, que empezaba a experimentar la necesidad de simplificar las cosas.

Me convertí en un estudioso del cáncer. Fui a la librería más grande de Austin y compré todo lo que encontré sobre el tema. Volví a casa lleno de libros: libros de dietas, libros sobre cómo superar la enfermedad desde el punto de vista emocional, guías para hacer meditación... Estaba dispuesto a considerar todas las opciones, por absurdas que pudieran parecer.

Me informé sobre el aceite de linaza, supuestamente «una auténtica ayuda» contra la artritis, el infarto de miocardio, el cáncer y otras enfermedades, y leí sobre el polvo de soja, un «reconocido remedio contra el cáncer». Me empapé del *Yoga Journal* y me interesé, profunda pero sólo temporalmente, por algo llamado el Raj, «la invitación a la salud perfecta». Arranqué páginas de la revista *Discover* y reuní artículos de periódicos sobre clínicas lejanas y curas estrambóticas. Me leí un folleto de la Clínica de las Américas, en la República Dominicana, describiendo «una cura absolutamente garantizada para el cáncer». También devoré todo lo que Bart me había pasado, y cada vez que me llamaba le preguntaba:

—¿Tienes algo más?

Nunca había sido un lector asiduo, pero ahora leía de todo. Bart visitó la *web* de Amazon.com y encontró todo lo que había sobre el tema.

—Oye, ¿quieres que te pase todo lo que he encontrado? —me preguntó.

—Sí, lo quiero todo. Todo, todo.

Allí estaba yo, graduado de instituto y con una educación heterogénea recibida en Europa, leyendo ahora revistas médicas. Siempre me había gustado leer las publicaciones financieras y de arquitectura, pero los libros no me interesaban mucho; mi atención no estaba concentrada mucho tiempo, y no era capaz de estar sentado tanto rato. Ahora, de repente, tenía que dominar las cuentas de glóbulos y la oncología básica. Fue una segunda educación, y había días en que pensaba: «Bueno, casi me compensaría retomar los estudios y hacer la carrera de Medicina, porque empiezo a dominar el tema».

Me sentaba en el sofá, hojeando libros y hablando por teléfono, leyendo cifras y cifras. Quería saber exactamente cuáles eran mis probabilidades y ver si se me ocurría cómo ampliarlas. Cuanto más investigaba mejores me parecían mis probabilidades, aunque la realidad de lo que leía parecía demostrar que no eran muy buenas. Pero el conocimiento me ayudaba más que la ignorancia: al menos sabía a qué me estaba enfrentando, o como mínimo, pensaba que lo sabía.

Entre los lenguajes propios del cáncer y del ciclismo existen, curiosamente, grandes parecidos. Los dos tienen que ver con la sangre. En ciclismo una de las formas de hacer trampa es tomar una medicación que dispare el nivel de glóbulos rojos en la sangre. En la lucha contra el cáncer, si mi hemoglobina caía por debajo de cierto nivel el médico me daba esa misma medicación, Epogen. En mis análisis de sangre tenía que llegar a ciertas cifras, y los médicos analizaban mi sangre por los mismos motivos que en el ciclismo: averiguar mi nivel de hematocrito.

Dominé un lenguaje totalmente nuevo, con términos como ifosfamida (un medicamento usado en quimioterapia), seminoma (un tipo de tumor) y lactato dehidrogenasa (LDH, otro marcador tumoral). Empecé a usar expresiones como «protocolo de tratamiento». Quería saberlo todo. Quería segundas, terceras y cuartas opiniones.

Empecé a recibir montones de cartas, postales deseándome una pronta recuperación y todo tipo de sugerencias para curas. Me las leí todas. Leer el correo era una forma de no desesperarme, así que por las tardes Lisa, mi madre y yo clasificábamos las cartas y contestábamos todas las que podíamos. Una tarde abrí una carta que tenía una letra en relieve en el remite. Era del centro médico de la Universidad de Vanderbilt, y el remitente era el doctor Steven Wolff, jefe del Departamento de Transplantes de Médula. El doctor Wolff me contaba en su carta que era catedrático de Medicina y oncólogo, así como un apasionado seguidor del ciclismo, y que quería ayudarme en cuanto pudiera. Me animó a investigar todas las opciones posibles de tratamiento, y se puso a mi disposición para ofrecerme su consejo o su apoyo. En la carta había dos cosas que me llamaron especialmente la atención; la primera era el evidente conocimiento del ciclismo que poseía Wolff, y la otra era un párrafo en el que me conminaba seriamente a buscar una segunda opinión, la del propio doctor Larry Einhorn, de la Universidad de Indiana, porque él era el máximo especialista en mi enfermedad. Wolff añadía: «Tenga en cuenta que existen tratamientos de quimioterapia igualmente eficientes que minimizarían los efectos secundarios, de forma que no perjudiquen sus actividades como ciclista».

Cogí el teléfono y marqué el número de Wolff.

—Hola, soy Lance Armstrong —me presenté.

Wolff se quedó algo sorprendido, pero en seguida reaccionó y, tras intercambiar unos cumplidos, empezó a preguntarme, con ciertos titubeos, sobre mi tratamiento. Wolff me dijo que no quería poner en tela de juicio la autoridad de mis médicos de Austin, pero quería ayudarme. Le dije que seguía el tratamiento estándar para el cáncer testicular con metástasis pulmonar, el BEP.

—Mi pronóstico no es bueno —añadí.

A partir de aquel momento mi tratamiento se convirtió en una colaboración entre médicos. Hasta entonces yo había pensado que la medicina era algo que un médico individual aplicaba a pacientes individuales. El doctor era omnisciente y todopoderoso, y el paciente estaba indefenso. Poco a poco fui entendiendo que no había nada malo en buscar una cura combinando a diversas personas y recursos, y que el paciente era tan importante como el médico. El doctor Reeves era mi urólogo, el doctor Youman mi oncólogo y ahora el doctor Wolff se convirtió en mi amigo y abogado en lo relativo al tratamiento, un tercer punto de vista médico y alguien a quien podía formular preguntas. Cada médico involucrado desempeñaba un papel importante. Ningún individuo por sí solo podría responsabilizarse de mi estado de salud y, lo que era aún más importante, comencé a compartir esa responsabilidad con ellos.

—¿Cuál es tu nivel de GCH? —me preguntó Wolff.

Yo había aprendido que el GCH (gonadotrofina coriónica humana) es la hormona que estimula los ovarios de las mujeres, y que era un marcador tumoral bastante fiable, porque no debería estar presente en los varones sanos. Revolví entre los papeles, leyendo las distintas cifras.

—Dice que 109 —contesté.

—¡Vaya, es alto! Pero bueno, nada extraordinario.

Contemplando la página, vi otra anotación tras la cifra.

—Oye, ¿qué significa esa *K* después del número? —le dije.

Se quedó en silencio un instante, y yo también.

—Quiere decir que la cifra es de 109.000 —aclaró.

Si una cifra de 109 era alta, ¿qué sería 109.000? Wolff empezó a preguntarme sobre mis otros marcadores tumorales, AFP y LDH. Yo, a mi vez, le bombardeaba a preguntas:

—Y esto, ¿qué quiere decir? —preguntaba sin contemplaciones.

Wolff me explicó que en mi cuerpo había demasiado GCH, incluso teniendo en cuenta los tumores en el pecho. ¿De dónde provendría? Me sugirió, cariñosamente, que quizá debiera plantearme otras terapias, un tratamiento más agresivo. Y luego se sinceró: el nivel de GCH me incluía automáticamente en la categoría más pesimista en cuanto a diagnóstico.

Había otra cosa que inquietaba a Wolff. La bleomicina era extremadamente tóxica para el hígado y los pulmones, me dijo. Desde su punto de vista, cada tratamiento debía ser muy personal; lo que le iba bien a un paciente no beneficiaría necesariamente a otro y, en mi caso, era posible que la bleomicina fuera una mala elección. Un ciclista necesita su capacidad pulmonar tanto como sus piernas, y una exposición prolongada a la bleomicina acabaría, con toda probabilidad, con mi carrera profesional. Wolff me sugirió que existían otros medicamentos, y que tenía otras opciones.

—Conozco a los mejores especialistas del mundo en el tratamiento de estas enfermedades —apuntó Wolff. Me dijo que era amigo de Einhorn y los otros oncólogos del centro médico de la Universidad de Indiana, en Indianápolis. También me recomendó otros dos buenos centros en la lucha contra el cáncer, uno en Houston y el otro en Nueva York. Además, se ofreció para encargarse de que me atendieran en ellos. Tremendamente aliviado, acepté.

Una vez más, mi madre se puso en acción. A la mañana siguiente había recopilado todos mis historiales médicos y los había enviado por fax a Houston e Indianápolis para las consultas. Yo estaba fuera, montando en bici a eso de las diez de la mañana, cuando llegó una respuesta del centro de Houston. Había dos médicos al teléfono, ambos oncólogos. Mi madre escuchaba las dos voces que debatían mi caso con ella.

—Hemos estado analizando la información que nos han enviado —comentó uno—. ¿Por qué no le han hecho una resonancia magnética en el cerebro?

—Bueno, ¿por qué deberíamos haberlo hecho? —repuso mi madre.

—Sus cifras son tan elevadas que creemos que también pueda tener cáncer en el cerebro.

—¿No lo dirá en serio?

—Normalmente, cuando vemos cifras tan elevadas es que hay presencia del cáncer en el cerebro. Creemos que necesita un tratamiento más agresivo.

Mi madre, conmocionada, replicó:

—¡Pero si acaba de empezar con la quimioterapia!

—Mire —insistió uno de los médicos—, no creemos que su hijo pueda sobrevivir a este ritmo.

—No me diga eso, ¿vale? —pidió ella—. He estado luchando por mi hijo toda la vida.

—Creemos que debería acudir aquí inmediatamente y empezar el tratamiento con nosotros.

—Lance volverá dentro de un rato —zanjó mi madre, temblorosa—. Hablaré con él y volveré a llamarles.

Unos minutos más tarde entré por la puerta y mi madre se dirigió a mí:

—Hijo, tengo que hablar contigo.

Vi que estaba por los suelos, y sentí esa sensación tan familiar en la boca del estómago. Mientras mi madre resumía, temblando, lo que le habían dicho los médicos, yo no dije nada. Me quedé allí, sentado, en silencio; parecía que cuanto más se agravaban las cosas más tranquilo estaba yo. Al cabo de un minuto le dije, con total calma, que quería hablar con los médicos personalmente, a ver qué me podían decir.

Les estuve escuchando mientras repetían lo que le habían dicho a mi madre, y les contesté, francamente cansado, que iría a Houston a verles cuanto antes. Colgué el teléfono y busqué el número del doctor Youman, al que resumí la conversación con los médicos de Houston.

—Doctor Youman, creen que lo tengo en el cerebro. Dicen que tendrían que hacerme una resonancia magnética.

—Bueno, te iba a hacer una mañana mismo —repuso Youman—. Tenías hora para las doce del mediodía.

El doctor Youman me dijo que había pedido hora para la resonancia porque había tenido la misma idea, que seguramente el cáncer había invadido mi cerebro.

Llamé a Steve Wolff y le conté la misma conversación. También le dije que al día siguiente pretendía ir a Houston. Steve estuvo de acuerdo en que fuera, pero me recomendó que, además, hablara con los médicos de la Universidad de Indiana, porque allí estaba el epicentro de la lucha contra el cáncer testicular. Todos se basaban en los tratamientos que estableció Einhorn, de modo que, ¿por qué no ir directamente a la fuente? Steve me dijo que Einhorn estaba viajando por Australia, pero se ofreció a presentarme a su ayudante principal, el doctor Craig Nichols. Estuve de acuerdo y él telefoneó a Nichols para pedirle consulta.

A la mañana siguiente acudí al hospital a hacerme la resonancia. Para ofrecerme apoyo moral, mi madre, Lisa y Bill Stapleton vinieron conmigo, y mi abuela vino en avión desde Dallas. En cuanto vi al doctor Youman le dije, con aire fatalista:

—Tengo la impresión de que lo tengo también en el cerebro. Ya sé lo que va a decirme después de la prueba.

Una resonancia magnética en el cerebro es una prueba claustrofóbica en la que el paciente atraviesa un túnel tan estrecho que prácticamente toca el techo con la nariz y la frente, sin poder evitar una constante sensación de ahogo. Llegué a odiarlo.

Los resultados del escáner llegaron casi de inmediato. Mi madre, mi abuela y Bill esperaban en el vestíbulo, pero quise que Lisa entrara conmigo en el despacho del doctor Youman. Le cogí la mano. El doctor Youman miró detenidamente la imagen y luego me dijo:

—Tienes dos puntos en el cerebro.

Lisa se cubrió los ojos con la mano. Yo estaba preparado para la noticia, pero ella no. Tampoco lo estaba mi madre, sentada en el vestíbulo, esperándome. Yo contesté simplemente:

—Tenemos que ir a Houston.

No tuve que decirle más; ella conocía el resto.

El doctor Youman estuvo de acuerdo:

—Muy bien, de acuerdo. Ir a Houston para hablar con los otros médicos me parece una buena idea.

Yo ya sabía que era un médico estupendo, pero ahora agradecí su falta de orgullo. Seguiría siendo mi oncólogo local y le vería durante los largos meses en que tuviera que hacerme análisis y chequeos, pero gracias a su espíritu generoso y a su buena voluntad para colaborar con otros en mi tratamiento, también se convirtió en un amigo.

Lisa y mi madre no pudieron reprimir el llanto. Allí estaban, sentadas en el vestíbulo mientras las lágrimas rodaban por sus mejillas. Pero yo, extrañamente, no sentía gran cosa. Había sido una semana movida, pensé. Se me diagnosticó la enfermedad el miércoles, me operaron el jueves, salí del hospital el viernes por la noche, doné esperma el sábado, tuve una conferencia de prensa el lunes por la mañana para anunciar al mundo que tenía cáncer testicular y empecé la quimioterapia el lunes por la tarde. Ahora era jueves y resulta que tenía el cáncer en el cerebro. Este adversario estaba demostrando ser más fuerte de lo que yo pensaba. Parecía que no existieran las buenas noticias: «Lo tienes en los pulmones. Estás en la fase tres. No tienes seguro. Ahora está en tu cerebro».

Volvimos en coche a casa. Mi madre se había serenado un poco, y se sentó frente al fax para enviar más informes a los médicos de Houston. Lisa se quedó en el salón con aire ausente. Llamé a Bart y le conté mis planes. Me preguntó si quería compañía durante el viaje, y yo acepté. Saldríamos a las seis de la mañana del día siguiente.

Pero, lo crean o no, hallé un cierto alivio en pensar que había conocido las peores noticias todas juntas al principio, porque me daba la impresión de que serían las últimas. Ningún médico podía decirme nada más: ahora sabía todo lo malo que me podía pasar.

A medida que me iban dando el diagnóstico con mayor precisión formulaba a mis médicos nuevas preguntas. ¿Cuáles son mis probabilidades? Quería conocer las cifras, y el porcentaje disminuía con el paso de los días. El doctor Reeves mencionó un cincuenta por ciento pero, como más tarde confesó, «pensaba más bien que era un veinte por ciento». Si hubiera sido plenamente sincero me hubiera dicho que casi lloró cuando me hizo los análisis, porque pensó que estaba en presencia de un joven de venticinco años enfermo terminal, y no podía evitar acordarse de su propio hijo, que era de mi edad. Y si Bart Knaggs hubiera sido totalmente franco me hubiera dicho que cuando su futuro suegro, que era médico, se enteró de que el cáncer había penetrado en mis pulmones, le dijo a Bart:

—Pues entonces tu amigo está muerto.

«¿Cuáles son mis probabilidades?» Era una pregunta que no dejaba de repetir. Pero en realidad resultaba irrelevante, porque las probabilidades médicas no pueden tener en cuenta lo desconocido. No hay una forma exacta de calibrar las posibilidades de cada persona, ni deberíamos intentarlo, porque jamás podremos ser exactos, y eso privará a la gente de su esperanza. Y la esperanza es el único antídoto contra el miedo.

Todas esas preguntas —¿Por qué a mí? ¿Cuáles son mis posibilidades?— no tenían respuesta, e incluso llegué a la conclusión de que eran demasiado egocéntricas. Y es que la mayor parte de mi vida había funcionado basándome en el sencillo esquema de ganar o perder, pero ahora el cáncer me estaba enseñando a tolerar la ambigüedad. Empezaba a comprender que la enfermedad no discrimina ni tiene en cuenta las probabilidades: es capaz de destruir a una persona fuerte con una predisposición maravillosa mientras que, milagrosamente, deja vivir a la persona débil que se ha resignado a fracasar. Siempre había asumido que el hecho de ganar carreras ciclistas me convertía en una persona mejor. No era cierto.

¿Por qué yo? Es más, ¿por qué cualquier otro? Yo no tenía ni más ni menos valor que alguien sentado junto a mí esperando la quimioterapia. No era una cuestión de valor.

¿Qué es más fuerte, el miedo o la esperanza? Es una pregunta interesante, y probablemente crucial. Al principio sentí mucho miedo y tenía pocas esperanzas, pero mientras estaba allí sentado, asimilando por completo la magnitud de mi enfermedad, decidí no permitir que el miedo anulase por completo mi optimismo. Algo me decía que el corazón nunca debe estar gobernado por el miedo, así que decidí dejar de sentirlo.

Quería vivir, pero el misterio estaba en si lo conseguiría o no y, en medio del proceso de enfrentarme a ese hecho, incluso en aquel momento, empezaba a darme cuenta de que no era mala cosa mirar fijamente a los ojos de un misterio tan inquietante . Tener miedo supone una enseñanza de valor incalculable, porque cuando has estado tan asustado eres más consciente de tu fragilidad que la mayoría de la gente, y creo que eso cambia a la persona. Había caído muy abajo, y no podía refugiarme en nada más que en la filosofía. Esa enfermedad me llevaría a examinarme más como persona de lo que lo había hecho jamás, y adoptar en consecuencia una ética diferente.

Un par de días antes había recibido un correo electrónico de un militar que estaba destinado en Asia. Él también tenía cáncer, y quería decirme algo. «Tú aún no lo sabes», me escribía, «pero nosotros somos personas con suerte».

Me acuerdo que pensé en voz alta:

—Este tío está pirado.

Pero, ¿qué demonios querría decir?

5

CONVERSACIONES CON EL CÁNCER

El hecho de que en mi cabeza viviera algo que yo no había invitado a entrar me hacía sentir un pudor incómodo. Cuando hay algo que se te mete directamente en la mente tiene que ser muy personal, así que decidí corresponderle y ponerme muy personal yo también. Empecé a hablarle, a conversar con el cáncer, e intenté ser firme en mis afirmaciones:

—Elegiste a la persona equivocada —le dije—. Si ibas por ahí buscando un cuerpo en el que vivir, cometiste un gran error al elegir el mío.

Pero, incluso cuando pronunciaba esas palabras, yo sabía que no eran más que chulerías de competidor. El rostro que aquella mañana me devolvió la imagen del espejo estaba pálido, con unos ojos enrojecidos y una boca convertida en una línea fina y tensa. Y en el sonido de mi propia voz interior se detectaba un timbre poco habitual: el de la incertidumbre.

Intenté negociar con aquella cosa. «Si de lo que se trata es de que nunca vuelva a competir, pero sobrevivo, lo aceptaré» —pensé—. «Señálame la línea de puntos y firmo ya. Me dedicaré a otra cosa, seguiré estudiando, trabajaré de basurero, haré cualquier cosa. Pero deja que siga viviendo.»

Salimos en dirección a Houston antes del amanecer. Mi

madre iba conduciendo su Volvo y yo iba con Lisa en el asiento trasero, algo que no solía hacer. Nunca dejaba que nadie condujera estando yo en el coche; con eso ya pueden imaginarse lo preocupado que estaba. Durante el viaje de tres horas apenas cruzamos palabra, agotados y sumidos en nuestros pensamientos. Ninguno de nosotros había dormido bien la noche anterior. Mi madre iba rápido, como si quisiera acabar cuanto antes. Estaba tan preocupada que casi atropella a un perro.

Houston es una ciudad gigantesca, con frecuentes embotellamientos en sus autopistas. Conducir por ese sitio nos puso ya de los nervios. Al final conseguimos encontrar el hospital, a eso de las nueve de la mañana, y entramos en la sala de espera, donde hicimos exactamente eso: esperar durante dos horas y media. Habíamos llegado demasiado pronto. Sentados en el vestíbulo me sentí como en otro embotellamiento. Era un hospital universitario muy grande, con aulas para clases y anchos pasillos que resonaban repletos de gente. Había enfermos, bebés llorando, familiares preocupados, personal de administración algo estirado, enfermeras estresadas, médicos internos. Los tubos fluorescentes del techo proyectaban esa luz blanquecina tan típica de los hospitales, con esa tonalidad tan impersonal que incluso las personas sanas tenían un aspecto pálido y tenso. Nos parecía que llevábamos esperando una eternidad y, mientras permanecía allí sentado, cada vez me sentía más nervioso. Hojeé las revistas, di golpecitos con un lápiz en los brazos de la butaca e hice varias llamadas con el móvil.

Finalmente, el doctor con el que había hablado apareció y pudimos conocernos personalmente: era la viva imagen de un oncólogo joven, un hombre bien arreglado con unos modales exquisitos y el físico espigado de un corredor bajo su bata de médico.

—Te he estado siguiendo la pista —me dijo—. Me alegro de que hayas venido.

Pero, una vez acabados los cumplidos de rigor, su actitud como médico se tornó concisa y fría. Tan pronto nos sentamos comenzó a esbozar un protocolo de tratamiento. Seguiría dándome bleomicina, me dijo, pero su régimen sería mucho más cáustico que el prescrito por el doctor Youman.

—Saldrás de aquí arrastrándote —me advirtió.

Abrí los ojos como platos, igual que mi madre. Me había pillado por sorpresa. Él siguió hablando:

—Te voy a matar. Cada día que pase te mataré un poco, y luego voy a hacer que resucites. Vamos a bombardearte con quimioterapia, una vez, y otra, y otra. Al final no podrás ni andar —me lo dijo así, a bocajarro—. Cuando hayamos acabado prácticamente tendremos que enseñarte a caminar de nuevo.

Dado que el tratamiento podría dejarme estéril, probablemente nunca tendría hijos, y dado que la bleomicina me haría polvo los pulmones, nunca podría volver a competir en una bicicleta. Sentiría unos dolores inmensos. Cuanto más me hablaba, más me asustaban las imágenes de mi debilitamiento. Le pregunté que por qué tenía que ser un tratamiento tan agresivo.

—Tu caso es grave —respondió—, pero me da la sensación de que este hospital es tu única posibilidad.

Cuando acabó de hablar mi madre estaba temblando y Lisa era presa del pánico. Bart, por su parte, estaba bastante enfadado. Interrumpió la conversación para formular un par de preguntas sobre tratamientos alternativos. Bart es un artista haciendo preguntas y tomando notas, un tío muy concienzudo, y estaba preocupado por protegerme. El doctor le interrumpió.

—Mira, no tienes muchas posibilidades —me dijo—, pero serán mucho mejores aquí que si vas a cualquier otro lugar.

Le pregunté su opinión sobre el tratamiento del doctor Einhorn en Indianápolis. Él descartó la idea.

—Puedes ir a Indiana, pero es muy probable que acabes volviendo aquí. Su terapia no funcionará en un caso avanzado como el tuyo.

Dio por acabada su exposición. Quería que empezara la quimioterapia de inmediato.

—Éste es el único lugar donde se practica ese tratamiento, y si no lo sigues no te puedo prometer lo que pueda pasar —concluyó.

Le dije que prefería irme a comer para pensar en todo lo que me había dicho, y que por la tarde le daría una respuesta. Dimos una vuelta por Houston como *zombies*. Al final encontramos una tienda de bocadillos, pero ninguno tenía mucha hambre tras oír un resumen tan trágico de mi caso. Me sentía presionado para tomar una decisión: era viernes, y el médico quería que empezase el tratamiento el lunes.

Me encontraba bastante desanimado. Podía aceptar la idea de que estaba peligrosamente enfermo, pero la idea de verme reducido a la indefensión era el pensamiento más deprimente de todos. Inquieto, repasé todos los pros y contras de lo que me habían dicho, y pedí opinión a mi madre, a Lisa y a Bart. ¿Cómo se puede comentar un tema semejante de esa manera? Intenté encauzar la conversación por un camino más optimista, y avancé la opinión de que quizá la competitividad y confianza en sí mismo de ese médico eran cosas positivas. Pero notaba que a mi madre la había aterrorizado de verdad.

El tratamiento sonaba mucho más severo del que habría recibido en cualquier otro lugar. «No caminaré, no tendré hijos, no competiré», pensé. Por lo general, yo era de los que entraban a matar: entrenamiento agresivo, carreras agresivas y todo eso, pero, por una vez en la vida, pensé: «A lo mejor esto es demasiado. A lo mejor es más de lo que necesito».

Decidí llamar al doctor Wolff para pedirle su opinión. Cuanto más hablaba con él mejor me caía; era todo materia gris y sentido común, nada de egocentrismo. Le expliqué por encima el tratamiento propuesto y sus implicaciones.

—Quiere empezar el tratamiento de inmediato, y espera mi respuesta para esta tarde.

Wolff mantuvo un silencio al otro lado de la línea. Casi se le oía pensar.

—No te hará ningún daño escuchar una opinión más —me dijo por fin. Wolff no pensaba que tuviera que tomar la decisión ese mismo día, y sugirió que, al menos, hiciera una visita al centro médico de Indiana. Cuanto más pensaba en ello mejor me parecía su recomendación. ¿Por qué no acudir a Indianápolis y ver a la gente que escribió el libro sobre el cáncer testicular, aquel tratamiento que usaban todos los demás médicos?

Llamé al doctor Craig Nichols, el ayudante de Einhorn, desde el teléfono del coche. Le expliqué que mi situación era grave y que deseaba tener otras opiniones adicionales. Además, que tenía prisa por tenerlas.

—¿Puedo ir a verle ahora mismo? —le pregunté.

Nichols contestó que había estado esperando mi llamada.

—Podemos atenderle ahora mismo —dijo. ¿Podría llegar a tiempo para que me visitara temprano a la mañana siguiente? Era sábado. Más tarde me enteré de que no se trataba realmente de un trato especial: el personal de la Universidad de Indiana no rechaza ningún caso, por difícil que sea, y cada día realizan consultas telefónicas con pacientes y otros médicos de todo el mundo.

A todo esto ya eran las tres de la tarde, y me producía una cierta aprensión regresar a la institución de Houston a recoger mis informes médicos. Era evidente que aquel doctor estaba ansioso por tratarme, pero también me había asustado. Cuando le dije que deseaba uno o dos días más para tomar una decisión se mostró muy agradable y me deseó suerte.

—Pero no esperes demasiado —me dijo.

La decisión de ir a Indianápolis le levantó un poco los ánimos a mi madre, que se encargó de organizarlo todo. Llamó por el móvil a la oficina de Bill Stapleton y contactó con su ayudante, Stacy Pounds.

—Stacy, necesitamos una reserva de avión para Indianápolis.

Luego nos metimos en el coche y salimos hacia el aeropuerto de Houston. Dejamos el Volvo en el aparcamiento. Ninguno de nosotros llevaba ropa de repuesto o cepillos de dientes, porque pensábamos que íbamos a Houston a pasar un solo día. Cuando llegamos al mostrador descubrimos que Stacy nos había conseguido cuatro asientos, y además de primera clase.

Ya en Indianápolis, mi madre volvió a asumir el mando y alquiló un coche. En Indianápolis hacía frío, pero descubrió que junto al hospital había un hotel que además disponía de un acceso cubierto. Tan pronto pudimos registrarnos caímos derrumbados en nuestras habitaciones. Sería otra noche corta, porque habíamos quedado con el doctor Nichols a primera hora de la mañana.

Me levanté de nuevo antes del alba y me dispuse a peinarme delante del espejo. Ya me había cortado el pelo muy corto, en previsión de los efectos de la quimioterapia. Ahora se me desprendían mechones al pasar el peine. Me puse una gorra.

Bajé al vestíbulo. El hotel disponía de buffet con desayuno continental, con cereales y fruta en el comedor, y mi madre ya estaba allí. Cuando me reunía con ella en la mesa, me quité la gorra.

—Se me está cayendo el pelo —anuncié.

Mi madre intentó sonreír.

—Bueno, sabíamos que iba a pasar.

Me metí las placas de rayos X y otros informes bajo el brazo y, en medio de la fría oscuridad, cruzamos la calle para acceder al hospital. El centro médico de la Universidad de Indiana es el típico hospital universitario, alojado en un gran edificio de aspecto impersonal. Cogimos el ascensor hasta la planta de oncología, donde nos condujeron a una sala de conferencias con una gran ventana curva de vidrio. Cuando entramos el sol empezaba a salir, y la habitación estaba repleta de color. Durante buena parte de la hora siguiente un sol deslumbrante siguió alzándose a través de la ventana. Puede que eso contribuyera a la sensación de bienestar que experimentaba.

Nos reunimos con los médicos a los que iba a consultar. Craig Nichols era un hombre de aspecto distinguido con la barba recortada y aire campechano. Llevaba una taza de plástico con café. Yo no bebía café, y lo echaba mucho de menos. Había renunciado a él porque los libros de nutrición lo recomendaban. Si renunciar por completo a la cafeína podía contribuir a salvarme la vida, no pensaba tomar ni gota. Pero contemplé la taza de Nichols con añoranza.

—¿Qué opina del café? —le pregunté.

—Bueno, no es que sea lo mejor para ti, pero tomar alguna taza de vez en cuando no te matará.

Acompañaba a Nichols Scott Shapiro, neurocirujano. Shapiro era un hombre alto y de hombros cargados que se parecía muchísimo al actor Abe Vigoda, con los mismos ojos hundidos y cejas prominentes. El doctor Nichols le resumió mi caso a Shapiro: se me había diagnosticado cáncer testicular ya en fase de metástasis.

—Las pruebas descubrieron metástasis en el pecho, y dos puntos en su cerebro —informó Nichols a Shapiro.

Nos sentamos y, mientras charlábamos, el sol relucía tras los cristales. El hospital estaba en silencio, y Nichols tenía una forma de hablar tranquila y sencilla que contribuía a la sensación de paz que sentía. Me fijé en él mientras hablaba: parecía la mar de relajado, con el hábito de apoyarse en las paredes, reclinarse hacia atrás en las sillas con las manos tras la nuca y aclararse la garganta. Pero era obvio que, tras su apacibilidad, emergía una tremenda confianza. Empezó a caerme bien.

—Tenemos, ¡ejem! —comentó, aclarándose la garganta— bastantes esperanzas para tu, ¡ejem!, caso.

Le dije a Nichols que acabábamos de venir de Houston. Esperaba que le quitara tanta importancia como lo había hecho su colega de allí, pero en cambio optó por ser generoso.

—Es una buena institución, y apreciamos el trabajo que realizan allí —dijo. Luego cogió mis historiales médicos y empezó a repasarlos. Colgó mis radiografías en el negatoscopio y yo, mientras tanto, miraba por encima de su hombro. Él estaba señalando las áreas de anormalidad en mi pecho, hasta un total de doce tumores —«múltiples nódulos en ambos lados», como dijo él—. Los había desde meros puntos hasta otros de casi tres centímetros. Luego se concentró en mi escáner del cerebro y me enseñó las dos áreas de anormalidad, justo debajo del cráneo. Eran puntos blancos del tamaño de uvas.

Yo presté mucha atención. Contemplar una metástasis en tu cerebro es algo que te tiene que interesar necesariamente. Nichols hizo sugerencias, como de pasada, sobre mi pronóstico y sobre cómo combatiría la enfermedad. Su exposición fue clara y directa.

—Te encuentras en un estado avanzado, y las lesiones cerebrales complican las cosas —dijo. Me explicó que normalmente las lesiones cerebrales no se tratan con quimioterapia debido a la barrera hematoencefálica, una especie de foso fisiológico que protege el cerebro, bloqueando la entrada de medicación como la que se usa en la quimioterapia. Las opciones eran radiación y/o cirugía, y Nichols se decantaba por la cirugía.

Como siempre, yo quería la información pura y simple. ¿Qué probabilidades tengo?

—Bueno, has empezado mal —reconoció Nichols, refiriéndose a que me habían hecho el diagnóstico demasiado tarde—. Las probabilidades están en contra tuya, pero la curación es posible. Creo que tienes las mismas probabilidades que al lanzar una moneda al aire.

Nichols, aunque directo y realista, desbordaba optimismo. Hoy en día, y en el caso del cáncer testicular, casi siempre hay una posibilidad de cura gracias al uso del platino. De hecho, él había conocido a personas en un estado de enfermedad más avanzado que el mío y que sin embargo habían sobrevivido.

—Aquí atendemos los casos más graves —aclaró—. Es cierto que te encuentras en la categoría de pronóstico desfavorable, pero hemos curado a gente que estaba mucho peor.

Después me dejó de piedra: quería ajustar mi tratamiento con miras a que pudiese volver a competir. Eso era algo que ningún médico, excepto Steve Wolff, me había dicho. Ni uno. Me quedé tan sorprendido que al principio no me fié de lo que me decía. El viaje a Houston me había desanimado muchísimo, sobre todo la descripción del tratamiento y las medidas extremas que habría que adoptar para salvarme.

—Usted simplemente ayúdeme a vivir —contesté.

Pero Nichols no sólo confiaba en que pudiera vivir, sino que parecía tener esperanzas de que podría volver a correr. No iba a comprometer mis posibilidades de supervivencia, pero quería alterar el tratamiento para proteger a mis pulmones. Había otro tratamiento de quimioterapia basada en el platino llamado VIP (vinblastina, etopósido, ifosfamida, cisplatino) que a corto plazo era mucho más agresivo, pero que a la larga no debilitaría tanto mis pulmones como la bleomicina. Me dijo que con la ifosfamida sufriría más náuseas, vómitos y malestar a corto plazo, pero que, si lograba resistir tres ciclos de VIP, además del ciclo de BEP que ya había superado, sería posible librarme del cáncer y, además, recuperarme físicamente lo suficiente como para volver a competir.

—¿Quiere decir que podemos olvidarnos del tratamiento estándar? —preguntó mi madre—. ¿Nada de bleomicina?

—Exacto, no queremos que sus pulmones se vean afectados —confirmó Nichols. Después siguió explicando que se decantaba por la cirugía para eliminar los tumores cerebrales. El tratamiento estándar para los tumores cerebrales era la radiación, pero ésta puede tener efectos secundarios a largo plazo sobre el sistema nervioso central; algunos pacientes que se someten a él ven deteriorada su capacidad intelectual, con disfunciones cognitivas y de coordinación.

—Tras la radiación no vuelven a ser los mismos —aseguró.

En mi caso, un potencial efecto secundario sería el de una ligera falta de equilibrio. Para una persona normal no sería nada grave, pero a mí me impediría volver a bajar por los Alpes en una bicicleta, porque en esa situación lo que uno necesita es precisamente equilibrio.

Shapiro intervino en la conversación, y mientras lo hacía yo me fijaba en él: además de parecerse a Vigoda, el de los ojos tristes, estaba la cuestión de su ropa: una sudadera Adidas con las rayas de la marca a un lado y cremalleras en la parte inferior, sobre la que llevaba la más tradicional bata de médico. El pelo se le ondulaba por encima del cuello de la bata. «¿Y este tío es un neurocirujano?», pensé. Llevaba una ropa demasiado informal como para ser un médico.

—Echemos un vistazo a las resonancias magnéticas y a las tomografías axiales computerizadas —comentó con tranquilidad.

Nichols se las entregó. Shapiro colgó las imágenes en la pantalla y, a medida que las estudiaba, empezó a asentir lentamente.

—Mmmmm... pues sí —dijo—. Creo que puedo solucionarlo. Sin problemas.

—¿Ningún problema? —pregunté yo.

Shapiro señaló las lesiones y dijo que parecían estar en la superficie de mi cerebro, y que por tanto tendría que ser relativamente fácil acceder a ellas usando algo llamado estereotaxia sin marco, una tecnología que le permitía localizar exactamente dónde estaba el cáncer y, por consiguiente, hacer una incisión relativamente pequeña.

—Nos permite aislar las lesiones antes de operar, de modo que el tiempo que pasamos en la cavidad craneana es una cuarta parte de lo que necesitábamos antes —dijo.

—¿Y cuáles son los riesgos? —me interesé.

—Con una persona joven los problemas derivados de la anestesia son mínimos. Tampoco existe demasiado riesgo de infección o de hemorragia, y sólo un pequeño riesgo de ataque. El mayor riesgo es que salgas de la operación con una ligera debilidad en la mitad del cuerpo. Es un procedimiento sencillo, y me pareces una persona resistente. Tendría que ser como un paseo por el parque.

Yo estaba cansado y dudaba de todo. Eso hacía que fuera brusco.

—Tendrá que convencerme de que sabe lo que se trae entre manos —dije.

—Mira, he practicado un gran número de intervenciones como ésta —me contestó Shapiro—. Nunca he perdido a nadie, ni tampoco he perjudicado su situación.

—Ya, pero, ¿por qué ha de ser precisamente usted el que opere mi cabeza?

—Porque, a pesar de lo bien que se te da en el ciclismo... —hizo una pausa—, yo soy mucho mejor que tú en la cirugía cerebral.

Me reí. Aquel tío me gustaba. Ya era media mañana, así que me levanté de la butaca y les dije que me lo pensaría durante la comida, y que ese mismo día tomaría una decisión. Primero quería volver a charlar con mis amigos y mi madre. Eran decisiones realmente complicadas. Tenía que elegir a mis médicos y el lugar donde me iban a hacer el tratamiento, y no era precisamente como elegir un fondo de pensiones. Si estuviera eligiendo un fondo me preguntaría: «¿Cuántos beneficios obtendré cada cinco años?». Pero esto era totalmente distinto. En este caso la tasa de rentabilidad era mi propia vida o muerte.

Cruzamos la calle hasta llegar a un paseo, donde encontramos una cervecería. Durante la comida permanecimos en silencio. Demasiado silencio. Mi madre, Lisa y Bart tenían miedo de condicionarme, porque todos pensaban que debía tomar mi propia decisión sobre dónde hacer el tratamiento. Les pedí que me hicieran algún comentario, pero no lo conseguí.

Yo seguí intentándolo:

—Bueno, ya lo habéis oído: en Houston me dicen que hay bastantes posibilidades de que me cure, pero aquí quieren cambiar el tratamiento, y quizás eso sea bueno.

Nadie me contestó ni se atrevió a la más mínima opinión. Fueron totalmente neutrales. Querían una decisión, sí, pero debía ser mía, no suya.

Mientras comía no dejaba de darle vueltas. Quería estar seguro de que había evaluado bien a los médicos y comprendido sus tratamientos. No tenía nada que perder, ya había renunciado a mi carrera, pero los doctores Nichols y Shapiro parecían pensar que no debía hacer todavía esa concesión. Decidí que confiaba en ellos, en sus estilos relajados, su falta de ego y su negativa a que fuera yo quien les controlase. Eran exactamente lo que parecían ser: dos médicos arrugados y cansados, pero muy competentes, y supuse que no encontraría otros mejores.

Había intentado formularles algunas preguntas comprometidas, pero Nichols se quedó imperturbable y fue de lo más honesto. No iba a permitirse entrar en una guerra de pujas, o vender su mercancía en detrimento de la de otros. Era extremadamente profesional, y estaba seguro de su credibilidad.

De repente, balbucí:

—Bueno, esos tíos dan la sensación de saber lo que están haciendo. Y la verdad es que me gustan. Me gusta este lugar. Y si tienen que operarme, parece que el doctor Shapiro no se muestra nada preocupado. Creo que voy a optar por venir aquí.

Sus rostros se iluminaron.

—Estoy completamente de acuerdo contigo —dijo Bart al fin, arriesgándose.

Mi madre corroboró:

—Creo que tienes razón.

Volvimos al hospital de la Universidad de Indiana y me reuní con el doctor Nichols.

—He decidido que es aquí donde quiero hacerme el tratamiento.

—Vale, muy bien —contestó él—. Tienes que volver el lunes para hacerte unas pruebas y el martes practicaremos la neurocirugía.

Nichols me dijo que, inmediatamente después de la cirugía, empezaría mi régimen de quimioterapia con él. Me presentó a la jefa de enfermeras de oncología, LaTrice Haney, que se ocuparía de mí, y nos pusimos a definir la agenda del tratamiento.

—Tranquilos, que no vais a matarme —dije—. Bombardeadme con todo lo que tengáis, sin miedo, ¿vale? Podéis darme el doble que a otras personas. Quiero asegurarme de que nos libremos por completo del cáncer.

Nichols y LaTrice no tardaron en quitarme la idea de la cabeza.

—Deja que te diga que sí puedo matarte —aclaró Nichols—. Vaya si es posible.

Yo tenía la idea equivocada, tal vez sacada de la conversación en Houston, de que para curarme tenían que bombardearme, pero en realidad la quimioterapia es tan tóxica que si recibía demasiada mi organismo quedaría destruido. En realidad, Nichols quería esperar una semana antes de tratarme, porque mi tasa de glóbulos blancos aún era muy baja por el primer ciclo de tratamiento. Sólo cuando estuviera físicamente preparado comenzaría un ciclo de quimioterapia VIP.

LaTrice intervino en la conversación. Era una enfermera muy educada y con aspecto de tener mucha experiencia. Más tarde descubriría que, además, tenía un gran ingenio. Su conocimiento de la oncología parecía casi tan alto como el del médico, así que me fue guiando por cada parte del tratamiento, explicándome no sólo lo que hacía cada cosa, sino por qué funcionaba, casi como si yo fuera su alumno. Intenté asimilar toda la información que pude, porque estaba decidido a involucrarme en mi salud, en la toma de decisiones. Mi madre, por supuesto, seguía preocupada.

—¿Se va a sentir muy mal? —preguntó.

—Es posible que tenga episodios de náuseas e incluso vómitos —contestó LaTrice—. Pero ahora existen medicamentos nuevos, que han salido hace poco, para minimizar esos vómitos e incluso eliminarlos.

Me dijo que contarían cuidadosamente cada dosis de quimioterapia que entrase en mi cuerpo, y todo lo que saliera de él. Sus explicaciones fueron tan calmadas y claras que, cuando acabó, no tuve ninguna pregunta, y mi madre parecía estar más tranquila. LaTrice había explicado todo lo que había que explicar.

Una semana más tarde volvimos a Indianápolis. Mi madre llevaba en el bolso todos mis informes y un neceser repleto de mis vitaminas y medicinas. A estas alturas llevaba tres semanas viviendo con una maleta pensada para una noche, y ni siquiera tenía un suéter. En Indianápolis hacía frío, de modo que se llevó una manta de las del avión para mantener el calor.

En el hospital de la Universidad de Indiana volvimos a pasar por otro laborioso proceso de chequeo, a medida que mi madre iba sacando informes de su bolso. Una encargada se quedó con toda la información relevante y nos hizo varias preguntas.

—¿Qué tipo de comida le gusta? —me preguntó.

—No puedo tomar azúcar, ni ternera, ni productos lácteos. Y sólo puedo comer pollo de granja.

Ella se me quedó mirando y me soltó:

—¿Y qué puede comer?

Me di cuenta de que era un hospital universitario, no un restaurante. Pero mi madre se enfadó mucho. Se irguió todo lo que pudo —un metro sesenta— y le replicó:

—Nos estamos preparando para una operación de neurocirugía mañana mismo, o sea que nada de bromas. Tenemos un nutricionista que nos ha recomendado algunas cosas. Si no pueden dárnoslas, no pasa nada, ya nos encargaremos nosotros. A partir de aquel momento mi madre tuvo que comprarme comida cada vez que yo iba al hospital.

Después fuimos a mi habitación, que mi madre encontró demasiado ruidosa. Estaba justo al lado del cuarto de enfermeras, y pensó que me molestaría oírlas hablar al otro lado de mi puerta, así que insistió en que me cambiasen de habitación. Consiguió que me trasladaran al final del pasillo, donde había menos ruido.

Aquella tarde me reuní con el doctor Shapiro para los detalles del preoperatorio. Una encantadora característica de la estereotaxia sin marco consistía en pintar en mi cabeza una serie de puntos para indicar la localización de los tumores y los lugares en los que Shapiro haría las incisiones para extirparlos.

De alguna manera, aquellos puntos hacían más evidente lo que era la cirugía. Fui consciente de que me los ponían en la cabeza para indicar dónde iba a perforarme el cráneo Shapiro. No había otra forma más agradable de decirlo: era allí donde el cirujano me iba a abrir la cabeza.

—LaTrice —le comenté—, no estoy seguro de poder soportar la idea de que me vayan a abrir la cabeza.

Era una barrera tremenda. Por muy positivo y valiente que quisiera ser, lo único que sabía es que la gente que tiene tumores cerebrales no suele sobrevivir. El resto me imaginaba que era curable, y además los otros órganos no eran tan vitales. Pero el cerebro... eso era lo importante. Recordé el pareado que había escuchado en alguna parte: «Si te tocan la sesera ya no serás el que eras».

Las personas que me rodeaban tenían tanto miedo como yo, o tal vez más. Parecía que todo el mundo hubiera cogido el avión para estar conmigo: Och, Chris Carmichael, Bill, Kevin. Quería que todos estuvieran allí, y yo sabía que estaban contentos de estar, porque les hacía sentir que podían serme de utilidad, pero veía el miedo en sus rostros, en sus ojos abiertos como platos y en su simulada alegría, de modo que intenté hacer acopio de ánimo y ocultar mi propia incertidumbre.

—Estoy listo para machacar a esa cosa —les dije—. Estoy preparado para la operación. No me veréis en un rincón temblando, con miedo a que se me lleven al quirófano.

Una de las cosas de las que uno se da cuenta cuando está enfermo es que no es él único que necesita apoyo, y que a veces es el paciente el que debe animar a los otros. No siempre tenían por qué ser mis amigos los que dijeran «Ánimo, vas a conseguirlo». A veces tenía que ser yo quien les tranquilizara, y soltarles «Tranquilos, voy a conseguirlo».

Vimos por televisión las Series Mundiales de béisbol y fingimos que nos interesaba el resultado... todo lo que puede interesar el béisbol a alguien justo antes de que le operen el cerebro. Charlamos sobre las acciones de la bolsa y sobre carreras ciclistas. No dejaban de llegar cartas y correos electrónicos de personas a las que ni siquiera conocía, o que no veía desde hacía años, y nos sentamos a leerlas.

Sentí de repente una tremenda ansiedad por evaluar el estado de mis economías. Expliqué a Och y Chris el problema del seguro, y, tomando papel y lápiz, empezamos a echar cuentas.

—A ver cómo vamos de dinero —pedí—. Tenemos que calcularlo todo bien. Necesito tener un plan, necesito sentir que tengo las cosas bajo control.

Vimos que tenía suficiente dinero... si vendía mi casa. No quería venderla, pero intenté ser práctico. ¡Qué caray, me habían repartido una mala mano de naipes, eso era todo! Si necesitaba el dinero, estaba claro lo que había que hacer. Añadí mi dinero líquido y el de mi plan de pensiones.

Solar: 220.000 dólares. Piscina y jardín: 60.000. Mobiliario y objetos de arte: 300.000. Electrodomésticos: 50.000.

Ese mismo día, más tarde, Shapiro vino a mi cuarto.

—Tenemos que hablar de la cirugía —me comentó muy serio.

—¿De qué está hablando? —le dije—. Es una operación sencilla, ¿no?

—Bueno, es un poquito más grave.

Shapiro me dijo que los tumores estaban en dos lugares arriesgados: uno sobre el que controlaba la visión y otro sobre un centro de coordinación. Eso explicaba mi visión borrosa. Dijo que haría la operación lo más precisa que pudiera, con incisiones mínimas, esperaba, a un milímetro de las lesiones, nada de grandes cortes como en el pasado. Aun así, me estremecí al escuchar la descripción del procedimiento. En realidad, no creo que hubiera admitido la gravedad de la operación ni siquiera ante mí mismo. Al principio me había parecido fácil: el médico abriría y rasparía un par de lesiones. Pero ahora que hablábamos de los detalles entendí claramente que iba a operar en unas zonas donde el más mínimo error podría costarme mi vista o mis capacidades motoras.

Shapiro notaba que me estaba asustando mucho.

—Mira, a nadie le gusta la neurocirugía —me tranquilizó—. Si no tuvieras miedo es que no serías normal.

Me aseguró que me repondría pronto de la intervención: pasaría un solo día en la unidad de cuidados intensivos y, tras otro día de recuperación, empezaría con la quimioterapia.

Esa noche mi madre, Bill, Och, Chris y el resto del grupo me llevaron a cenar algo por el paseo cercano, en un bonito restaurante de cocina europea. No comí mucho. Aún tenía los puntos en la cabeza, recuerdo de la estereotaxia sin marco, y llevaba un brazalete del hospital en la muñeca, pero ya no me importaba mi aspecto. ¿Qué pasaba si tenía puntos pintados en la cabeza? No era poco estar fuera del hospital y poder moverme. La gente me miraba, pero me daba igual. Total, al día siguiente tendría la cabeza afeitada.

¿Cómo se enfrenta uno a su propia muerte? A veces pienso que la barrera hematoencefálica es algo más que física; también es emocional. Quizás en nuestra mente existe un mecanismo de protección que nos impide aceptar nuestra mortalidad, a menos que tengamos que hacerlo por necesidad.

La noche antes de la operación pensé en la muerte. Examiné mis valores principales y me pregunté si, en caso de morir, quería hacerlo luchando con uñas y dientes o resignándome en paz. ¿Qué tipo de carácter quería demostrar? ¿Estaba contento conmigo mismo y con lo que había hecho con mi vida hasta el momento? Decidí que, en esencia, era una buena persona, aunque también podría haber sido mejor; pero, al mismo tiempo, era consciente de que eso al cáncer le daba igual.

Me pregunté en qué creía. Nunca había rezado mucho. Mis esperanzas y deseos eran intensos, pero no oraba. Mientras crecía había desarrollado cierta desconfianza por las religiones organizadas, pero me sentí con capacidad para tener inquietudes espirituales y creencias. Dicho en términos sencillos, creía que tenía la responsabilidad de ser una buena persona, y eso implicaba justicia, honestidad, trabajo duro y honorabilidad. Si lo conseguía, si era bueno con mi familia, fiel a mis amigos, si devolvía algo a mi comunidad o a alguna causa justa, si no mentía, estafaba o robaba, creía que eso bastaría. Al final de mi camino, si en realidad había allí Alguien, alguna presencia que me fuera a juzgar, esperaba que se basara en si había llevado una vida auténtica, no en si creía en determinado libro o en si había sido bautizado. Si en realidad, al final de mis días, había un Dios, esperaba que no me dijera: «Pero si no eras cristiano. Nada de entrar en el cielo». Si era así, le contestaría: «¿Sabes que te digo? Que es cierto. Vale».

También creía en los médicos, en los tratamientos y la cirugía. Creía en todo eso, creía en ellos. Pensaba que el doctor Einhorn... Él sí que era una persona en la que creer, una persona con una mente capaz de haber desarrollado un tratamiento experimental veinte años antes, un tratamiento que ahora podía salvarme la vida. Creía en el valor seguro de su inteligencia y de sus investigaciones.

Aparte de eso, no tenía ni idea de dónde trazar la línea que separara la ciencia de las creencias religiosas, pero sí estaba seguro de algo: creía en la fe por el valor que ésta tenía en sí misma. Había que creer en medio de la desesperación más absoluta, a pesar de las evidencias en nuestra contra, ignorando las catástrofes aparentes... ¿Qué otra opción había? Me di cuenta de que es algo que hacemos cada día. Somos mucho más fuertes de lo que imaginamos, y la capacidad de creer es una de las características más valientes y perdurables del ser humano. Creer, cuando a pesar de todo sabemos que nada puede resolver la brevedad de la vida, que no existe cura para nuestra mortalidad esencial, ahí reside una forma de valentía.

Decidí que seguir creyendo en uno mismo, en los médicos, en el tratamiento, creer en cualquier cosa en que eligiese creer, era lo más importante de todo. Tenía que serlo. Sin fe no nos quedaría nada excepto la sensación cotidiana de un destino aplastante. Y eso derrota a cualquiera. Hasta que tuve cáncer no aprecié del todo cómo luchamos cada día contra los momentos malos de la vida, cómo combatimos día a día contra el oleaje de las críticas. El desaliento y la decepción, esos eran los verdaderos peligros de la vida, no una enfermedad inesperada ni un catastrófico día del juicio final. Ya sabía por qué otras personas temían al cáncer: porque es una muerte lenta e inevitable, porque es la mismísima definición del cinismo y la pérdida de la esperanza. De modo que creí.

Normalmente, cuando nuestra mente olvida algo es por causas justificadas. Yo he olvidado buena parte de lo que pensé y sentí la mañana en la que me operaron, pero lo que recuerdo bien es la fecha, 25 de octubre, porque cuando pasó me alegré mucho de seguir vivo. Mi madre, Och y Bill Stapleton entraron en mi cuarto a despertarme a las seis de la mañana junto a varias enfermeras, que venían a prepararme para la cirugía. Antes de una operación en el cerebro uno tiene que pasar un test de memoria. Los médicos dicen, por ejemplo:

—Vamos a decirte tres palabras. Tienes que recordarlas todo el tiempo que puedas.

Algunos pacientes con tumores cerebrales tienen lapsos de amnesia y no recuerdan dónde estaban diez minutos antes. Si el tumor te ha afectado apenas logras recordar algo.

Una enfermera me dijo:

—Pelota, aguja, camino. En algún momento le pediremos que repita estas palabras.

Podía ser media hora más tarde o al cabo de tres horas, pero al final me lo preguntarían y, si las había olvidado, eso significaría problemas serios. No quería que nadie pensara que tenía un problema, y seguía intentando demostrar que no estaba gravemente enfermo, no como pensaban los médicos. Estaba decidido a recordar esas palabras, así que me concentré en ellas durante varios minutos: pelota, aguja, camino, pelota, aguja, camino.

Media hora más tarde vino un doctor y me preguntó las palabras.

—Pelota, aguja, camino —dije con suficiencia.

Era hora de ir hacia el quirófano. Me llevaron en silla de ruedas pasillo abajo, y mi madre me acompañó parte del camino, hasta que llegamos al quirófano, donde un equipo de enfermeras y médicos con mascarillas me estaban esperando. Me colocaron en la mesa de operaciones y el anestesista comenzó su trabajo de administrarme la mezcla que me adormeciera.

Por algún motivo, sentí ganas de charlar.

—¿Alguno de ustedes ha visto la película *Malicia?* —pregunté.

Una de las enfermeras negó con la cabeza.

Muy animado, les hice un resumen del argumento: Alec Baldwin hace de cirujano hábil pero arrogante a quien se le acusa de negligencia y, durante el juicio, un abogado le acusa de padecer lo que él llama el *complejo de Dios,* de creer que es infalible. Baldwin hace un gran discurso defendiéndose, pero finalmente se incrimina. Describe la tensión y el estrés de la cirugía cuando hay un paciente sobre la mesa y el médico debe tomar decisiones instantáneas que decidirán si vive o muere.

—En aquellos momentos, señores —declara—, no es que crea que soy Dios, es que soy Dios.

Y acabé la historia imitando a Alec Baldwin. Mis siguientes palabras fueron:

—¡Uf!

Y me dormí por efecto de la anestesia.

Lo curioso de ese discurso es que encierra algo de verdad. Cuando quedé inconsciente mis médicos controlaban mi futuro, controlaban mi capacidad de dormirme y de volver a despertarme. Durante esos momentos eran los seres más importantes de mi vida. Mis médicos eran mis dioses.

La anestesia fue como un apagón: en un instante estaba consciente y, de repente, ni siquiera existía. El anestesista, al comprobar los niveles, me hizo volver a la consciencia justo antes de empezar la operación. Cuando desperté me di cuenta de que no había acabado la operación; de hecho, ni habían empezado. Medio dormido, dije:

—¡Pero bueno, empiecen de una vez!

Escuché la voz de Shapiro que decía:

—Todo va bien —y volví a sumirme en la oscuridad.

Lo único que sé sobre la cirugía es, por supuesto, lo que el doctor Shapiro me dijo luego. Estuve en la mesa durante unas seis horas. Hizo las incisiones y se puso manos a la obra, a retirar las lesiones. En cuanto las extirpó se las entregó a un patólogo, que las examinó al microscopio.

Al examinar el tejido de forma inmediata podían determinar qué tipo de cáncer era y sus probabilidades de extenderse. Si era un tipo de cáncer muy activo y agresivo existían muchas posibilidades de que encontraran más lesiones.

Pero el patólogo, apartando sorprendido la vista del aparato, exclamó:

—¡Es tejido necrótico!

—¿Están muertas? —preguntó Shapiro.

—Sí, sí.

Por supuesto, era imposible determinar que todas las células estuvieran muertas, pero tenían el aspecto de estarlo, de no suponer amenaza alguna. Eran las mejores noticias posibles, porque quería decir que no se estaban extendiendo. ¿Qué las mató? Ni yo ni los médicos lo sabemos. Parece que no es infrecuente que existan ciertos tejidos necróticos.

Shapiro salió del quirófano para ver a mi madre, y le dijo:

—Está en la sala de recuperación. Todo ha ido bien.

Le explicó que el tejido era necrótico, lo cual probablemente quería decir que ya no había nada más, que lo habían eliminado por completo.

—Ha ido mucho mejor de lo que esperábamos —dijo Shapiro.

Me desperté... lentamente. Había mucha luz y... alguien me estaba hablando. Estaba vivo.

Abrí los ojos. Estaba en la sala de recuperación, con

Scott Shapiro inclinado sobre mí. Una vez un médico te ha abierto el cráneo, ha hurgado en tu cerebro y luego te ha vuelto a recomponer, llega el momento de la verdad. Independientemente de lo bueno que sea el cirujano, siempre espera ansiosamente a ver cómo ha ido el asunto, y si el paciente reacciona bien a la intervención.

—¿Me recuerdas? —me preguntó.

—Eres mi médico —respondí.

—¿Cómo me llamo?

—Scott Shapiro.

—¿Puedes decirme tu nombre?

—Lance Armstrong —dije—. Y un día de estos te daré una paliza montando en bici.

Volví a adormecerme pero, cuando ya se me cerraban los ojos, vi al mismo doctor que había comprobado mi memoria.

—Pelota, aguja, camino —le dije.

Y me sumergí de nuevo en las oscuras profundidades del letargo anestésico, donde no hay sueños.

Cuando volví a despertarme estaba en un cuarto silencioso y sumido en la penumbra, en la unidad de cuidados intensivos. Me quedé inmóvil unos instantes, luchando contra la niebla de la anestesia. Estaba muy oscuro y no se oía nada. Quería marcharme. Vamos, muévete.

Me revolví entre las sábanas.

—Está despierto —dijo una enfermera.

Saqué una pierna de la cama.

—¡Quieto! —me dijo una enfermera—. ¿Qué haces?

—Levantarme —contesté.

Empecé a incorporarme.

Muévete. Si puedes moverte es que no estás enfermo.

—Aún no puedes levantarte —me dijo ella—. Túmbate.

Volví a recostarme.

—Tengo hambre —anuncié.

A medida que iba recobrando la consciencia me di cuenta de que tenía la cabeza completamente cubierta de gasas y vendas. Me parecía que también tenía vendados los sentidos, probablemente debido a la anestesia y a los conductos de intravenoso que se cruzaban por encima mío. Tenía tubos en la nariz y una sonda que me subía por la pierna hasta el pene. Estaba agotado, concentrado en el último reducto de mi ser.

Pero tenía mucha hambre. Gracias a mi madre, estaba acostumbrado a mis tres comidas diarias. Pensé en montones de platos humeantes cargados de alimentos. Hacía muchas horas que no tomaba nada, y mi última comida habían sido unos cereales. Unos cereales no son comida. ¡Venga ya, ni hablar! Sólo son un tentempié.

Una enfermera me dio un plato de huevos revueltos.

—¿Puedo ver a mi madre? —le dije.

Al cabo de un momento mi madre entró en silencio y me dio la mano. Comprendí cómo se sentía, qué ofendida se sentía su maternidad al verme en aquel estado. Yo era carne de su carne: la materia de que yo estaba hecho, cada partícula, hasta el último átomo de la uña del dedo meñique, le pertenecía, y cuando era pequeño ella contaba hasta las veces que respiraba por las noches. Ella creía que ya habíamos superado lo peor... y ahora esto.

—Te quiero —le dije—. Amo la vida que tú me diste, y te debo muchísimo por hacerlo.

También quería ver a mis amigos. Las enfermeras les permitieron entrar en pequeños grupos de dos o tres. Había procurado dar una impresión de confianza antes de la operación, pero ahora que ya había pasado no tenía que mantener ninguna fachada, ni esconder lo aliviado y lo vulnerable que me sentía. Entró Och, y luego Chris, y me tomaron de las manos, y me sentí genial por poder bajar la guardia, por poder demostrarles lo asustado que había estado.

—No estoy acabado —les dije—. Sigo aquí.

Estaba confuso, pero al mismo tiempo reconocía a todos los que entraban en el cuarto, y presentía lo que estaban sintiendo. La voz de Kevin estaba empañada por la emoción. Estaba muy conmovido, y quise tranquilizarle.

—¿Por qué tienes ese aspecto tan serio? —bromeé.

Él se limitó a apretarme la mano.

—Ya lo sé —le dije—. No te gusta ver a tu hermano mayor tan hecho polvo.

Mientras estaba allí tumbado escuchando los murmullos de mis amigos sentí en mi interior dos emociones en conflicto. Primero, una tremenda carga de gratitud. Pero, después, una sensación de ira que chocó con la primera como dos olas gigantes. Estaba vivo, y estaba furioso, y no podía sentir una cosa sin sentir la otra. Estaba suficientemente vivo como para estar furioso. Luchaba con furia, me revolvía con furia, estaba furioso en general, furioso por estar en la cama, furioso por tener la cabeza vendada, furioso por los tubos que me retenían. Tan furioso que estaba fuera de mí. Tan furioso que casi lloré.

Chris Carmichael me cogió la mano. A estas alturas Chris y yo llevábamos juntos seis años, y no había nada que no nos dijéramos, ningún sentimiento que no admitiésemos.

—¿Cómo te encuentras? —preguntó.

—Genial.

—Vale, ahora en serio: ¿cómo te encuentras?

—Chris, estoy muy bien.

—De acuerdo. Vale.

—Chris, no lo entiendes —dije, empezando a llorar—. Estoy muy contento. ¿Sabes? Me gusta que sea así. Me gusta tener las probabilidades en contra, como siempre las he tenido, y no conozco otra forma de vivir. Sé que es una gilipollez, pero es otra prueba que voy a superar. Y ésta es la única forma de pasarla que acepto.

Esa noche la pasé en la UCI. En un momento dado, una enfermera me dio un tubo y me pidió que respirara por él. El tubo iba conectado a una válvula con una bolita roja, que se suponía debía medir mi capacidad pulmonar, comprobar que la anestesia no había afectado a mis pulmones.

—Respira en el tubo —me dijo la enfermera—. Y no te preocupes si la bola sólo se eleva una o dos marcas.

—Señora, ¿me está tomando el pelo? —protesté—. Respirar es mi trabajo. Déme el aparato.

Agarré el tubo y respiré en él. La bola subió lanzada hasta arriba. Si hubiera habido una campanita hubiera sonado un ¡*bing!*

Se lo devolví.

—No vuelva a traerme esa cosa —le pedí—. Mis pulmones están bien.

Se fue sin decir nada, y yo eché un vistazo a mi madre. Ella siempre ha sabido que soy bastante bocazas, así que suponía me diría algo por haber sido tan maleducado con la enfermera. Pero me sonreía como si acabara de ganar otra Triple Corona. Se estaba dando cuenta de no me pasaba nada. Volvía a estar casi normal.

—Ése es mi chico —me dijo—. Hijo, vas a ponerte bien.

A la mañana siguiente salí de la UCI para volver a mi habitación y empezar con la quimioterapia. Me quedaría seis días más en el hospital, y los resultados del tratamiento serían decisivos.

Seguía leyendo cosas sobre el cáncer, y sabía que si la quimioterapia no detenía la enfermedad podría no sobrevivir, por mucho éxito que hubiera tenido la neurocirugía. Todos los libros resumían claramente mi condición. «Los pacientes cuya enfermedad progresa durante la quimioterapia basada en cisplatino tienen un diagnóstico desfavorable para cualquier otro tratamiento», decía uno de ellos. Hojeé un estudio académico sobre el cáncer testicular que hacía una lista de los diversos tratamientos y porcentajes de supervivencia, y con un lápiz hice anotaciones y cálculos en el margen. Pero, aun así, todo se reducía a lo mismo: «El fracaso a la hora de alcanzar una remisión completa durante la quimioterapia inicial suele asociarse a una supervivencia pobre», afirmaba el artículo. Dicho en pocas palabras: la quimioterapia puede que funcionara y puede que no.

No podía hacer otra cosa que sentarme en la cama para dejar que las drogas invadieran mi cuerpo, y que las enfermeras me pusieran inyecciones. Una de las cosas que no te dicen en un hospital es cómo violan tu intimidad. Es como si tu cuerpo ya no fuera tuyo, pertenece a las enfermeras y a los médicos, que se sienten con libertad de pincharte y meterte en las venas —y en los diferentes orificios— diversas sustancias. La sonda era lo peor: subía por mi pierna hasta la ingle, y cuando me la metían y sacaban era espantoso.

En cierto sentido, lo peor de todo eran las pequeñas intervenciones, las más cotidianas. Por lo menos, cuando me intervinieron había estado dormido, pero para el resto estaba totalmente despierto, y tenía moratones, costras y huellas de agujas por todo el cuerpo, en el dorso de las manos, los brazos, las ingles. Cuando estaba despierto las enfermeras me comían vivo.

Shapiro vino a verme y me dijo que la cirugía había sido un éxito completo: habían eliminado las lesiones existentes y no había indicios de otras nuevas. No manifestaba perturbaciones intelectuales o cognitivas y mi coordinación era buena.

—Ahora es cuestión de esperar que no regrese —me comentó.

Venticuatro horas después de la operación salí a comer.

Tal y como Shapiro había prometido, me recuperaba con rapidez de la cirugía. Esa tarde mi madre, Lisa, Och, Chris y Bill me ayudaron a salir de la cama y me llevaron, al otro lado de la calle, al Rock Bottom Restaurant and Brewery. Shapiro no nos había dicho que hubiera algo que debiéramos o no debiéramos hacer, y yo quería seguir el plan nutricional, de modo que me puse una gorra para esconder los vendajes y salimos del hospital. Bill incluso nos había conseguido entradas para el partido de la NBA de los Indiana Pacers, y se ofreció a llevarme, pero hubiera sido pasarse un poco. Durante la comida me sentí bastante bien, pero a los postres ya no lo estaba tanto, de modo que nos saltamos el partido y regresé a la cama.

Al día siguiente Shapiro entró en el cuarto para quitarme los vendajes. Mientras desenrollaba la venda sentía cómo me tiraba de las grapas, como si algo me estuviera mordiendo. Luego la retiró del todo. Me miré en el espejo. Tenía grapas que me recorrían el cráneo haciendo curvas, como dos cremalleras semicirculares. Shapiro dijo:

—Bueno, yo ya he hecho mi parte.

Estudié las grapas en el espejo. Sabía que Shapiro había empleado tornillos de titanio para unir mi cráneo bajo la piel. El titanio es una aleación que se emplea en algunas bicis ultraligeras.

—A lo mejor esto me ayuda a escalar mejor las cuestas —bromeé.

Shapiro se convirtió en un buen amigo, y durante los siguientes meses del tratamiento siguió pasándose por mi habitación a ver qué tal me iba. Siempre me alegraba de verle, a pesar del sueño o las náuseas que sintiera.

Larry Einhorn regresó de Australia y también me visitó. Tenía muchísimo trabajo, pero buscó momentos para verme con regularidad, y participó también en mi tratamiento. Él, como los doctores Nichols y Shapiro, era uno de esos médicos que te hacen comprender el significado de la palabra *sanador*. Empecé a pensar que sabían más sobre la vida y la muerte que la mayoría de personas: tenían un punto de vista sobre la humanidad del que otros carecían, porque dominaban un paisaje emocional muy amplio. No sólo veían vivir y morir a la gente, sino que eran testigos de cómo cada persona controlaba esas circunstancias, sin máscaras, y con todo nuestro optimismo irracional, nuestro miedo y nuestra increíble fortaleza, días tras día.

—He visto a persona maravillosas, fuertes, que al final no lo conseguían —me comentó el doctor Einhorn—. Y hubo otras que se contaban entre las más deprimidas y testarudas del mundo que sobrevivieron, para después seguir con sus vidas de tozudez radical.

Empecé a recibir buenas noticias. Ninguno de mis patrocinadores me dejaba en la cuneta. Bill y yo estábamos preparados por si recibíamos llamadas con novedades en ese sentido, pero nunca llegaron. A medida que pasaban los días lo único que oí de Nike, Giro, Oakley y Milton-Bradley fueron palabras de aliento. Mi relación con Nike se remontaba a cuando era corredor y participaba en triatlones en el instituto, y pensaba que sus mensajes progresistas eran geniales y sus atletas los más atractivos. Pero nunca imaginé que sería un *chico Nike*, porque no jugaba en los campos del Dodger Stadium ni el Soldiers Field, ni participaba en Roland Garros. Pero sí competía por las carreteras de Francia, Bélgica y España. Aun así, cuando mi carrera despegó le pedí a Bill Stapleton si podía conseguirme un trato con Nike, porque deseaba pertenecer a esa empresa. En 1996, justo antes de que me diagnosticaran el cáncer, Nike me ofreció un contrato para que les hiciera publicidad llevando calzado y guantes de su marca. Enseguida trabé amistad con Scott MacEachern, el representante de Nike asignado al ciclismo, de modo que no fue casualidad que él fuera una de las primeras personas a las que les anuncié mi cáncer. En mi conversación con Scott, aquella noche tras volver de la consulta del doctor Reeves, no pude reprimir las terribles sensaciones que me oprimían. Y mientras le contaba a Scott toda la historia empecé a llorar, hablándole del dolor en la ingle y de la conmoción que me provocó ver la radiografía de mi pecho. Al cabo de un tiempo dejé de llorar. Al otro lado de la línea se produjo un instante de silencio y luego Scott me dijo con calma, casi de una manera informal.

—Bueno, por nosotros no te preocupes. Estamos contigo.

Era una semillita de esperanza: quizá no estaba totalmente arruinado o solo. Scott hizo honor a su palabra, y Nike no me abandonó. Significó mucho para mí cuando estaba empeorando. Y lo que es más, mis otros patrocinadores reaccionaron de la misma forma. Uno por uno, escuché las mismas palabras de Giro, Oakley y Milton-Bradley.

No solamente iban a estar a mi lado, sino que sucedió algo mucho más notable. Bill estaba desesperado en relación al tema de mi seguro de enfermedad. Había buscado maneras de reclamar ese seguro, pero parecía no haber esperanzas.

Cogió el teléfono y llamó a Mike Parnell, el presidente de Oakley. Con algo de cautela, le explicó lo que había pasado, y le preguntó a si podría arreglarlo. Mike contesto que se encargaría de que el seguro me cubriera.

De repente tenía motivos para sentirme optimista. Sin embargo, la empresa aseguradora insistió en su posición: mi condición era preexistente, y por tanto no tenían por qué pagar mis tratamientos anticancerígenos. Mike Parnell tuvo que ponerse en contacto con ellos para informarles de que, si no cubrían mis gastos médicos, su compañía al completo se buscaría otros aseguradores.

—Cúbranle —pidió Mike.

La gente del seguro seguía poniendo problemas.

—No creo que haya entendido lo que acabo de decirle —dijo Mike.

Al final me cubrieron.

Pasaré el resto de mi vida intentando expresar adecuadamente lo que eso significó para mí, y seré un atleta de Oakley, Nike y Giro mientras viva. Pagaron cada uno de mis contratos, hasta el último dólar, aunque tenían derecho a cancelarlos, y ninguno de ellos me preguntó siquiera cuándo volvería a subirme a una bicicleta. De hecho, cuando fui y les dije: «Miren, he creado una fundación contra el cáncer —más adelante hablaré del tema— y necesito algo de dinero para organizar una carrera ciclista benéfica», todos ellos se ofrecieron a colaborar. Así que no quiero oír hablar del frío mundo de los negocios. El cáncer me estaba enseñando, día tras día, a examinar a mis semejantes con una mayor profundidad, dejando atrás mis ideas preconcebidas anteriores.

Durante la semana que pasé en el hospital siguieron las buenas noticias. Al cabo de un par de días de quimioterapia mi número de glóbulos rojos aumentó. Los marcadores disminuían, lo cual señalaba que el cáncer estaba reaccionando a la medicación. Aún me quedaba un largo camino por delante, y empezaba a sentir los efectos secundarios de que me había hablado Nichols. A medida que me acercaba al final de la semana fui perdiendo la euforia derivada de haber sobrevivido a la operación, y me fue llenando el malestar de la ifosfamida. Me daba una sensación constante de envenenamiento, y me dejaba tan débil que lo único que quería hacer era mirar a la pared o dormir. Y esto era sólo el principio; todavía me quedaban dos o tres ciclos por delante.

Siete días después de la intervención me fui a casa. Pronto regresaría al hospital, pero al menos empezaba a ver las cosas con la perspectiva correcta.

6

QUIMIOTERAPIA

La cuestión era: ¿A quién iba a matar primero la quimioterapia, al cáncer o a mí? Mi vida se convirtió en un largo goteo intravenoso, una rutina enfermiza: si no sentía dolor, estaba vomitando y si no, pensando en lo que tenía, y si no, le estaba dando vueltas a la cabeza, preguntándome cuándo se acabaría todo. Eso es lo que hace por ti la quimioterapia.

La sensación de estar enfermo durante las desagradables fases del tratamiento se apreciaba en los más mínimos detalles. El cáncer me producía una vaga sensación de estar enfermo, pero la quimioterapia era una colección de males aún mayores que me hicieron pensar que la cura podía ser tan mala o peor que la enfermedad.

Todos los síntomas que la gente suele asociar con el cáncer, como la pérdida del cabello, la palidez enfermiza o el decaimiento, son en realidad los efectos secundarios del tratamiento. Sentía que la quimioterapia me ardía en las venas. Era como si tuviera un río destructor cargado de contaminantes que me fuera comiendo desde dentro, hasta que no pudiera ya ni pestañear. La quimioterapia implicaba una tos constante, con la cual expulsaba una sustancia negruzca y misteriosa, semejante al alquitrán, que salía de lo más profundo de mi pecho, y la quimioterapia suponía también la necesidad constante y dolorosa de acudir al baño.

Para superarlo, me imaginé que lo que estaba expulsando al toser eran los tumores calcinados. Me imaginé a la quimioterapia actuando sobre ellos, abrasándolos y arrojándolos de mi organismo. Cuando iba al baño soportaba el aguijón cáustico que sentía en el tracto urinario convenciéndome que estaba expulsando en la orina las células cancerígenas muertas. Al fin y al cabo, a alguna parte tenían que ir, ¿no? Tosía cáncer, orinaba cáncer, intentaba librarme de él de todas las formas que se me ocurrían.

No tenía otra vida aparte de la quimioterapia. Mis antiguos sistemas de anotar las citas y medir el paso del tiempo quedaron desbancados, sustituidos por los regímenes propios del tratamiento. Viví todas las fiestas y las vacaciones de ese otoño-invierno siguiendo un ciclo de quimioterapia o recuperándome del anterior. Me pasé la Noche de Halloween conectado a un gotero y paseando con mi bolsa de caramelos de un lado a otro para ver a las enfermeras. Fui a casa el Día de Acción de Gracias e intenté recobrar fuerzas en el sofá mientras mi madre trataba de convencerme para que comiera unos trocitos de pavo. Dormía de diez a doce horas cada noche, y cuando estaba despierto me encontraba en un estado extraño, algo así como una horrible combinación entre los efectos del *jet lag* y una resaca.

La quimioterapia tiene un efecto acumulativo: pasé por cuatro ciclos en un espacio de tres meses, y durante cada fase las drogas se iban acumulando en mi organismo. Al principio no fue tan malo, pero al final del segundo grupo de tratamientos sentía malestar y sueño constante. Acudía al hospital de Indianápolis y recibía cinco horas seguidas de quimioterapia los cinco días de la semana. Cuando no estaba en la quimioterapia, me pasaba las veinticuatro horas del día enganchado a un suero compuesto de una solución salina y un componente químico que protegía mi sistema inmunológico de los efectos más tóxicos de la ifosfamida, muy perjudicial para los riñones y la médula ósea. Al llegar al tercer ciclo luchaba con todas mis fuerzas contra las náuseas. Sentía cómo me invadía una oleada de malestar, como si todos los órganos vitales hubieran dejado de funcionar dentro del cuerpo. Durante el cuarto ciclo, el más fuerte de todos, que sólo llega a aplicarse en los casos más graves de cáncer, me acurrucaba todo el día en posición fetal en medio de arcadas constantes.

El doctor Nichols me ofreció la posibilidad de continuar la quimioterapia en Austin.

—Puedes recibirla en casa y nosotros iremos consultando con los médicos de allí —me dijo.

Pero yo insistí en acudir a Indianápolis para que me hiciesen un seguimiento constante.

—Si me pongo peor, quiero que estés aquí de testigo —le dije—. Y si mejoro, quiero también que estés cerca para verlo.

La quimioterapia no se parecía a nada que hubiera conocido antes. Era difícil creer que una sustancia tan mortífera tuviera un aspecto tan inocente. La medicación venía en tres bolsas de plástico transparente de 50 centímetros cúbicos, etiquetadas con mi nombre, la fecha, la dosis y el volumen del líquido. Aquel fluido plateado semitransparente se agitaba inofensivamente en las bolsitas de plástico, sin grumos de ningún tipo. Podían pasar perfectamente por cápsulas de agua azucarada, pero las traicionaban el par de guantes de látex que usaba la enfermera para manejarlas y el sello que decía «material peligroso». La enfermera insertaba un tubo en una bolsa y, a través de otro conducto, lo hacía pasar a mi catéter, por donde llegaba a mi riego sanguíneo. La primera bolsa tardaba una hora en vaciarse, la segunda hora y media y la tercera sólo media hora.

Aquel líquido era tan destructivo que podía evaporar, literalmente, toda la sangre de mi cuerpo. Sentía como si se me resecaran las venas. La explicación médica para la sensación que tenía en ese momento es lo que se llama *mielosupresión,* que consiste en la inhibición de la producción y maduración de los glóbulos rojos de la sangre, y es el efecto secundario más corriente y agudo de la quimioterapia. Es decir, que la quimioterapia debilita la sangre. Durante el tercer ciclo mi hematócrito (el porcentaje global de células sanguíneas que circula por el cuerpo) descendió por debajo de 25, cuando la cifra normal es 46. Irónicamente, se me administraba un potenciador de los glóbulos rojos llamado Epogen (Eritropoyetina, *EPO*). Lo curioso del caso es que en cualquier otra situación tomar EPO me hubiera creado problemas con la Unión Ciclista Internacional y el Comité Olímpico Internacional, porque se considera un potenciador del rendimiento. Pero, en mi caso, la EPO apenas producía efecto. Era lo único que me mantenía vivo.

La quimioterapia no sólo mata el cáncer, sino también las células sanas. Me atacó la médula ósea, los músculos, los dientes y la cubierta protectora de mi garganta y estómago, dejándome expuesto a todo tipo de infecciones. Me sangraban las encías y se me hicieron llagas en la boca. También perdí el apetito, lo cual constituía potencialmente un problema grave, pues sin las proteínas suficientes no sería capaz de reconstruir los tejidos después de que la quimioterapia se hubiera comido la piel, el pelo y las uñas.

Las mañanas eran lo peor. Acababa el tratamiento poco antes de la hora de comer. Entonces intentaba tomar algo y luego me tumbaba en la cama, viendo la tele o recibiendo a los amigos. Durante la noche los medicamentos penetraban en mi organismo, y al día siguiente me despertaban las náuseas. La única cosa que toleraba eran las pastas de manzana de la cafetería del hospital. Era extraño, pero la masa crujiente, el azúcar caramelizado y la manzana, que parecía mermelada, me aliviaban la lengua y el estómago. Jim Ochowicz aparecía cada mañana con una bolsa llena de pastas. Se sentaba al pie de la cama y nos los comíamos juntos. Och me las trajo todos y cada uno de los días que duró mi enfermedad, incluso cuando ya me era imposible comerlas.

La quimioterapia es un proceso solitario. Al final, tras la neurocirugía, mi madre regresó a Plano, pues había consumido sus días de vacaciones y no podía permitirse una baja sin percibir sueldo. Le costó mucho irse, porque estaba convencida de que su presencia realmente cambiaba algo, como cuando, en mis tiempos de instituto, ella pensaba que si me vigilaba no me podría suceder nada malo. Cuando el viento del norte soplaba en Plano y las calles se cubrían de hielo mis colegas y yo solíamos ir al aparcamiento de Plano East. Atábamos un trineo a la parte trasera de un coche y nos remolcábamos por turnos. Mi madre se acercaba con el coche y nos miraba por la ventanilla: «Creo que si estoy aquí puedo evitar que te pase algo malo», decía. Con la quimioterapia se sentía igual, pero entonces no pudo elegir.

Och ocupó su lugar. Fue como un pariente adoptivo y el más fiel compañero junto a mi cama. Recorría el largo camino desde Wisconsin y se sentaba conmigo cada vez que pasaba por un ciclo, un día sí y otro no. Och entendía los efectos lentos y corrosivos de la quimioterapia sobre el espíritu del paciente, porque su padre había muerto de cáncer. Sabía lo desmoralizante y lo tedioso que era el tratamiento y constantemente buscaba formas de distraerme. Me enseñó a jugar a un juego de cartas llamado *Corazones,* y se sentaba junto a la cama, repartiendo las cartas durante horas y horas. A veces jugábamos en parejas con Bill y Lisa. A menudo me leía el diario o el correo cuando yo estaba demasiado cansado como para hacerlo, y me acompañaba a pasear por el hospital, arrastrando la barra del gotero, mientras charlábamos de todo un poco. Una tarde, sentados al sol en un banco en el exterior del hospital, hablamos de la muerte.

—Och, no me siento preparado para irme —le dije—. Creo de verdad que puedo vivir. No tengo miedo a morir si no hay más remedio, pero sigo convencido de que puedo superar esta enfermedad.

Pero la quimioterapia era como una muerte en vida. Yacía en la cama medio dormido, perdida la noción del tiempo, sin saber siquiera si era de día o de noche, y no me gustaba. Me desorientaba, me hacía sentir que las cosas se estaban desquiciando, alejándose de mí. Och preparó una especie de horario para ayudarme a calcular la hora. Me traía las pastas de manzana para desayunar y conversaba conmigo hasta que me quedaba dormido en medio de una frase. Entonces salía de puntillas del cuarto. Unas horas después volvía con un plato de ensalada para comer o un bocadillo que había comprado fuera del hospital. Después de la comida jugábamos a las cartas hasta que volvía a dormirme, dando cabezadas a medida que se me cerraban los ojos. Och me quitaba las cartas de las manos y las dejaba con el resto de la baraja, y luego salía sin hacer ruido.

Bill y Lisa también estuvieron allí durante cada ciclo, y había otros que iban y venían, patrocinadores fieles y viejos amigos, que hacían turnos para visitarme. Och, Bill y Lisa eran el grupo central, mis *jefes de relaciones públicas*. Cada tarde me traían algo de comer o, si me apetecía, bajaba con ellos a la cafetería, arrastrando el carrito con el gotero. Pero nunca tenía demasiado hambre, lo hacía sólo por romper la monotonía. Después veíamos un rato la tele hasta que empezaba otra vez a adormilarme. Entonces, sobre las siete de la tarde, ellos se iban, y me quedaba solo por la noche.

Comer juntos se convirtió en un ritual para los tres, aunque a veces se unían otros amigos, como Chris Carmichael o Scott MacEachern. Iban al Palomino Euro Bistro, o a una antigua churrasquería llamada St. Elmo, y luego se iban al bar del Canterbury Hotel a fumar puros. Hacían todo aquello que me hubiera gustado hacer a mí, caso de no haber estado enfermo. Por la tarde, cuando estaban a punto de irse, les decía en tono acusador:

—Ya os vais de copas, ¿eh?

Cuando LaTrice venía a administrarme la quimioterapia, y por muy mal que me encontrase, siempre me sentaba y le prestaba toda la atención que podía.

—¿Qué me estáis poniendo? —le preguntaba—. ¿De qué se compone?

Yo era ya capaz de interpretar una radiografía como cualquier médico, y conocía todos los términos y dosis antieméticas. Interrogaba a LaTrice sobre el tema y le contaba si sentía más o menos náuseas. Le decía: «Redúceme un poco la dosis de esto» o «Dame un poco más de aquello».

No era un paciente tranquilo. Era incisivo, agresivo y molesto. Personalicé la enfermedad. La llamaba *el mamón,* y la convertí en mi enemigo, en mi desafío. Cuando LaTrice decía: «Bebe cinco vasos de agua al día» yo bebía quince, uno detrás de otro, hasta que se me escurría el agua por la barbilla. La quimioterapia amenazaba con arrebatarme mi independencia y mi autodeterminación, y eso me mortificaba. Estaba conectado a un suero las veinticuatro horas del día, y me resultaba difícil ceder el control a las enfermeras y los médicos. Insistía en comportarme como si fuese un participante activo en la curación. Seguía de cerca los análisis de sangre y los rayos X, y acosaba a LaTrice como si fuera la Inquisición:

«¿Quiénes serán mis enfermeras hoy, LaTrice?» «¿Cómo se llama ese medicamento, LaTrice?» «¿Qué efecto tiene éste, LaTrice?»

Le formulaba preguntas constantemente, como si fuera yo el que mandara. Ella, por su parte, coordinaba la quimioterapia con las demás enfermeras de la unidad, elaborando mi agenda y el régimen antiemético y estudiando mis síntomas. Yo seguía de cerca todo el proceso. Sabía exactamente qué debía tomar y cuándo, y me daba cuenta de la más ligera alternación en la rutina.

LaTrice adoptaba un aire de exagerada paciencia conmigo. Ejemplo de un día típico:

—¿Qué dosis me vas a administrar, LaTrice? —le preguntaba.

—¿Cuáles son sus componentes?

—¿Es lo mismo que tomé ayer?

—¿Por qué voy a tomar otro medicamento?

—¿A qué hora empezamos, LaTrice?

—¿Cuándo voy a terminar, LaTrice?

Convertí en un juego el calcular el final de cada tratamiento. Miraba el reloj y echaba un vistazo a las bolsas de suero que iban penetrando en mi cuerpo gota a gota. Intentaba calcular el ritmo del goteo, y precisar hasta el último segundo el final del tratamiento.

—¿Cuándo caerá exactamente la última gota, LaTrice?

A medida que pasaba el tiempo LaTrice y yo desarrollamos una actitud desenfadada. Yo la acusaba de no darme todos los antieméticos por crueldad, lo único que me evitaba sentirme fatal por la quimioterapia. Sólo podía tomar una dosis cada cuatro horas, así que hostigaba a LaTrice para pedir más.

—No puedo darte más —decía ella—. La tomaste hace tres horas; aún te falta una.

—Venga, LaTrice. Tú eres la que corta el bacalao aquí. Sabes que sí puedes hacerlo, lo que pasa es que no quieres.

De vez en cuando no podía evitar las náuseas, y entonces vomitaba tanto que pensaba estar a punto de desmayarme. «Ahora me siento mucho mejor», le decía a LaTrice con sarcasmo cuando había acabado. A veces era la comida la que me provocaba los vómitos, sobre todo el desayuno. Al final les dije que no trajeran aquel carrito diario. Una mañana me quedé mirando con asco un plato de huevos de aspecto pegajoso y unas tostadas que parecían de cartón piedra, y exploté.

—Pero, ¿qué porquería es ésta? —dije—. LaTrice, ¿tú te comerías esto? ¡Pero míralo! ¿Así alimentáis a la gente? Por favor, ¿alguien podría traerme algo de comida?

—Lance, puedes comer todo lo que quieras —dijo ella sin perder la calma.

Me devolvía los golpes. A veces me tomaba el pelo incluso cuando estaba demasiado enfermo para reírme.

—¿Soy yo, Lance? —preguntaba con exageradas muestras de pena—. ¿Soy yo la que te pone malito?

Yo sonreía sin decir nada y volvía a las arcadas. Nos estábamos haciendo amigos, colegas de quimioterapia. Entre ciclo y ciclo, en períodos de descanso de dos semanas, me iba a Austin, a casa, para recuperar fuerzas, y LaTrice siempre me llamaba para ver cómo estaba y asegurarse de que tomaba toda la medicación. La quimioterapia podía perjudicar mi tracto urinario, de modo que siempre me decía que me hidratara. Una noche me llamó cuando estaba enredando en el garaje con un regalo de Oakley. Era un pequeño coche de control remoto hecho de titanio que podía alcanzar hasta 112 kilómetros por hora.

—¿Qué es ese zumbido que se oye? —preguntó.

—Estoy en el garaje —repuse.

—¿Y qué haces?

—Estoy jugando con mi coche de juguete.

—Jugando. ¡Cómo no! —concluyó.

Un día detecté unas extrañas marcas en mi piel, como manchas marrones pálidas. Eran las quemaduras resultado de la quimioterapia. La medicación me estaba quemando los tejidos desde dentro, dejando marcas descoloridas sobre la piel. Ahora estaba en el tercer ciclo, y no parecía la misma persona que antes.

Mi físico estaba como desgastado, en comparación con el que tenía cuando entré en el hospital. Intentaba dar pequeños paseos por el pasillo para hacer un poco de ejercicio mientras empujaba la barra del gotero, y recuerdo que me solía contemplar vestido con el batín. Era como si mi cuerpo se hubiera encogido, con los músculos más reducidos y fláccidos. «Ésta es la pura realidad», pensaba. «Esto es lo que significa estar enfermo».

—Tengo que mantener la forma como sea —murmuraba—. Necesito conservarla.

Por mucho que me esforzara, seguía perdiendo peso. Ya de entrada, no tenía mucho peso que perder, porque poseía un porcentaje muy reducido de grasa corporal. Pero ese porcentaje las drogas se lo iban comiendo como un banco de peces, a bocaditos.

—LaTrice, estoy perdiendo peso —me lamentaba—. ¿Qué puedo hacer? ¡Mira mis músculos! Mira lo que me está pasando. Necesito volver a andar en bici. Tengo que recuperar mi tono muscular.

—Lance, esto es quimioterapia —contestaba ella en aquel tono tan conciliador—. Vas a perder peso, es algo automático. Los pacientes de la quimioterapia siempre lo pierden.

No soportaba estar tumbado en la cama medio dormido. Mientras estaba entre las sábanas, sin hacer nada, me sentía como los restos de un naufragio arrojados a la playa.

—¿Puedo hacer algo de ejercicio, LaTrice?

—¿No tenéis gimnasio en el hospital, LaTrice?

—Lance, esto es un hospital —decía ella con un suspiro y con enormes dosis de paciencia—. De todas formas, para los pacientes que pasan con nosotros una larga temporada, y para gente como tú, disponemos de bicicletas estáticas.

—¿Puedo usarlas? —salté enseguida.

LaTrice pidió permiso a Nichols para permitirme usar el gimnasio, pero éste se mostró reacio. Mi sistema inmunológico casi había desaparecido, y no estaba en condiciones de hacer esfuerzos.

A pesar de su divertida simulación de estar harta de mí, LaTrice parecía simpatizar con la inquieta necesidad de moverme que padecía. Una tarde tuvieron que hacerme una resonancia magnética para un chequeo del cerebro, pero todas las máquinas estaban ocupadas, así que LaTrice me envió a un hospital infantil cercano, Riley. Había un túnel subterráneo de más o menos un kilómetro y medio que conectaba ambas instituciones, y la manera más normal de trasladar a los pacientes de una a otra era en ambulancia, o bien sobre una silla de ruedas. Pero yo estaba decidido a ir a Riley andando, y eso es lo que le dije a la enfermera que se presentó con la silla de ruedas.

—No pienso subirme en eso.

Le dije que iríamos andando a Riley por el túnel aunque eso nos llevara toda la noche. LaTrice no dijo nada. Meneó la cabeza y yo me fui, con una enfermera arrastrando la barra del gotero detrás de mi. Fui avanzando lentamente por el túnel tanto a la ida como a la vuelta. Parecía un anciano encorvado y renqueante. En total, el recorrido me llevó más de una hora. Cuando regresé a mi cama estaba exhausto y empapado en sudor, pero también me sentía triunfador.

—Tenías que ser diferente, ¿eh? —comentó LaTrice, y sonrió.

Moverme se convirtió en la lucha más dura. Después del quinto día consecutivo del tercer ciclo de quimioterapia ya no podía ni siquiera pasear por el hospital. Tenía que pasarme un día entero en la cama hasta reunir fuerzas suficientes para irme a casa. El domingo por la mañana se presentó una enfermera con una silla de ruedas para llevarme al vestíbulo y firmar los papeles de salida, pero no quise. Irritado, rechacé el ofrecimiento.

—De eso nada —dije—. Saldré de aquí a pie.

Aquel francés rondaba mi cama del hospital intentando regalarme una botella de vino de 500 dólares como prueba de su afecto, y yo le observé desde las profundidades de mi niebla narcótica, apenas consciente y con demasiadas náuseas como para responderle. Apenas tuve lucidez para preguntarme por qué alguien deseaba desperdiciar una botella de buen burdeos con un paciente de cáncer. Alain Bondue era el director del equipo deportivo Cofidis y, aparentemente, había venido para hacerme una visita de cumplido. Pero yo no estaba en condiciones de mantener una conversación educada, porque en ese momento estaba atrapado en las garras de mi tercer ciclo de quimioterapia, con el rostro mortalmente pálido y marcadas ojeras. No tenía pelo ni cejas. Bondue pasó por allí un par de minutos, incómodo, ofreciéndome todo el respaldo del equipo, y luego se fue.

—Lance, todos te queremos —dijo—. Vamos a cuidar de ti, te lo prometo.

Tras eso me dijo adiós, y yo le estreché la mano. Pero, mientras se apartaba de mi cama, le hizo un gesto a Bill Stapleton para indicarle que saliera a conversar con él. Bill siguió a Bondue al vestíbulo quien, sin más preámbulos, le dijo que había venido a discutir ciertos asuntos de negocios, y que debían acudir a algún sitio más privado para comentarlos.

Stapleton, Bondue y un tercer hombre, un amigo llamado Paul Sherwen que hablaba francés y se ofreció a hacer de intérprete, se reunieron casi a oscuras en una pequeña sala de conferencias del hotel que había frente al hospital. Bondue empezó a fumar sin parar mientras le explicaba a Bill en francés que, lamentablemente, y debido a la enfermedad, Cofidis se veía forzada a renegociar mi contrato. Mi acuerdo con el equipo establecía dos millones y medio de dólares durante dos años, pero eso ya no iba a ser posible.

Bill movió la cabeza, confuso.

—¿Cómo dice? —preguntó. Cofidis se había comprometido a respaldarme mientras luchaba con la enfermedad, y el momento central de mi quimioterapia no era el momento más adecuado para hablar de contratos.

—Apreciamos a Lance, y queremos cuidarle —dijo Bondue en francés—. Pero tiene que comprender que ésta es una cuestión cultural, y la gente en Francia no entiende cómo se le puede pagar a alguien cuando no trabaja.

Bill estaba alucinado.

—No puedo creer lo que estoy oyendo —le soltó.

Bondue señaló que mi contrato incluía una cláusula que me obligaba a pasar una revisión médica. Obviamente, yo no estaba en condiciones de hacerlo, y por lo tanto Cofidis tenía derecho a cancelar el contrato. Se estaban ofreciendo a renegociar, lo cual, según ellos, era generoso dadas las circunstancias. Querían respetar parte del contrato, pero no entero, y si yo no aceptaba las condiciones ofertadas me obligarían a someterme a aquel examen médico, y como consecuencia rescindirían el contrato del todo.

Bill se puso en pie, le miró de arriba a abajo y le dijo:

—¡Que le den!

Bondue se quedó sorprendido.

Bill continuó:

—¡Que le den! Me resulta increíble que haya venido desde tan lejos en un momento como éste y ahora pretenda que yo vuelva a su cuarto a decirle eso.

Estaba fuera de sí; no tanto porque Cofidis deseara librarse del contrato, que estaban en su derecho, sino por el momento que habían elegido para hacerlo y por lo traicionero del procedimiento. Cofidis había anunciado al mundo que iban a respaldarme, y habían recogido los comentarios favorables de la prensa por hacerlo, pero de puertas adentro la historia era distinta. Bill siempre me había protegido muchísimo, así que se negó de plano a tocar el tema mientras yo estuviera sometido a quimioterapia.

—No pienso hacerlo —sostuvo Bill—. No me interesa hablar de esto, ahora no. Ustedes pueden hacer lo que quieran, y dejen si quieren que sea el tribunal de la opinión pública el que resuelva este asunto.

Bondue no se echó atrás. Dijo que seguramente Bill era consciente de que, desde el punto de vista legal, carecía de base para hacer nada. Cofidis tenía derecho a rescindir el contrato aquel mismo día sin más formalidades.

—Ya sabe que su prolongación depende del sometimiento al examen médico —volvió a decir. Bill contestó:

—¿Van a enviar a un médico aquí? ¿Van a enviarnos a un médico para que haga el examen?

—Sí, es lo que tendríamos que hacer —contestó Bondue.

—Vale —aclaró Bill—. Reuniré unas cuantas cámaras de televisión, y ustedes podrán suicidarse como quieran.

Bondue siguió insistiendo en que Cofidis pretendía seguir trabajando conmigo bajo contrato, pero sólo si se insertaban ciertas condiciones. Por su parte, Bill se calmó e intentó persuadir a Bondue de que, a pesar de mi aspecto, me estaba recuperando. ¿No podríamos llegar a un acuerdo? Pero Bondue se mantuvo firme y, al cabo de dos horas, no habían llegado a ningún acuerdo. Bill se levantó para irse.

—Si Cofidis le retira su apoyo mientras está en el hospital, de acuerdo —dijo. Y añadió:

—Haré que todo el mundo se entere de que le han abandonado.

Y, cortante, zanjó el tema:

—Y hagan lo que tengan que hacer.

Regresó a mi cuarto muy agitado. Se había pasado tres horas fuera, de modo que yo sabía que algo no iba bien. En cuanto abrió la puerta de la habitación le pregunté:

—¿Qué pasa?

—Nada —contestó—. No te preocupes.

Pero yo le veía en la cara que estaba molesto, y sospechaba el motivo.

—¿Qué pasa?

—No sé qué decir —empezó—. Quieren renegociar el contrato, y si no lo hacemos te someterán a una revisión médica.

—¿Y qué vamos a hacer?

—Ya les he dicho que se vayan a la mierda.

Pensé en ello unos instantes.

—Quizá lo mejor es dejarlo —comenté, cansado. No podía evitar preguntarme si el verdadero motivo de que Bondue me hubiera visitado no habría sido para evaluar mi salud. Entonces pensé, y todavía lo pienso, que vino al hospital a tomar una decisión: si yo tenía un aspecto saludable adoptaría una actitud positiva y mantendría el contrato, y si parecía realmente enfermo, entonces adoptaría el enfoque más desagradable de renegociar o rescindir. Nos dio la sensación de que no era más que una misión de espionaje: vamos a ver si Armstrong se está muriendo. Aparentemente, Bondue había echado un vistazo y había decidido que estaba en mi lecho de muerte.

Bill estaba destrozado, y me pedía disculpas.

—Siento tener que darte más malas noticias.

Pero yo tenía cosas más importantes en que pensar que Cofidis. No me malinterpreten: me preocupaba el dinero, y me dolía el momento que habían elegido para hacer aquello y sus calculadas palabras de aliento. Pero, por otra parte, tenía un problema más urgente del que ocuparme: no vomitar.

Bill dijo:

—Aún se puede hacer algo. Seguiremos negociando.

Pensaba que si podía retrasar la decisión hasta febrero yo podría estar suficientemente sano como para superar la revisión médica.

—Ya veremos en qué acaba esto —añadió.

Le contesté con un gruñido, demasiado mareado como estaba en ese momento para que me importase de verdad. No quería hablar más del tema.

Durante las tres o cuatro semanas siguientes Cofidis presionó y dejó claro que no se estaban tirando un farol: no tendrían ningún problema en someterme al examen de un médico. Enviarían a su propio médico desde Francia y rescindirían el contrato. Yo seguí negándome a hablar del asunto con Bill, porque estaba en el peor bache de mis ciclos de quimioterapia, pero un día él se sentó en mi cuarto y me dijo:

—Lance, esos tipos van en serio.

Parece que no teníamos más remedio que aceptar las condiciones que me impusieran. Al final, Cofidis me pagó menos de una tercera parte del contrato original de dos años, y exigieron que una de las cláusulas les diera potestad para cancelarlo en 1998.

A mí me pareció un signo de desconfianza por su parte. Sentí que pensaban que me estaba muriendo. En otras palabras, el mensaje de Cofidis se captaba claro: yo era hombre muerto.

Lo irónico del caso era que, cuanto peor me encontraba, más mejoraba. Eso es lo que hace la quimioterapia con las personas. Ahora estaba tan enfermo que a veces no podía ni hablar. No podía comer, ni ver la tele, ni leer la correspondencia, ni siquiera hablar con mi madre por teléfono. Una tarde me llamó desde el trabajo y yo murmuré:

—Mamá, tendremos que hablar en otro momento.

Los días realmente malos los pasaba tumbado de costado en mi cama, envuelto en las mantas, luchando con la irritante sensación de mi estómago y la fiebre que me ardía bajo la piel. Recuerdo que echaba vistazos a mi alrededor desde debajo de las mantas y gruñía.

La quimioterapia me dejaba tan confuso que recuerdo pocas cosas de esa fase, pero lo que sí recuerdo es que, justo cuando lo estaba pasando peor, es cuando empecé a derrotar a la enfermedad. Los médicos venían cada mañana con los resultados del último análisis de sangre, que poco a poco iban mejorando. Una de las características específicas de esta enfermedad es que los marcadores tumorales son tremendamente reveladores. Nosotros analizábamos cualquier fluctuación en mi nivel hemático, y un leve aumento o descenso en un indicador GCH o AFP eran motivo de lamentos o celebraciones.

Las cifras tenían una importancia tremenda. Por ejemplo, desde el 2 de octubre, cuando me hicieron el diagnóstico, hasta el 14 de octubre, cuando se descubrieron las lesiones cerebrales, mi nivel de HCG había aumentado de 49.600 a 92.380. En los primeros días de mi tratamiento, cuando los médicos entraban en mi cuarto, se mantenían distantes y veía que se reservaban el pronóstico. Poco a poco se fueron animando, a medida que los indicadores tumorales comenzaron a descender. Luego ese descenso se hizo más pronunciado, y pronto se hallaban en una estupenda caída libre. De hecho, las cifras caían tan en picado que los médicos estaban algo sorprendidos. Guardaba en una carpeta un gráfico de mis marcadores tumorales que indicaba que, en noviembre, en tan sólo un período de tres semanas, pasaron de 92.000 a 9.000.

—Estás respondiendo bien —me dijo Nichols.

Me había distanciado del pelotón. Sabía que, si me iba a curar, esa era la manera de hacerlo, con un ataque súbito, igual que en una carrera. Nichols me dijo:

—A este paso vas a adelantarte a las previsiones.

Las cifras eran las que indicaban el paso de los días. Esas cifras se convirtieron en mi motivación, en mi *maillot* amarillo, el mismo *maillot* que lleva el líder del Tour de Francia para distinguirse del resto del pelotón.

Empecé a pensar en mi recuperación como en una contrarreloj en el Tour. El equipo que tenía a mis espaldas me mantenía informado, y en cada control el director del equipo me decía por radio: «Llevas treinta segundos de ventaja». Eso me hacía acelerar aún más. Empecé a marcarme objetivos con mis niveles hemáticos, y daba saltos de alegría cuando los alcanzaba.

—Se han reducido a la mitad —me decía Nichols, y yo me sentía como si hubiera ganado algo. Entonces, un día, me dijo:

—Son una cuarta parte de los que eran.

Empecé a sentir que le estaba ganando la batalla a la enfermedad, y eso hizo que mi instinto de ciclista volviera a activarse. Quería superar al cáncer por piernas, igual que superaba a mis competidores en una carrera. Estaba disparado.

—El cáncer eligió al tío equivocado —me jactaba ante Kevin Livingston—. Cuando eligió un cuerpo donde vivir cometió un gran error. Un gran error.

Una tarde, el doctor Nichols entró en mi cuarto y me leyó una nueva cifra: mis GCH eran sólo de 96. Esto fue un hito importante. A partir de ese momento sólo era cuestión de pasar por la última fase del tratamiento, la más tóxica. Estaba casi curado.

Pero la verdad es que en ese momento no me sentía así ni mucho menos. Como ya he dicho, eso es lo que hace la quimioterapia por las personas.

De regreso a Texas, entre ciclo y ciclo de quimioterapia, iba recobrando poco a poco las fuerzas, y hasta podía volver a moverme. Anhelaba el aire libre y el ejercicio. Pero mis amigos no me dijeron nunca lo débil que estaba todavía. Los de fuera que me visitaron debieron de quedarse impresionados por mi aspecto pálido y gastado, y también por mi calvicie, pero lo supieron ocultar. Frankie Andreu vino a pasar una semana conmigo, y Chris Carmichael, y Eric Heiden, el gran patinador de velocidad olímpico convertido en médico, y Eddy Merckx. Cocinaban para mí y me llevaban a dar cortos paseos a pie y en bicicleta. Salíamos por la puerta y subíamos por una sinuosa carretera asfaltada que nos llevaba al monte Bonnell, un pico escarpado por encima de la ribera del río Austin. En circunstancias normales mis amigos tenían que esprintar para seguir mi pedaleo potente y mi forma de machacar las marchas, pero ahora avanzábamos a paso de tortuga, y yo me quedaba sin aliento incluso en carreteras totalmente planas.

No creo que fuera del todo consciente del efecto que tenía la quimioterapia en mi cuerpo. Cuando empecé la lucha contra el cáncer lo hice con mucho ímpetu, en buena forma y muy confiado, y con cada ciclo que pasaba veía que me iba agotando un poco más, pero no me di cuenta de mi tremenda incapacidad hasta que casi me desmayé en el jardín de un desconocido. Y es que el ciclismo no figuraba entre las recomendaciones del doctor Nichols. Él no me lo prohibió directamente, pero me dijo:

—No es el momento de intentar mantener o mejorar tu rendimiento. No fuerces el organismo.

No le hice caso. Me daba pánico pensar que la quimioterapia me pudiera dejar tan bajo de forma que no me recuperase jamás. Mi cuerpo se estaba atrofiando.

Cuando me sentía con ánimos le decía a Kevin o Bart:

—Vamos a dar una vuelta en bici.

Al principio recorríamos entre 50 y 80 kilómetros, y yo tenía de mí el concepto de alguien altanero, infatigable, con la cabeza agachada contra el viento, que rodaba a toda velocidad carretera adelante. Pero lo cierto es que esos paseos, lejos de esto, eran actos más bien débiles y desesperados.

Al final del tratamiento pedaleábamos media hora, una simple vuelta al barrio, y yo me decía que mientras fuera capaz de hacerlo mi forma sería aceptable. Pero luego se produjeron dos incidentes que me demostraron claramente hasta dónde llegaba mi debilidad. Una tarde salí con Kevin, Bart y su novia, Barbara, y a mitad de camino llegamos a una pequeña colina empinada. Yo pensaba que estaba siguiendo su ritmo, pero en realidad eran mis amigos quienes me hacían concesiones. De hecho, iban tan despacio que casi se caían. A veces se adelantaban sin darse cuenta, y yo me esforzaba para seguirles, lamentándome:

—¡Me vais a matar!

Tenían cuidado de no sobrecargarme, y yo no era muy consciente de la velocidad a la que íbamos. En realidad, mientras subíamos la colina pensaba que rodábamos al mismo ritmo.

De repente, a mi izquierda, vi pasar una figura. Era una señora que debía de rondar los cincuenta años, subida en una pesada bicicleta de montaña, y que me adelantó con toda facilidad. Iba la mar de tranquila, respirando sin dificultad, mientras yo resoplaba y sudaba en mi bicicleta de profesional. No pude ponerme a su altura. En el argot del ciclismo eso se llama *desfondarse*. Me estaba empleando a fondo y no podía seguir su ritmo.

Uno se engaña a sí mismo. Se obliga a pensar que corre más y se siente mejor de lo que en realidad está. Entonces le pasa al lado una señora de mediana edad subida en una bicicleta de montaña y uno es plenamente consciente de su realidad. Tuve que admitir que estaba en baja forma. Antes de ponerme enfermo yo no amaba la bicicleta. Lo tenía claro: era mi profesión, y se me daba bien. Era un medio para alcanzar un objetivo, una forma de salir de Plano, una fuente potencial de riqueza y de fama. Pero no era algo que hiciera por placer o por pura poesía. Era mi profesión y lo que me daba de comer, incluso mi razón de ser, pero no podía decir que la amara. En el pasado nunca había corrido sólo por placer; tenía que haber por medio un propósito, una carrera o un régimen de entrenamiento. Antes ni siquiera me planteaba pedalear durante media hora o una hora. Los verdaderos ciclistas no sacan la bici del garaje si sólo se van a pasar una hora entrenando.

Bart me llamaba y me decía:

—Vamos a dar una vuelta con las bicis.

—¿Para qué? —contestaba yo.

Pero ahora no sólo amaba la bici, sino que la necesitaba. Necesitaba alejarme de mis problemas durante un tiempo, y quería fijar una meta para mí y para mis amigos. Tenía un motivo para salir con la bici: quería que todos vieran que estaba bien, y es posible que también me lo quisiera demostrar a mí mismo.

—¿Cómo le va a Lance? —preguntaría la gente.

Y quería que mis amigos respondiesen:

—Bueno, parece que bastante bien. Ya ha vuelto a la bici.

Quizá necesitaba decirme a mí mismo que seguía siendo un corredor, no sólo un paciente de cáncer, por débil que estuviera. Como mínimo, era una forma de contrarrestar la enfermedad y recuperar el control que ésta me había arrebatado. «Aún puedo hacerlo», me decía a mí mismo. «Puede que no lo haga tan bien como antes, pero aún puedo hacerlo».

Entonces, un día, Kevin y otro amigo y ciclista local, Jim Woodman, vinieron a casa para dar nuestro paseo habitual en bicicleta. Yo aún conservaba las cicatrices de mi operación, así que me puse un casco y pedaleamos muy lentamente, sin prisa ninguna. Una vez más, fue un paseo que yo antes no habría definido como «carrera». En un momento dado llegamos a un punto ligeramente elevado de la carretera, nada muy complicado, tan sólo una pendiente que exigía ponerse de pie sobre los pedales y moverlos un poco. Lo había hecho miles de veces. Arriba, abajo, luego dejarse llevar, girar a la izquierda, y ya estaba uno fuera del barrio.

No pude hacerlo. Cuando llegué a la mitad de la pendiente me quedé sin fuerzas. La bici zigzagueó bajo mis piernas y me detuve, echando pie al asfalto. Me sentía débil. Intenté respirar, pero no parecía ser capaz de inspirar suficiente aire como para reanimarme. Me bailaban delante de los ojos puntos negros y plateados. Me bajé de la bici. Kevin y Jim volvieron en seguida y se detuvieron a mi lado, preocupados.

Me senté en la acera, enfrente de la casa de alguien, e incliné la cabeza entre las rodillas.

Kevin llegó a mi lado en un momento.

—¿Te encuentras bien? —preguntó.

—Dejadme que recupere el aliento —susurré—. Seguid sin mí, ya volveré solo a casa.

Jim dijo:

—Quizá deberíamos avisar a una ambulancia.

—No —repuse—. Sólo necesito sentarme unos instantes.

Me oía a mí mismo intentando respirar. Sonaba como *uuufff, uuufff*. De repente, el simple hecho de estar sentado me supuso un gran esfuerzo. Sentí la cabeza tremendamente ligera, con una sensación parecida a la que uno tiene cuando se pone de pie demasiado rápido. El único detalle es que yo no me estaba poniendo de pie.

Me recosté en la hierba, mirando al cielo, y cerré los ojos.

¿Era esto la muerte?

Kevin estaba dando vueltas a mi alrededor, preocupado.

—¡Lance! —me llamó en voz alta—. ¡Lance!

Abrí los ojos.

—Voy a llamar a una ambulancia —dijo, desesperado.

—¡No! —contesté irritado—. No, no, sólo necesito descansar.

—Vale, vale —contestó, calmándose y calmándome a la vez.

Al cabo de unos minutos, paulatinamente, fui recuperando mi aliento. Me senté e intenté recuperarme. Me puse en pie. Cauteloso, me subí a la bici. Me temblaban las piernas, pero pude descender colina abajo. Regresamos muy lentamente por el camino por el que habíamos venido, de vuelta a mi casa. Kevin y Jim pedaleaban a mi lado sin quitarme la vista de encima.

Entre respiración y respiración les expliqué lo que me había pasado. La quimioterapia me había robado mis glóbulos rojos sanos y hecho polvo mi nivel de hemoglobina. La hemoglobina es la que distribuye el oxígeno a los órganos vitales, y su valor normal para una persona sana está entre trece y quince. El mío era de siete. Tenía la sangre completamente agotada. La quimioterapia había atacado sin piedad mi sangre cada dos semanas, de lunes a viernes, y al final me había pasado con las vueltas en bicicleta. Aquel día pagué el precio por hacerlo, pero no dejé de salir con la bici.

En esta tierra hay ángeles a nuestro alrededor bajo disfraces sutiles, y yo me di cuenta de que LaTrice Haney era uno de ellos. Por fuera parecía otra eficiente enfermera más, de esas que van armadas con cuadro clínico, jeringuilla y uniforme almidonado. Trabajaba durante largas jornadas de día y de noche, y en sus horas libres iba a casa con su esposo, Randy, camionero, y con sus dos hijos, Taylor, de siete años, y Morgan, de cuatro. Pero, si alguna vez estaba cansada, nunca lo demostró. Me dio la imagen de una mujer que carecía por completo de los típicos resentimientos, segura de sus responsabilidades y capacidades e inamovible en lo relativo al reparto de atenciones, y si esa no es la conducta de un ángel, no sé cuál puede ser.

A menudo, por las tardes o a primera hora de la noche, me solía quedar solo con LaTrice y, si si me encontraba con suficientes fuerzas, hablábamos en serio. Con la mayoría de personas yo era distante y tímido, pero con LaTrice hablaba de todo un poco, quizá por su carácter tan cálido y expresivo. LaTrice era joven, no llegaba a treinta años, y era una mujer hermosa, con la piel de un color café con leche, pero su autocontrol y capacidad de comprensión excedían a su edad. Mientras otras personas de nuestra edad se iban de marcha ella era ya la enfermera jefe de la unidad de oncología. Me preguntaba por qué lo hacía.

—Me encanta ponérselo un poco más fácil a la gente —decía.

Me preguntaba cosas sobre el ciclismo, y yo me descubrí contándole cosas sobre el mundo de la bicicleta con una sensación de placer que desconocía poseer.

—¿Cómo empezaste a competir? —me preguntó.

Le hablé de mis primeras bicis, de aquella sensación de libertad, y le dije que me había dedicado por entero al ciclismo desde los dieciséis años. Le hablé de mis diversos compañeros a lo largo de los años, de su sentido del humor y su altruismo, y le hablé sobre mi madre y lo que significaba para mí.

También le comenté todo lo que me había dado el ciclismo: los viajes por Europa y una extraordinaria educación, y el dinero. Le enseñé, orgulloso, una foto de mi casa, y la invité a venir a visitarme. También le mostré instantáneas de mi carrera como ciclista. Estuvo viendo las fotografías de cuando había competido en Francia, Italia y España. A veces señalaba una foto y me preguntaba:

—Y aquí, ¿dónde estás tú?

Le confié que estaba preocupado por mi patrocinador, Cofidis, y le expliqué el problema que tenía con ellos. Le dije que me sentía presionado.

—Tengo que mantenerme en forma, tengo que hacerlo —le decía una y otra vez.

—Lance, escucha lo que te dice tu cuerpo —respondía cariñosamente—. Sé que tu mente quiere volver a competir y te dice: «¡Venga! ¡Vamos a la bici!». Pero escucha a tu cuerpo y déjalo descansar.

Le describí mi bicicleta, el alto rendimiento de los tubos ultraligeros y las ruedas aerodinámicas. Le dije cuánto costaba cada componente, cuánto pesaba y cuál era su función. Le expliqué cómo se podía desmontar una bici de forma que casi se pudiera meter en un bolsillo, y que yo conocía tan bien cada una de sus partes que podía montarla en muy poco tiempo. Le conté que una bici debe adaptarse al cuerpo del conductor, y que a veces me sentía soldado a ella. Cuanto más ligera sea la estructura más reacciona a la conducción, y mi bicicleta de carreras sólo pesaba 6,7 kilos. Le dije que las ruedas ejercen una fuerza centrífuga sobre la propia bicicleta: cuanto mayor fuera esa fuerza más alto sería el impulso, y esa fuerza es el componente esencial de la velocidad.

—En una rueda hay 32 radios —le explicaba. Los cierres automáticos permiten sacar una rueda y cambiarla rápidamente, y mi personal técnico podía cambiar una rueda pinchada en menos de diez segundos.

—¿Nunca te cansas de estar inclinado sobre la máquina? —me preguntó.

Le dije que sí, y que a veces hasta me dolía la espalda como si la tuviera rota, pero ese era el precio de la velocidad. El manillar tiene la anchura de los hombros del conductor, le expliqué, y sus extremos se curvan hacia abajo como medias lunas para que éste pueda adoptar una postura aerodinámica sobre la bicicleta.

—¿Por qué el sillín es tan pequeño? —preguntó.

El sillín es estrecho, adaptado a la anatomía humana, y el motivo es que cuando uno pasa seis horas sentado en él no quiere que nada le entorpezca el movimiento de las piernas. Mejor un asiento duro que la tortura de las llagas producidas por éste. Incluso el vestuario tiene un propósito. La ropa es fina por un motivo: para adaptarse al cuerpo, porque el ciclista la lleva en condiciones climáticas que van desde el calor al granizo. Básicamente, se trata de una segunda piel. Los *culottes* llevan un refuerzo de gamuza, acolchado, y se evitan las costuras para impedir las rozaduras.

Cuando se me acabó el tema de las bicicletas le hablé a LaTrice del viento. Le describí la sensación que era recibirlo en el rostro y en el pelo. Le conté cómo era estar al aire libre, rodeado por los paisajes escarpados de los Alpes y por el reflejo de los lagos lejanos en los valles. A veces el viento soplaba como si fuera mi mejor amigo, y otras como si fuera mi enemigo, y en ocasiones como si Dios mismo me estuviera empujando. Le describí el rápido descenso por la montaña, volando sobre dos ruedas de menos de tres centímetros de anchura.

—Ahí fuera se siente uno libre —le dije.

—Te apasiona —contestó.

—¿Tú crees?

— ¡Claro! Te lo veo en la mirada.

Comprendí que LaTrice era un ángel una tarde, durante mi último ciclo de quimioterapia. Estaba tumbado de lado, medio dormido, contemplando el lento goteo de la quimioterapia mientras penetraba en mis venas. Ella estaba junto a mí, haciéndome compañía, aunque yo apenas podía hablar.

—¿Cómo lo ves, LaTrice? —murmuré—. ¿Voy a superarlo?

—Sí —me dijo ella—. Sí que vas a superarlo.

—Espero que tengas razón —y volví a cerrar los ojos.

Entonces se inclinó sobre mí.

—Lance —me dijo en voz baja—. Espero que algún día yo sea sólo un producto de tu imaginación. No voy a formar parte del resto de tu vida. Una vez salgas de aquí espero no volver a verte nunca. Cuando estés curado espero verte en los periódicos, en la tele, pero no aquí. Espero poder ayudarte en el momento en que me necesites, y luego espero desaparecer. Dirás: «¿Quién era aquella enfermera de Indiana? ¿La soñé, quizás?».

Es una de las cosas más hermosas que he oido en toda mi vida. Y siempre recordaré cada una de aquellas benditas palabras.

El 13 de diciembre de 1996 recibí mi último tratamiento de quimioterapia. Casi había llegado el momento de volver a casa. Poco antes de recibir la última dosis de VIP, Craig Nichols se acercó a verme. Quería hablar conmigo sobre las implicaciones más generales del cáncer, de «la obligación de los supervivientes».

Era un tema al que ya había dado muchas vueltas. Durante los tres últimos meses había dicho muchas veces a La-Trice y a Nichols:

—La gente tiene que enterarse de esto.

Mientras pasaba por la terapia me sentía cada vez más unido a los otros pacientes. A menudo estaba demasiado enfermo como para relacionarme con ellos, pero una tarde La-Trice me pidió que fuese a la sección infantil a conversar con un muchachito que iba a empezar su primer ciclo. Él tenía miedo y sentía vergüenza, como me había pasado a mí. Pasé un rato con él y le dije:

—Yo he estado muy enfermo. Pero ya estoy mejor.

Luego le enseñé mi carnet de conducir.

Durante la quimioterapia mi permiso había caducado. Podía haber demorado la renovación hasta que me sintiera mejor y me hubiera vuelto a crecer el pelo, pero decidí no hacerlo. Me puse ropa de abrigo y me acerqué al Departamento de Tráfico, donde tuve que renovar las fotos y ponerme delante de una cámara. Estaba completamente calvo, sin cejas ni pestañas, y tenía la piel del color de la panza de un palomo. Pero miré a la cámara y sonreí.

—Quería sacarme esta foto para que, cuando me pusiera mejor, nunca olvidara lo malo que estuve —le dije—. Así que tienes que luchar.

Después de aquella ocasión LaTrice me pidió cada vez con más frecuencia que hablase con otros pacientes. El hecho de que un atleta fuera su compañero en esa lucha parecía ayudarles. Una tarde, LaTrice me comentó que yo seguía haciéndole preguntas, pero que la naturaleza de éstas había cambiado.

Al principio mis preguntas se centraban estrictamente en mi persona, en mi tratamiento, en mis dosis y en mis problemas específicos. Ahora preguntaba sobre otras personas. Me impactó saber que había ocho millones de norteamericanos que convivían con alguna de las formas del cáncer; ¿cómo había podido pensar que yo era un caso aislado?

—¿No es increíble la cantidad de gente que pasa por esto? —pregunté a LaTrice.

—Has cambiado —contestó con aprobación—. Has ampliado tu punto de vista.

El doctor Nichols me dijo que existían muchos indicios de que iba a contarme entre los que habían sobrevivido a la enfermedad. Dijo que a medida que mi salud fuera mejorando posiblemente sentiría que tenía un propósito más amplio que mi propia persona. El cáncer podía ser una oportunidad, y una gran responsabilidad. El doctor Nichols había visto a montones de pacientes de cáncer convertirse en activistas convencidos en la lucha contra la enfermedad, y esperaba que yo fuese uno de ellos.

Yo también lo esperaba. Empezaba a ver el cáncer como algo que tuve que padecer para beneficiar a otros. Quería crear una fundación, y pedí consejo al doctor Nichols sobre los objetivos que podría alcanzar. Aún no tenía claro el propósito exacto de la organización; lo único que sabía es que tenía la misión de ayudar a otros, algo que antes nunca tuve, y me lo tomé más en serio que cualquier otra cosa de este mundo.

Tenía una nueva concepción de mis propios objetivos, que no tenían nada que ver con la fama ni con los éxitos conseguidos con la bicicleta. Algunas personas no comprenderán esto, pero yo sentía que mi función en la vida ya no era la de ser ciclista. Quizá mi papel fuera el de superviviente del cáncer. Me sentía intensamente implicado con las personas que luchaban contra el cáncer y se estaban formulando la misma pregunta que yo: «¿Voy a morir?»

Comenté con Steve Wolff lo que sentía y él me dijo:

—Creo que estabas destinado a padecer este tipo de enfermedad. Primero, porque era posible que la superaras, y segundo, porque tu potencial como ser humano es muy superior al mero hecho de ser un ciclista.

Al final de mi tercer ciclo de quimioterapia había telefoneado a Bill Stapleton y le había preguntado:

—¿Puedes averiguar cuánto cuesta crear una institución benéfica?

Bill, Bart y otro amigo íntimo y ciclista aficionado, John Korioth, se reunieron conmigo una tarde en un restaurante de Austin para sugerir algunas ideas. No teníamos ni idea de cómo se creaba una fundación, pero al final de la comida habíamos llegado a la conclusión de que podíamos organizar una carrera ciclista benéfica en torno a Austin. La llamaríamos la Carrera de las Rosas. Pregunté si alguien disponía de tiempo para supervisar el proyecto, y Korioth alzó la mano. Korioth era camarero en un local nocturno donde yo había ido algunas veces antes de ponerme enfermo, y donde yo mismo había trabajado ocasionalmente de camarero. Él dijo que su horario le permitiría dedicarle cierto tiempo al proyecto. Era la solución perfecta: no queríamos muchos gastos fijos, y todo lo que recogiéramos iría directamente dedicado a la causa.

Pero yo seguía sin tener claro el propósito básico de la fundación. Sabía que, debido a que mi caso era famoso, la gente me prestaría atención, pero no quería convertir la fundación en mi púlpito particular. No pensaba que fuera nadie especial, y nunca sabría hasta qué punto participé en mi propia curación. No tenía muy claro el significado de todo el asunto: sólo que quería transmitir al mundo un mensaje: «Luchad sin cesar como yo lo hice».

Mientras conversaba con el doctor Nichols sobre cómo podía ayudar, decidí que quería que la fundación tuviera que ver con la investigación. Debía tanto a los doctores Einhorn y Nichols por sus conocimientos que quería intentar devolverles, a pequeña escala, toda la energía y los cuidados que ellos y su personal habían invertido en mi bienestar. Imaginé una junta asesora científica que revisara las peticiones de dinero y decidiera cuáles eran las mejores y más dignas, distribuyendo los fondos en consecuencia.

Pero existen tantos frentes de batalla para el cáncer que no podía centrarme sólo en uno. Tenía un montón de nuevos amigos que estaban involucrados en esa guerra, directa e indirectamente: pacientes, médicos, enfermeras, familiares y científicos, y empezaba a sentirme más unido a ellos que a algunos ciclistas que conocía.

Entonces la fundación podía ayudarme a seguir unido a ellos. Quería que la fundación fuera un altavoz de todas aquellas cosas por las que yo había pasado los últimos meses: la lucha contra el miedo, la importancia de obtener varias opiniones, el conocimiento profundo de la enfermedad, el papel del paciente en la curación y, sobre todo, la idea de que el cáncer no tenía por qué ser una sentencia de muerte. Podría ser el camino hacia una nueva vida, una vida interior, una vida mejor.

Después del último tratamiento de quimioterapia me quedé en el hospital un par de días más, recuperando mis fuerzas y procurando atar los cabos sueltos. Uno de ellos era mi catéter. El día que me lo quitaron fue motivo de gran alegría para mí, porque llevaba viviendo con él cerca de cuatro meses. Le dije a Nichols:

—Eh, ¿podemos deshacernos ya de esta cosa?

Y él me repondió:

—Por supuesto.

Me sentí tremendamente aliviado: si estaba de acuerdo en quitármelo debía de ser porque confiaba en que ya no lo necesitaría. Con suerte, la quimioterapia se habría ya terminado.

Al día siguiente vino un enfermero a mi habitación para quitarme aquel desagradable y torturador artefacto del pecho. Pero hubo complicaciones: había estado tanto tiempo insertado en mi cuerpo que se había adherido a la piel y, por mucho que lo intentó, no pudo quitármelo. Tuvo que llamar a un médico más experimentado, que prácticamente me lo arrancó del pecho.

El dolor fue espantoso. Incluso creo que escuché el sonido de un desgarro cuando me lo quitó. Luego resultó que la herida se infectó y tuvieron que intervenirme para limpiar el agujero y cerrarlo con puntos. Fue terrible, puede que la experiencia más horripilante de los cuatro meses, y cuando acabó estaba tan furioso que exigí que me dieran el catéter. Quería conservarlo, y aún lo tengo, en una pequeña bolsita de plástico, como recuerdo.

Había otro detalle que discutir: Nichols propuso un último análisis de mi organismo. Tendría que atravesar un período de incertidumbre porque, con bastante frecuencia, el tratamiento quimioterapéutico definitivo no acababa con todos los focos de cáncer, así que iba a tener que hacerme análisis de sangre mensuales y chequeos para asegurarnos de que la enfermedad iba desapareciendo. Me advirtió de que mis marcadores tumorales no eran del todo normales, y de que mis placas de rayos X aún mostraban señales del tejido cicatrizal de los tumores.

Eso me preocupó. Nichols procuró animarme:

—Lo vemos a menudo. Son anormalidades de poca importancia, y esperamos que desaparezcan.

Si estaba curado el tejido cicatrizal y los marcadores se arreglarían solos con el tiempo, pero no tenía ninguna garantía. El primer año era clave, pues era entonce cuando se vería si la enfermedad había regresado. Pero yo quería estar curado, y curado desde ese mismo momento. No quería esperar un año para descubrirlo.

Regresé a casa e intenté reanudar lo que quedaba de mi vida. Al principio me lo tomé con calma, jugando un poco al golf y elaborando planes para la fundación. A medida que mi organismo se iba limpiando me di cuenta con alivio de que la quimioterapia no parecía haber destruido mi cuerpo. Pero seguía sintiéndome un paciente de cáncer, y los sentimientos que había mantenido a raya durante tres meses comenzaron a reaparecer.

Una tarde quedé para jugar al golf con Bill Stapleton y otro amigo común llamado Dru Dunworth, que había sobrevivido a un linfoma, en un club llamado Onion Creek. El pelo aún no me había crecido, y no debía tomar mucho el sol, de modo que me puse una de esas gorras tan horteras que se pueden calar hasta las orejas. Fui a la tienda a comprar pelotas. Tras el mostrador había un joven que me miró sonriendo y que me soltó:

—¿Va a usted a llevar esa gorra?

—Sí —respondí.

—¿No cree que fuera hace bastante calor?

Me quité la gorra de un tirón para que viese que estaba calvo y con cicatrices, y salté por encima del mostrador.

—¿Ves estas jodidas cicatrices? —gruñí.

El tío retrocedió.

—Por eso tengo que llevar esa gorra —añadí—. Porque tengo cáncer.

Me puse la gorra y salí deprisa de la tienda, tan furioso que estaba temblando.

Es cierto, estaba muy tenso. Seguía pasando mucho tiempo en las consultas de los médicos. Cada semana el doctor Youman me sacaba sangre para que los médicos de Indianápolis vieran mi evolución y me vigilaban constantemente. Con una enfermedad como el cáncer el seguimiento es esencial, y uno vive pendiente de los resultados, los análisis, las tomografías axiales computerizadas, las resonancias magnéticas. Uno vive de conocer sus progresos. En mi caso, había tenido un cáncer de rápido crecimiento y que se había ido muy deprisa, pero que podía regresar con la misma rapidez.

Un día, después de unas semanas de estar en Austin, LaTrice llamó al doctor Youman pidiéndole las cifras. Tras apuntarlas, se las llevó al doctor Nichols. Él leyó el folio que le había entregado, sonrió y se lo devolvió. Luego le dijo:

—¿Por qué no le llamas tú esta vez?

LaTrice me llamó a casa. Como he dicho, para mí las cifras eran importantes, y esperaba ansiosamente junto al teléfono para enterarme de cada resultado. Lo cogí en seguida.

—Tenemos el recuento de glóbulos —me dijo LaTrice.

— ¿Y? —pregunté, nervioso.

—Lance, el número de glóbulos es normal —me dijo.

Retuve esas palabras unos instantes en la mente y las saboreé: ya no estaba enfermo. Puede que mi estado de salud no fuera definitivo; aún tenía un largo año por delante y, si la enfermedad regresaba, probablemente lo haría dentro de los próximos doce meses. Pero, por el momento, al menos por ese momento breve y precioso, en mi cuerpo no quedaba un solo rastro físico de cáncer.

No sabía qué decir. Temía que, si abría la boca, lo único que saldría de ella fuera un largo e inarticulado grito de gran alivio.

—Me alegro de poder darte buenas noticias —comentó LaTrice.

Suspiré.

7

KIK

El amor y el cáncer son extraños compañeros, pero en mi caso llegaron al mismo tiempo. No era exactamente la mejor circunstancia para conocer a mi futura esposa, pero eso es lo que sucedió, ni más ni menos. ¿Por qué se casan dos personas? Para tener un futuro común, por supuesto, pero la cuestión era si yo tenía o no futuro.

Ya no tenía cáncer, pero tampoco podía decir que no lo fuera a tener nunca más. Me encontraba en un estado de ansiedad llamado *remisión,* y me obsesionaba la idea de recaer. A veces me despertaba por la noche con dolores fantasma en el pecho y me quedaba en la cama en medio de la oscuridad, empapado en sudor y escuchando el sonido de mi propia respiración. A la mañana siguiente iba directamente al médico y le pedía una radiografía para quedarme tranquilo.

En cierta ocasión el doctor Einhorn me dijo:

—La quimioterapia funciona o no funciona. Si funciona, el paciente lleva una vida normal, libre de cáncer. Si no funciona, y el cáncer vuelve, por lo general el paciente muere en tres o cuatro meses.

Era así de sencillo.

Por otra parte, seguir adelante con mi vida resultó bastante complicado. Acabé la quimioterapia el 13 de diciembre de 1996 y conocí a Kristin Richard un mes después, en una conferencia de prensa para anunciar la apertura de mi fundación contra el cáncer y la celebración de la Carrera de las Rosas. Sólo conversamos unos instantes. Era una esbelta mujer rubia a la que todo el mundo llamaba Kik, una ejecutiva de cuentas en una empresa de publicidad y también una relaciones públicas local a la habían asignado para que diera publicidad del acontecimiento. Teóricamente tendría que decir que cuando la vi mi día cambió, pero la verdad es que no fue así. Sólo pensé que era atractiva e inteligente.

Más tarde ella me confesaría que su primera impresión de mí fue igual de anodina. Era «un tío calvo muy mono con una gran sonrisa». Hasta esa primavera nuestros sentimientos no se hicieron más profundos, y hasta el verano no actuamos en consecuencia. Por un lado, estábamos saliendo con otras personas y, por otro, la primera vez que hablamos un buen rato acabamos discutiendo.

Todo empezó en una conversación telefónica. Ella representaba a una empresa cliente, un patrocinador importante de la Carrera de las Rosas, y le daba la impresión de que yo pasaba de ella. Una tarde se puso la mar de irritable con un miembro del personal de la fundación. «Pero, ¿quién es esta mujer?» pensé. Marqué su número y, tan pronto contestó, le espeté:

—Soy Lance Armstrong. ¿Qué pretendes al tratar de ese modo a mis empleados?

Al otro extremo de la línea, Kik puso los ojos en blanco y pensó: «Este tío se cree alguien importante».

Pasamos discutiendo los diez minutos siguientes.

—Es evidente que esta conversación no nos lleva a ninguna parte —dijo al fin, cortante.

—¡Por supuesto que no! —contraataqué, irritado.

—¿Sabes qué? —propuso—. Tenemos que hablar de este asunto tomando una cerveza. Eso es todo lo que tengo que decirte.

Me quedé de piedra.

—Aah... Bueno, vale. Tomaremos una cerveza.

La invité a reunirse conmigo y con un par de amigos en un bar local. No creo que ninguno de los dos esperara sentirse tan atraído por el otro. Yo seguía pálido, desgastado y agotado debido a la enfermedad, pero a ella no pareció importarle. Era más divertida y campechana de lo que yo había imaginado, y muy inteligente. La invité a venir a las reuniones semanales de la fundación en mi casa y ella aceptó.

La fundación me parecía la solución perfecta a esa especie de limbo en el que vivía: había acabado la quimioterapia y, de momento, había derrotado al cáncer, pero tenía que plantearme qué iba a hacer luego. El mejor antídoto era dedicarme a algo que estuviera fuera de mi mundo habitual. Llegué a la conclusión de que, en primer lugar, era un superviviente del cáncer y, en segundo lugar un atleta. Hay demasiados atletas que viven como si los problemas del mundo no les importasen, tan aislados como estamos por el dinero y por nuestra perspectiva estrecha, por nuestro elitismo. Pero una de las cosas que te compensa de ser un atleta, uno de los auténticos servicios que podemos prestar, es redefinir el concepto de lo *humanamente posible*. Hacemos que la gente vuelva a plantearse sus límites, les hacemos ver que lo que antes les parecía un muro ahora es franqueable, que el obstáculo era sólo mental. En ese sentido la enfermedad se parecía al rendimiento atlético: hay muchas cosas que no sabemos sobre nuestras capacidades humanas, y sentía que era muy importante transmitir ese mensaje.

Uno de los acontecimientos más importantes de aquella temporada invierno-primavera fue el hecho de conocer a un hombre llamado Jeff Garvey, un destacado capitalista e inversor de Austin que con el tiempo se convertiría en un gran amigo, aunque al principio yo sólo esperaba que nos ayudase en la fundación. Nos presentó un conocido común, y Jeff me invitó a comer. Fui a su casa en mi Explorer vestido con pantalones cortos y una camiseta y allí tuvimos una larga charla de sobremesa, hablando de todo un poco y, muy especialmente, de ciclismo. Jeff era un fanático ciclista aficionado. Cada año hacía un viaje por España siguiendo el famoso Camino de Santiago. Sus padres habían muerto de cáncer y él buscaba alguna obra de beneficencia que le permitiera poder colaborar en la lucha contra esa enfermedad. Unas semanas más tarde le invité a comer y, durante la comida, le pregunté si quería encargarse de la dirección de la fundación. Estuvo de acuerdo, y de esta manera se convirtió en nuestro presidente.

Durante los dos meses siguientes Kik y yo trabajamos en la fundación. Al principio, ella sólo parecía una chica con estilo que tenía respuestas para todo. Sin embargo, poco a poco me descubrí observando su hermoso pelo rubio y el modo en que conseguía que la ropa más informal tuviera un aspecto elegante. Luego estaba su sonrisa, que parecía de un anuncio de Colgate. Era difícil no embelesarse mirándola. Y también me gustaba su desparpajo. Mientras tanto, en su tiempo libre Kik había empezado a leer cosas sobre mí bajo el pretexto de investigar por temas de trabajo. Pero ninguno de los dos estaba aún dispuesto a admitir nuestros sentimientos.

Celebramos la Carrera de las Rosas inaugural en marzo y fue un gran éxito. Recaudamos más de 200.000 dólares; el grupo de música Wallflowers dio un concierto y llegaron amigos y colegas de todas las partes del mundo, incluyendo a Miguel Induráin, Eddy Merckx y Eric Heiden.

Hubo un donativo que jamás olvidaré. Yo estaba sentado en una mesa, firmando autógrafos. Delante de la mesa había bastante cola, y yo iba escribiendo mi nombre tan rápido como podía. Firmaba y firmaba, casi sin mirar a las personas que iban colocándose delante de mí.

Un talonario de cheques pasó volando delante de mi cara y cayó abierto sobre la mesa. Una voz dijo:

—¿Cuánto quieres?

—¡Coño! —exclamé, sin levantar la vista.

Meneé la cabeza y me eché a reír. Conocía aquella voz. Era el desaparecido Jim Hoyt, mi colega de Plano, el hombre que me subió a mi primera bici y luego me quitó mi adorado Camaro. Allí estaba, justo delante de mí, junto a su esposa, Rhonda. No le había vuelto a ver desde nuestra discusión diez años antes. Le miré a los ojos.

—Lo siento —le comenté. Imaginé que al menos le debía eso.

—Disculpa aceptada —respondió—. Y ahora, ¿por cuánto hago el cheque?

—Jim, no tienes por qué hacerlo.

—No —contestó—. Pero quiero contribuir.

—¡Venga ya, hombre! —le dije.

—¿Qué tal cinco de los grandes? ¿Te parece bien?

Me eché a reír. Cinco de los grandes es lo que me había gastado yo en el Camaro.

—Eso estaría bien —repuse.

Rellenó el cheque y nos dimos la mano. Cada año Jim viene a ver la Carrera, y tengo que confesar que siempre es tremendamente generoso al hacerme el cheque, y jamás pide nada a cambio.

Poco después vino a verme otro personaje memorable, una niña pequeña con la cabeza calva como la mía. Conectamos en cuanto se cruzaron nuestras miradas. Recuerdo que, mientras le firmaba un autógrafo, ella recitaba de memoria todos mis triunfos: se sabía mi carrera al dedillo. Su nombre era Kelly Davidson, y era paciente de cáncer. Durante los días siguientes no me la pude quitar de la mente. Más tarde logré localizarla y nos hicimos buenos amigos.

Debía de haberme imaginado que algo se cocía entre Kik y yo cuando, ya pasada la Carrera, no parábamos de buscar motivos para seguir viéndonos. Nos enviábamos montones de correos electrónicos, hablábamos por teléfono y buscábamos cualquier pretexto para vernos de vez en cuando por asuntos que no tenían nada que ver con la fundación. Ella seguía acudiendo a las reuniones semanales en mi casa, y una noche se quedó cuando todos los demás se fueron. Estábamos los dos solos, sentados en mi salón y bebiendo sorbos de cerveza. Recuerdo que pensé: «¿Qué estoy haciendo? ¿Qué hago aquí a solas con ella?» Ella estaba pensando exactamente lo mismo. Al fin, ella se levantó y quiso llamar a un taxi, pero yo me ofrecí a llevarla a casa. Conduje por las calles en penumbra, sin apenas conversar, pero sintiendo mucho. Había algo que nos rodeaba, pero ninguno de los dos estaba listo para descubrirlo todavía. Así que nos limitamos a conducir.

En la primavera del 97 yo no me sentía exactamente como para ir de copas. La incertidumbre médica seguía siendo una constante e insidiosa preocupación. «¿Qué va a pasar?», solía preguntarle al doctor Nichols. «¿Voy a vivir o a morir? ¿Qué?»

Tenía necesidad de volver a la bicicleta y, sin embargo, continuaba estando inseguro de mi cuerpo. Contaba y recontaba el estado de mis finanzas y sudaba cada pago de la hipoteca, preguntándome si algún día volvería a ganar algo gracias al ciclismo. Al final decidí intentar competir. Aún podía reincorporarme al equipo Cofidis en el segundo año del contrato y librarme de preocupaciones económicas si participaba en cuatro acontecimientos deportivos. Así que le comenté a Bill:

—Vamos a buscarnos algunas carreras.

Un mes después de salir del hospital volé a Francia para asistir a una conferencia de prensa de Cofidis. Los directivos del equipo se sorprendieron al verme, pero quería que viesen que yo no era aquella víctima pálida y confinada a su cama que habían dejado en Indianápolis. Dije a los de Cofidis que intentaría regresar en primavera, e incluso pasé un par de días corriendo y entrenando con ellos. Parecían complacidos.

De vuelta a casa, empecé a entrenar en serio, durante cuatro horas diarias, haciendo más de 160 kilómetros por las viejas rutas que antes me gustaban, yendo desde Austin a Wimberley, a Dripping Springs a New Sweden, pueblos que sólo tenían campos de algodón, tractores y agujas de iglesias solitarias sobresaliendo en el horizonte. Pero no me gustaba cómo me sentía. Aunque corriera una hora sin forzar quedaba agotado, y luego tenía que echarme una larga siesta. Pedaleaba a un ritmo suave, a unas 130 pulsaciones por minuto, pero un día me sentía fuerte y, al siguiente, hecho polvo.

Tenía la sensación vaga y agotadora, de que aquellos síntomas me resultaban familiares: me di cuenta, con un nudo en el estómago, de que así es como me había encontrado antes del diagnóstico. Luego me resfrié. Padecí insomnio y permanecí paralizado por el miedo durante toda una noche, seguro de que el cáncer había regresado. Antes de la enfermedad no había tenido muchos resfriados; si ahora tenía algo es que debía de ser cáncer.

A la mañana siguiente fui a toda prisa a que el doctor Youman me hiciera un chequeo, seguro de que iba a decirme que volvía a estar enfermo. Pero se trataba de una mera infección que mi cuerpo no podía combatir por a su extrema debilidad. Tenía afectado el sistema inmunológico, y seguía, según el lenguaje de los médicos, estando «neutrofílico»: mi nivel de glóbulos blancos seguía siendo bajo, lo cual implicaba ser un blanco fácil para cualquier germen.

Las radiografías tampoco estaban claras del todo. Seguía habiendo un punto extraño en el abdomen. Los médicos no sabían muy bien de qué se trataba, y decidieron mantenerlo en observación. Yo estaba muy nervioso.

Y eso fue todo. El doctor Youman me recomendó que me tomase un año sabático y yo estuve de acuerdo: en el 97, nada de ciclismo serio para mí. Nichols me explicó que yo estaba todavía convaleciente y que mi sistema inmunológico aún no se había recuperado del régimen de quimioterapia, que había tenido mayores consecuencias de las que yo era consciente. Nichols dijo que mi falta de forma física no se debía, en modo alguno, a mi falta de voluntad, sino, sencillamente, a que la enfermedad me había agotado.

Mis amigos y colegas estaban tan nerviosos como yo.

—Mira —me dijo Och—. Sea cual sea tu decisión, estoy convencido de que los médicos saben exactamente lo que estás haciendo, entrenando, trabajando mucho. Así que dales detalles, para que así puedan decidir hasta qué punto debes esforzarte.

Tuve que admitirlo: era posible que nunca volviera a participar en competiciones de alto nivel. Quizá mi cuerpo ya no podría soportar los rigores de un entrenamiento a tiempo completo.

Chris Carmichael me llamó para saber qué tal me iba.

—Chris, tengo miedo —le confesé—. Tengo miedo de entrenar. Tengo miedo de que, si me fuerzo demasiado, el cáncer vuelva.

De algún extraño modo, tener cáncer fue más fácil que recuperarme de él. Al menos, durante la quimioterapia estaba haciendo algo, en lugar de esperar a que la enfermedad volviera a atraparme. Algunos días aún me consideraba un corredor ciclista, y otros no. Una tarde fui a jugar al golf con Bill a un club local. Estábamos en el quinto hoyo, un par 5, y Bill asestó un hermoso golpe con un palo del 6 intentando conseguir un *eagle*.

—Algún día seré capaz de hacer eso —le comenté, admirado.

—Pasará bastante tiempo hasta que hayas jugado lo suficiente al golf como para dar un golpe así —contestó.

—Bill, no lo entiendes —repuse—. Estoy retirado.

Él y yo discutíamos sobre esto constantemente. Yo dudaba: un día decía que iba a volver a competir y al siguiente que mi carrera se había acabado.

En el primer *tee* le decía:

—Bueno, ahora somos simplemente amigos, porque ya no necesito un agente. No voy a volver a competir.

Y sólo unos minutos después, junto al segundo *tee*, mientras jugueteaba con un palo, preguntaba:

—Cuando vuelva a competir, ¿qué vamos a hacer? ¿Tienes algún plan?

Pero al siguiente agujero ya había vuelto a cambiar de opinión.

—Espero que no mantengas tu relación conmigo porque esperes ganar más dinero —le decía—. Porque ya no volveré a correr.

Bill sabía de mi tendencia a hacer generalizaciones, y había aprendido a hacer chistes sobre el tema o a dejarlo de lado. A veces me decía:

—Vale, de acuerdo. Mañana ya hablaremos de esto.

Entonces sucedió algo que aumentó mi incertidumbre:

a la ayudante de Bill, nuestra buena amiga Stacy Pounds, le diagnosticaron cáncer de pulmón. Stacy me había ayudado muchísimo durante mi enfermedad, y fue una socio de pleno derecho cuando puse en marcha la fundación. Era una guapa tejana de cincuenta y cinco años, fumadora empedernida, con una voz enérgica y unos modales exquisitos. Stacy era capaz de decirle a uno que era el idiota más grande del mundo, que olía mal y que nunca volviese a llamar, y el interpelado colgaba pensando: «¡Qué señora tan agradable!».

Stacy no tuvo tanta suerte como yo, pues su cáncer era incurable. Estábamos destrozados, y lo único que pudimos hacer fue intentar apoyarla y hacerla sentirse mejor. Mi madre encontró en una tienda dos bonitos crucifijos de plata en una cadena y me los trajo. Yo me puse uno y le regalé el otro a Stacy. Ella era agnóstica, como yo, pero aun así le dije:

—Stacy, quiero regalarte esta cruz, y yo voy a llevar la otra. Éste será nuestro punto de unión. Llévala cuando te sometas al tratamiento, o cuando tú quieras. Y yo llevaré la mía siempre.

No llevamos aquellas cruces como símbolos religiosos que eran, sino como símbolos universales de nuestra relación, una relación creada por el cáncer.

Stacy se deterioró rápidamente. Un día anunció:

—No quiero recibir quimioterapia si no me voy a curar.

El doctor Youman intentó tratarla, pero la quimioterapia no funcionaba. La ponía tremendamente enferma, y tampoco iba a salvarle la vida. Al final dejó de tratarse, y el médico nos dijo que sólo le quedaban unas semanas de vida.

Stacy tenía un hijo, Paul, que estaba en la Marina, y queríamos traerlo a casa a ver a su madre, pero parece que nadie tenía el poder necesario como para sacarlo de su barco. Llamamos a miembros del Congreso y del Senado, pero no sucedió nada. Al final decidimos usar un contacto: yo conocía a un general, Charles Boyd, que había estado destinado en Alemania, y que hacía poco se había jubilado y vivía en Washington. Marqué su número y le dije:

—General Boyd, necesito un favor.

Le expliqué el caso de Stacy y añadí:

—Esta mujer se está muriendo, y su hijo está a bordo de un barco.

El general me interrumpió:

—Lance, no me digas más. Hace dos años mi esposa murió de cáncer. Haré lo que pueda.

Al día siguiente, el joven volvía a casa. Esto es lo que significaba la expresión *la comunidad del cáncer*.

Pero, antes de que Paul llegara a casa, Stacy tuvo que ir a una clínica durante unos días. Allí fuimos a visitarla Bill, mi madre y yo, y la encontramos en un lugar lleno de gente, sin apenas enfermeras para atender a todos. Stacy comentó:

—Me duele mucho. De noche, cuando llamo a las enfermeras, no viene nadie a darme los analgésicos.

Me sentí horrorizado.

Así que le dije:

—Stacy, vamos a hacer un trato. Vamos a recoger tus cosas y nos largamos de aquí. Te vas a ir a casa y yo me encargo de conseguirte una enfermera a tiempo completo.

Uno de los administradores de la clínica quiso impedirlo:

—No la puede sacar de aquí así como así.

—Esta mujer se marcha —le advertí—. Ahora. Bill, acerca el coche y abre la puerta.

Y nos fuimos. Stacy pasó sus últimas semanas en casa. Su hijo llegó, y contratamos a una enfermera que le ayudara a cuidarla. Stacy luchó con todas sus fuerzas y resistió durante tres o cuatro semanas más de lo que habían calculado los médicos. Se le diagnosticó en enero, justo después de que yo acabara la quimioterapia. Ella dejó de trabajar en febrero, y en marzo estaba gravemente enferma. Luego nos dejó. Su pérdida nos rompió el corazón a todos.

Yo estaba desanimado, nervioso por mi propia salud, y me sentía algo culpable por mi suerte, que me permitía seguir vivo. Tras perder a Stacy el ciclismo no me parecía un objetivo tan importante ni tan realista. Steve Lewis vino desde Plano para visitarme y se dio cuenta del cambio operado en mí. No creo que entendiera lo que me había hecho la enfermedad hasta que me puso la vista encima; yo estaba escuálido, pálido, las mejillas enjutas, con aspecto derrotado. Le enseñé a Steve las radiografías de mi pecho y le dije:

—Pensé realmente que iba a morir.

Seguía luchando con la idea de que podía haber perdido la vida, y me resultaba difícil saber dónde empezar de nuevo. Me quedaban muy lejanas las decisiones como si intentar competir, o cómo tratar con Cofidis. No sabía lo que quería, y ni siquiera lo que era posible conseguir, y no podía evitar sentir el ciclismo como algo trivial.

Steve contempló mi foto ganando una etapa del Tour de Francia y me preguntó:

—¿Cuándo vas a volver a hacer algo así?

—Estoy casi convencido de que eso se acabó —le dije—. Es demasiado duro para el cuerpo.

—¡Qué dices! —reaccionó Steve, sorprendido.

—Nunca volveré a ser capaz de competir de nuevo en esa carrera —añadí.

Steve se quedó de piedra. Nunca me había visto abandonar nada.

—Creo que he perdido la capacidad —le dije—. Ya no me siento a gusto en la bici.

Le dije que tenía miedo de perder mi casa, y que había intentado limitar mis gastos. Había empezado a evaluar las cosas según una nueva perspectiva, e intenté elaborar un plan alternativo para el futuro en el que no figurasen las bicicletas. Steve sabía que soy un poco fanfarrón, pero en aquel momento le hablaba como una víctima, sin el coraje que él recordaba.

En cuanto a mi vida personal, yo seguía teniendo las mismas dudas. Lisa y yo teníamos que tomar ciertas decisiones sobre nuestro futuro juntos, y yo me había planteado seriamente el matrimonio. Y ella había permanecido a mi lado durante la batalla contra el cáncer, durante cada una de sus terribles escaramuzas, y eso quería decir algo. Por entonces me regaló un gatito, al que llamamos Quimio.

—Creo que ella es la mujer perfecta para mí —le dije a Steve—. Permaneció a mi lado en esto, y estará apoyándome siempre.

Pero, cuando Steve volvió a visitarme dos meses después, Lisa y yo habíamos roto. Eso les dará una idea del caos en que estaban inmersos mis sentimientos. El cáncer puede hacer dos cosas con una relación: o hace que sus miembros estén más unidos o los separa y, en nuestro caso, nos separó. A medida que me fui recuperando descubrí que cada vez teníamos menos de qué hablar. Quizá sólo fuera un caso de agotamiento: habíamos pasado tanto tiempo luchando con la enfermedad y superando todos sus duros obstáculos que al final nos dejó insensibles. Una día de marzo ella me dijo:

—Vamos a relacionarnos con otras personas.

—De acuerdo —le dije.

Pero, al cabo de un tiempo, apenas nos veíamos. No cabe duda de que Lisa comprendía que había estado enfermo, pero lo que le costaba más era entender que a mí no me quedaran reservas emocionales. Continuamos viéndonos de vez en cuando, pues una relación no se rompe así como así, pero al final se acabó.

Estaba tan confuso sobre qué hacer con mi vida que

una tarde salí a pasear en bici con Bill —antes yo nunca hubiera aceptado pasear con un novato— y, mientras pedaleábamos tranquilamente por el barrio, le dije:

—Voy a volver a los estudios para ser oncólogo. O a lo mejor hago la carrera de Económicas.

Bill movió la cabeza. Él tenía un máster en Economía y una licenciatura en Derecho por la Universidad de Texas.

—¿Sabes, Lance? Yo fui a la universidad durante once años —me dijo—. Tuve que esforzarme mucho, y tendré que seguir haciéndolo el resto de mi vida. No tienes por qué hacer eso, tío. Si no quieres, ¿por qué tienes que acudir por las mañanas a las cuatro y media de la madrugada a cerrar un negocio?

—No lo entiendes, Bill —contesté—. Ya no soy ciclista.

Durante un tiempo Kik dejó de devolverme las llamadas. No lograba localizarla, por mucho que lo intentase. Ella tenía sus dudas respecto a mí, porque sabía de mi reputación de donjuán y no estaba dispuesta a ser otra víctima. A mí me reventaba que pasara de mí, realmente me ponía de los nervios. Le dejaba mensaje tras mensaje en el contestador. «¿Me llamarás alguna vez o qué?», le decía.

Al final, Kik cedió. Yo no lo sabía, pero su vida estaba en un período de transición. Había roto con el hombre con quien salía y cambiado de trabajo, todo en cuestión de semanas. Al final, una tarde respondió al teléfono cuando la llamé.

—Bueno, ¿qué me cuentas? —le pregunté.

—Muchas cosas. Acabo de empezar un trabajo nuevo y estoy muy liada.

—Vaya —exclamé. Luego respiré hondo—. ¡Caramba! Pensé que ibas a decirme que estabas sin pareja.

—Pues es curioso que lo menciones, porque hace un par de días que rompí con mi novio.

—¿De verdad? —intentaba que sonará informal—. ¿Estás sola?

—Sí.

—Así que... ¿qué haces esta noche? —le pregunté.

—Algo contigo.

Desde entonces hemos estado juntos.

Supe de inmediato que había encontrado la horma de mi zapato. Kik era autosuficiente, dura, independiente, sensata... y nadie la había mimado en exceso. Aunque había crecido en un ambiente acomodado —su padre era ejecutivo en una de las mayores quinientas empresas del mundo—, estaba acostumbrada a cuidarse sola, sin esperar que nadie le regalara nada. «Creo que ahora lo entiendo todo», pensé.

Con ella me sentía seguro. A ella le gustaba calvo, enfermo y sin cejas, y a su lado la inseguridad que yo había sentido en relación con mi pelo, mis cicatrices y mi cuerpo ya no parecían importantes. Kik se convirtió en mi peluquera. Solía sujetarme la cabeza y recortarme el pelo con unas tijeritas hasta que tenía el aspecto como de astronauta de los años 60.

En mis relaciones yo siempre había sido el dominante, pero con Kik no sucedió esto. A veces yo era el que guiaba y otras el que seguía, pero la mayor parte de las veces iba adonde ella quería. Y sigo haciéndolo. Norte, Sur, Este o adonde sea. Aquel verano Kik tenía planes para ir a Europa. Nunca había salido del país, y una amiga suya de la universidad, que estaba haciendo un intercambio y vivía en España, quería que la visitara.

—¿Por qué vas a ir a España? —le dije—. ¡Pero si es un desierto!

—Cierra el pico —contestó—. No me lo arruines. Llevo años ahorrando para esto.

Iba a pasar fuera un mes. Yo decidí que aquello era totalmente inaceptable, así que sólo podía hacer una cosa:

acompañarla. Se suponía que yo debía aparecer por el Tour de Francia como gesto de cortesía hacia mis patrocinadores, y también para demostrar que seguía siendo un competidor potencialmente recuperable.

Decidí hacerlo en las mismas fechas que Kik. De todos modos, tenía curiosidad por ver el Tour desde el punto de vista de un espectador, y esperaba que hacerlo reviviera mis ganas de volver a la competición. Le pregunté si podía ir con ella y me dijo que sí.

Fue como una revelación. Me pareció que antes yo nunca había visto Europa, y lo cierto es que probablemente no la había visto. La había visto desde una bicicleta, a 65 kilómetros por hora, pero no como turista, ni estando enamorado. Fuimos a todas partes, y yo pude presumir de mis conocimientos de francés, italiano y español.

Me había perdido buena parte de mis veinte años. Estaba demasiado ocupado siendo un atleta profesional y ganándome la vida desde los quince como para hacer las cosas que hacen la mayoría de personas a esa edad, para divertirme como lo hicieron Kik y sus amigas del instituto. Me había saltado por completo esa parte de mi vida, pero ahora tenía la oportunidad de recuperarla. Yo seguía teniendo dudas sobre cómo se resentiría mi salud, sin saber qué reservas me quedaban, si un día, o dos, o una larga vida. *Carpe diem*, me dije, «aprovecha el momento». No sabía cuánto me quedaba, pero iba a aprovecharlo bien. Así es como Kik y yo nos encontramos el uno al otro.

Nunca había amado mi vida. Siempre la consideré importante y luché por ella, pero no la había disfrutado especialmente.

—Tienes ese don —me dijo Kik—. Puedes enseñarme a amar la vida de verdad, porque has estado en el límite y has visto el otro lado, así que me puedes enseñar eso.

Pero en realidad fue ella la que me enseñó. Quería verlo todo, y era yo quien tenía que enseñárselo y, al hacerlo, verlo de paso yo también. En Italia nos sentábamos a menudo en las terrazas de los cafés y comíamos jamón cubierto de queso parmesano rallado. Kik se burlaba de mí:

—Antes de conocerte el parmesano venía siempre en bolsas de color verde.

Fuimos a San Sebastián, donde había llovido con tanta fuerza aquella vez en que la gente se rió de mí cuando acabé mi primera carrera como profesional. Esta vez fue diferente, contemplé el color de las tejas en las azoteas y cómo la ciudad se asomaba al golfo de Vizcaya. Me di cuenta de que, contradiciendo a mi superficial comentario sobre desiertos, no había nada más hermosamente antiguo que España.

En Pamplona vimos los encierros. Kik me dijo:

—Vamos a quedarnos toda la noche despiertos.

—¿Por qué? —contesté.

—Por pura diversión. ¿Quieres decir que nunca te has quedado sin acostarte una noche, y vuelto a casa de madrugada?

—No.

—¿Qué quieres decir, que nunca has pasado la noche de juerga? —me preguntó—. Eso es de tontos. Pero, ¿cuál es tu problema?

Pasamos la noche de juerga. Fuimos a todos los bares y discotecas de Pamplona que pudimos, y después regresamos al hotel mientras el sol comenzaba a iluminar las calles grises, que casi adquirían el brillo del oro. Kik parecía pensar que yo era sensible y romántico, algo con lo que la mayoría de mis amigos no hubiera estado muy de acuerdo. Chris Carmichael siempre me había descrito como «una especie de iceberg: una parte por encima del agua y muchas por debajo de la superficie». Kik estaba segura de eso.

En Mónaco le dije que la quería.

Nos estábamos vistiendo en nuestro cuarto del hotel cuando, de repente, los dos nos quedamos en silencio. Hasta ese momento todo habían sido corrientes subterráneas de afecto. Pero entonces, mientras la contemplaba al otro lado de la habitación, supe con exactitud lo que sentía. Lo único claro en mi vida era Kik. Fuera de ella vivía en un estado de confusión completa, sin saber si iba a vivir o a morir y, caso de vivir, sin ninguna idea de qué hacer con mi vida. Desconocía lo que quería obtener del ciclismo, y ni siquiera sabía si quería seguir compitiendo, retirarme, ir a la universidad o convertirme en corredor de Bolsa. Pero amaba a Kik.

—Creo que estoy enamorado de ti —le dije, desde la otra punta del cuarto.

Kik se quedó quieta delante del espejo y me dijo:

—¿Lo crees o lo sabes? Porque necesito saberlo. Lo necesito de verdad.

—Lo sé.

—Yo también —contestó ella.

Ojalá que todas las personas que quieran enamorarse de alguien puedan tener una experiencia como la nuestra, tan perfecta, tan magnífica. Nuestra relación era más bien sin palabras, basada en largas e intensas miradas y en una compleja batería de emociones. Lo curioso es que nunca hablamos del cáncer. La única que vez lo comentamos fue cuando hablamos de tener hijos. Le dije que yo quería tenerlos, y le hablé del viaje a San Antonio.

Pero era algo que nos daba miedo. Kik solía decir:

—Yo nunca haría nada por un hombre. Nunca cambiaría mi vida sólo por una persona.

Era como yo, siempre manteniendo el control de sus relaciones, reprimiendo las emociones, independiente, la persona que nunca salía herida, que no pedía nada a nadie porque era demasiado dura como para hacerlo. Pero ahora teníamos las defensas por los suelos. Una noche me lo confesó.

—Si quisieras destruirme —me dijo—podrías hacerlo, porque ya no me quedan barreras. Así que, ¡cuidado con lo que haces!

Fuimos al Tour de Francia. Intenté describirle la carrera, la partida de ajedrez entre los competidores y los diez millones de espectadores junto a la carretera. Pero cuando vio el pelotón, con su paleta de colores volando entre las montañas de los Pirineos, gritó de pura alegría.

Yo tenía asuntos que resolver en el Tour, visitar a patrocinadores y hablar con la prensa. A aquellas alturas estaba tan unido a Kik, y disfrutaba tanto de mi segunda vida, que me parecía extraño pensar en volver a competir.

—No soy tan competitivo como antes —confesé a los periodistas—. Quizá ahora sea un ciclista que corre por placer.

A pesar de que estaba volviendo a subirme a la bici, les dije:

—Ahora soy un participante, no un competidor.

Les comenté que, para mí, en aquel momento, «el Tour es algo imposible de conseguir». —Y añadí:

—Miren... Para mí el ciclismo era una profesión. Y lo disfrutaba de verdad. Lo hice durante cinco o seis años, viviendo por toda Europa y viajando de un lado para otro. Ahora dispongo de tiempo para disfrutar de mis amigos y de mi familia, haciendo todas las cosas que eché de menos durante mi juventud.

Al final del verano ya tenía el aspecto de una persona sana. No parecía enfermo, y había recuperado todo mi pelo. Pero seguía preocupado por una recaída, con frecuentes dolores fantasma en el pecho. Sufría pesadillas y reacciones físicas extrañas: de repente, sin motivo aparente, empezaba a sudar. El menor estrés o ansiedad hacía que mi piel se cubriera de sudor.

Mientras seguía el tratamiento había estado luchando activamente contra el cáncer, pero cuando lo acabé me sentí indefenso, como si no hiciera otra cosa que esperar y esperar. Era una persona tan activa, tan agresiva, que me hubiera sentido mejor si hubiera seguido recibiendo quimioterapia durante un año. El doctor Nichols intentó animarme:

—Algunas personas tienen más problemas tras el tratamiento que durante éste. Suele pasar. Resulta más difícil esperar a que vuelva el cáncer que atacarlo.

Los chequeos mensuales eran lo peor de todo. Kik y yo íbamos en avión a Indianápolis y nos alojábamos en el hotel anexo al hospital. Al día siguiente me levantaba a las cinco de la mañana para beber un tinte de contraste, necesario para las resonancias magnéticas, escáneres y rayos X, un líquido desagradable que sabía a una mezcla de Tang y metal líquido. Era una mala experiencia levantarme por la mañana y encontrarme en aquel hotel, sabiendo que tendría que volver a visitar la consulta de un médico y, quizás, escuchar las palabras «Tienes cáncer».

Kik se despertaba y se sentaba junto a mí mientras, desanimado y triste, tragaba aquel cóctel de tintes, frotándome la espalda mientras yo daba pequeños sorbos. Una vez, para hacerme sentir mejor, hasta se ofreció a probarlo. Tomó un sorbo e hizo una mueca: verdaderamente, era una mujer a prueba de bombas.

Luego íbamos al hospital a enfrentarnos a los análisis de sangre y las resonancias. Los médicos alineaban las radiografías sobre el negatoscopio y le daban al interruptor, y yo agachaba la cabeza, temiendo poder ver una vez más aquellos puntos blancos. Kik no sabía interpretar una radiografía, y la tensión era enorme para ambos. Una vez señaló algo y dijo, nerviosa:

—Y eso, ¿qué es?

—Una costilla —contesté.

Sentados allí, los dos pensábamos lo mismo: «Al final he encontrado al amor de mi vida, a la persona que significa todo para mí en este mundo, y si algo me la arrebata ahora me vendré abajo». El mero hecho de pensar en ello era, y aún es, una sensación que nos pone enfermos.

Pero las radiografías estaban limpias, y los análisis de sangre arrojaban resultados normales. Con cada mes que pasaba las probabilidades de una recaída disminuían.

Estrictamente hablando, yo ya no estaba convaleciente. A todos los efectos, estaba sano. A medida que me acercaba al punto crucial, el año, Chris Carmichael empezó a animarme para que compitiera. Al final se vino a Austin a hablarlo conmigo. Era de la opinión de que tenía que volver a dedicarme en serio al ciclismo, que en aquel deporte aún me quedaban asuntos pendientes y que, sin él, empezaba a parecer vacío. No tenía ningún reparo en decírmelo crudamente, a la cara.

Chris mantuvo una larga conversación con Bill:

—Todo el mundo le dice que haga lo que quiera y nadie le insiste en que vuelva a coger la bici.

Él pensaba que yo necesitaba un empujón, y nuestra relación siempre se había basado en su capacidad de dármelo cuando lo había necesitado.

Yo sabía exactamente por qué había venido a verme Chris. Le comenté a John Korioth:

—Chris ha venido a la ciudad a convencerme de que vuelva a correr, pero no sé si estoy dispuesto a hacerlo.

Chris y yo fuimos a comer a mi restaurante *tex-mex* favorito. Acerté en mis suposiciones:

—Lance —me dijo—. ¿De qué va todo ese rollo de jugar al golf? Lo tuyo es el ciclismo.

Negué con la cabeza, escéptico.

—No lo sé.

—¿Tienes miedo?

Lo tenía. Subido a una bici había sido fuerte como un toro, pero... ¿qué pasaría si ya no lo era? ¿O qué pasaba si por culpa del ciclismo recaía en la enfermedad?

—Ninguno de los médicos te va a decir que puedes volver a competir —me dijo Chris—. Pero tampoco te van a decir que no puedes. Deberías intentarlo, probarlo de alguna forma. Sé que supone una gran incógnita, un gran riesgo, un gran desafío y un susto de muerte. No existen garantías. Pero aquí estás, de vuelta a la vida, y lo que necesitas es volver a vivirla.

Lo estuve pensando un par de días. Una cosa es someterse a la quimioterapia y luego volver a trabajar de contable. Pero, ¿ciclista? Ya no estaba tan seguro. La quimioterapia había conseguido que cualquier llanura pareciera el peor ascenso por los Alpes. Además, había que tener en cuenta otro factor: tenía suscrito un seguro de enfermedad que pagaría durante cinco años. Pero, si regresaba a la competición, tendría que renunciar a él. En términos económicos, al volver a correr estaría lanzándome al vacío.

Chris se quedó unos días para conocer a Kik, y siguió presionándome para que volviera a la bicicleta. Le expliqué que aún no tenía claro qué iba a hacer con el resto de mi vida, pero no quiso creerme. En cierto momento se volvió hacia Kik y le preguntó:

—¿Tú crees que debería volver a la competición?

—La verdad es que me da igual —dijo ella—. De todas formas, yo estoy enamorada de este tío.

Chris me miró.

—Vale, de acuerdo. Puedes casarte con ella.

Al fin tomé una decisión: intentaría volver a competir. Volví a coger la bici, y esta vez me sentía bien por el hecho de hacerlo. Recuerdo que les comenté a Bill y a Kik:

—Creo que puedo hacerlo.

Pedí a Chris que me elaborase un programa de entrenamiento, y empecé a seguirlo con verdaderas ganas. Pero, por extraño que parezca, mi cuerpo se negaba a adquirir su forma anterior. Antes yo había pesado unos 65 kilos. Ahora pesaba solamente 59, mi rostro tenía un aspecto demacrado y se me marcaban todos los tendones de las piernas.

Bill llamó al Cofidis para decirles que había vuelto a entrenar.

—Quiero hablar con ustedes sobre su programa de competición. Lance está listo para volver a escena.

Los del Cofidis sugirieron que Bill se reuniera con ellos en Francia, así que cogió un vuelo nocturno a París y luego condujo otras cuatro horas por el país hasta llegar a sus oficinas centrales. Llegó a la hora de disfrutar de un elegante almuerzo. Entre las personas sentadas a aquella mesa estaban Alain Bondue y el director ejecutivo de Cofidis, François Migraine. Migraine pronunció un discurso de cinco minutos, en el que daba a Bill la bienvenida a Francia:

—Queremos darle las gracias por venir, pero deseamos que sepa que vamos a ejercer nuestro derecho de no renovar el contrato. Tenemos ideas diferentes para el futuro.

Bill miró a Bondue y le preguntó:

—¿Lo dice en serio?

Él bajó la vista hacia su plato y respondió escuetamente:

—Sí.

—¿Y es necesario hacerme venir en avión hasta aquí sólo para decirme eso?

—Creímos que era importante decírselo en persona —dijo Bondue.

—Miren, sólo tienen que pagarle una pequeña cantidad para que compita —dijo Bill—. Déjenle que corra. Desea volver a la competición. Va en serio. No es que pensemos que va a competir, es que va a hacerlo.

Ellos no tenían confianza en que volviese a competir a aquel nivel y, además, si lo hacía y volvía a caer enfermo sería mala publicidad para el equipo.

No había nada que hacer. Bill estaba desesperado.

—Miren, él ha formado parte de su equipo; ustedes le pagaban. Al menos, hágannos una oferta.

Al final, la gente de Cofidis dijo que lo pensaría.

Bill se fue sin acabar el almuerzo, conduciendo todo el largo camino de regreso a París. No soportaba tener que darme la noticia, y llegó a la capital sin hacer la llamada. Al final encontró un pequeño café junto a la Torre Eiffel, sacó su móvil y me llamó.

—¿Qué hay? —inquirí.

—Cancelan tu contrato.

Hice una pausa.

—¿Y por qué te han hecho ir hasta allí?

Durante los siguientes días mantuve la esperanza de que los ejecutivos de Cofidis cambiaran de opinión. Al final, Cofidis llamó para ofrecer unos 180.000 dólares, con una cláusula adicional que suponía un gran incentivo económico si obtenía puntos UCI, los puntos que da la Unión Ciclista Internacional según las actuaciones en las distintas carreras. El salario base que me ofrecían era el mínimo posible, pero era lo único que teníamos.

Para entonces Bill ya tenía otro plan. Durante la primera semana de septiembre se celebraba la gigantesca Feria Internacional del Ciclismo en Anaheim, California, adonde asistían todos los grandes representantes de los diversos equipos. Bill tenía la impresión de que si yo aparecía por allí sano y diciendo que estaba dispuesto a competir, alguien me contrataría.

—Lance, tenemos que ponernos delante de los periodistas y decir a todo el mundo que vas en serio, y además que estás disponible —me pidió Bill.

El 4 de septiembre de 1997 acudí con él a la Feria Internacional, para anunciar mi regreso a la competición en 1998. Celebré una conferencia de prensa que atrajo a un buen número de periodistas y expertos en ciclismo, informándoles de mis planes para competir. Les expliqué la situación por la que pasaba con Cofidis y dejé claro que me sentía abandonado. Expliqué que, debido al cáncer, me había perdido todo un año de competiciones, y que Cofidis no me otorgaba su confianza ahora que me sentía bien y estaba dispuesto a volver a competir. En este momento todo el mundo del ciclismo sabía que estaba abierto a propuestas, así que sólo cabía sentarse y esperar a que viniesen las ofertas.

No hubo ninguna.

No me querían. Uno de los principales directivos del mundo del ciclismo en Francia habló con Bill brevemente, pero cuando se enteró de lo que éste pedía por mis servicios, 500.000 dólares, dijo, concluyendo la conversación:

—Eso es lo que cobra un campeón. Me está pidiendo un sueldo de corredor de élite.

Hubo otro equipo, Saeco-Cannondale, que dijo que me harían una oferta, y quedaron con Bill para el día siguiente. Nadie se presentó a la cita. Bill tuvo que ir en busca de aquel tío, y al fin le localizó en otra reunión de negocios. Entonces le preguntó:

—¿Qué está pasando?

—No podemos hacerle una oferta —contestó el otro.

Ningún equipo europeo me iba a contratar. De cada veinte llamadas que hacía Bill sólo le devolvían tres o cuatro.

A medida que transcurrían los días sin recibir ofertas sólidas cada vez me sentía más furioso. Bill Stapleton padecía las consecuencias, y eso hizo que nuestra amistad se resintiera, porque durante un año y medio sólo me había dado malas noticias. Fue la persona que tuvo que decirme que carecía de seguro de enfermedad, y que Cofidis no me renovaba el contrato. En aquel momento tenía que decirme que nadie me quería.

Llamé a mi madre y le conté lo de Cofidis, explicándole que ningún equipo me hacía ofertas. Ni uno. Percibí su tensión al otro extremo del teléfono, y en su voz detecté aquella antigua combatividadtan característica en ella.

—¿Sabes una cosa? —me dijo—. Que esa va a ser su última palabra. Porque, ¡qué demonios!, les vas a dar un escarmiento. Han cometido un terrible error.

Por todas partes veía a personas que me descartaban, o que pensaban que era menos de lo que una vez fui. Una noche, Kik y yo acudimos a un cóctel con un buen grupo de personas de la empresa de alta tecnología para la que trabajaba ella. Durante la fiesta nos separamos, y Kik estaba hablando con dos ejecutivos de la empresa cuando uno de ellos le dijo:

—¿Así que ese es su nuevo novio? —y luego hizo una referencia de mal gusto sobre mis testículos.

—¿Seguro que es lo bastante bueno para usted? —le preguntó—. Es sólo medio hombre.

Kik se quedó helada. Pero pronto contestó:

—No me voy ni a dignar a responder a eso, porque es demasiado ofensivo como para resultar siquiera gracioso.

Le dio la espalda, se reunió conmigo al otro lado de la sala y me contó lo sucedido. Perdí los estribos. Aquel tío tenía que ser rematadamente idiota para decirle algo así , o quizá era uno de esos que beben demasiado en los cócteles, pero no le iba a permitir irse de rositas. Fui al bar con la excusa de buscar otra bebida y, al pasar junto a él, le di un fuerte empujón con el hombro.

Kristin no aprobó mi conducta, de modo que acabamos discutiendo. Yo estaba tan furioso que no podía ni conversar. Después de haberla llevado a su casa me senté y escribí un cáustico correo electrónico para aquel tío, explicándole la naturaleza del cáncer testicular y algunas de las estadísticas al respecto. Escribí muchas versiones distintas. «Me resulta impensable que le haya dicho esto a nadie, y menos a mi novia», escribí. «Tiene usted un problema muy grave si cree que algo así es gracioso, porque la situación es realmente dramática. Y, desde luego, no se trata de si tengo un huevo, o dos, o cincuenta». Pero, tras haberlo escrito seguía furioso, de modo que fui a casa de Kik en mitad de la noche y tuvimos una larga discusión. Ahora ella estaba preocupada por si a aquel tío le daba por despedirla, y pasamos un rato hablando sobre los principios personales como algo que a veces iba en contra de los asuntos económicos.

Bill siguió buscando un equipo que me contratara. Se sentía como si fuera el agente de uno de esos nadadores de segunda fila al que nadie quiere hablar. La gente le huía como de la peste. Bill siguió intentándolo, protegiéndome de los comentarios más brutales.

—¡Venga ya! —le dijo alguien—. Ese tío no volverá a correr en un pelotón. Es de risa que pueda volver a rodar a esa velocidad.

Al final, Bill obtuvo lo que consideró una buena posibilidad con el U. S. Postal Service, un nuevo equipo, norteamericano, recién fundado y con patrocinadores también nuevos. El inversor principal era Thomas Weisel, un financiero de San Francisco antiguo amigo mío y también antiguo propietario del equipo Subaru-Montgomery. El único problema era el dinero. Este equipo ofrecía también un sueldo base bajo, y Bill cogió el avión y se fue a San Francisco. Las negociaciones con el director general del equipo, Mark Gorski, fueron un tenso campo de batalla durante varios días. No logramos llegar a un acuerdo.

Estaba a punto de renunciar a todo. Seguíamos teniendo la oferta de Cofidis, pero mi resentimiento había llegado a tal punto que casi prefería no competir que correr para ellos. Mi seguro de incapacidad suponía 20.000 dólares mensuales durante cinco años, lo cual arrojaba un resultado de un millón y medio libre de impuestos. Además, la aseguradora Lloyds, de Londres, informó a Bill de que cancelarían el seguro si intentaba volver a competir. Me di cuenta de que si quería intentar regresar a la competición tendría que poner toda la carne en el asador. En caso contrario no valía la pena poner en peligro mi seguro por incapacidad.

Antes de que Bill volviera de San Francisco pensamos que podría pasarse por la oficina de Thom Weisel para despedirse y hablar con él cara a cara, a ver si podíamos llegar a algún acuerdo. La oficina de Thom era una *suite* imponente en el edificio Transamerican, con unas vistas impresionantes, y Bill entró en ella con un cierto nerviosismo. Se sentó con Thom y Mark Gorski para hablar y, de repente, Thom preguntó:

—Bill, ¿qué quiere Lance?

—Quiere un sueldo base de 215 000 dólares —contestó Bill—. También una cláusula de incentivos.

La Unión Ciclista Internacional concedía puntos basándose en las actuaciones de los ciclistas en las grandes carreras, de manera que si yo obtenía resultados lo suficientemente buenos ganaría unos incentivos económicos además del sueldo base. Bill pidió 500 dólares por cada punto que yo obtuviera hasta llegar a 150 y 1000 dólares a partir de 150.

—¿Considerarías la posibilidad de poner un límite a los puntos de la UCI que consiga Lance? —preguntó Thom.

En cierto sentido, eso era un cumplido, porque indicaba su temor a salirles caro si lo hacía demasiado bien.

—Ni hablar —dijo Bill.

Thom taladró a Bill con la mirada larga y fría de un negociador experto. Hacía semanas que no habíamos conseguido nada en las negociaciones, y Thom Weisel era igual de duro e impávido para conseguir un objetivo. Pero también me conocía y creía en mí. Thom abrió la boca para decir algo, y Bill se preparó para recibir el golpe.

—Le apoyaré —dijo Thom—. Trato hecho.

Bill contuvo un suspiro de alivio. Teníamos un contrato, y yo volvía a ser corredor. Firmé el acuerdo y celebramos una gran rueda de prensa para presentarme como miembro del equipo. En la rueda de prensa declaré:

—No me siento como un bien de segunda mano, sólo siento que estoy en baja forma. Eso es exactamente lo que me pasa.

Pasaría noviembre y diciembre entrenando en Estados Unidos, y luego, en enero, iría a Europa para volver a competir de nuevo durante dieciocho largos meses. Eso suponía regresar a mi antigua vida, pegado a la maleta y viajando por todo el continente.

Pero ahora había una complicación: Kik. Fui a Plano para ver a mi madre y aquel sábado por la mañana, tomando café, le dije:

—Vamos a ver joyerías.

A mi madre se le iluminó la cara, porque sabía exactamente de qué estaba hablando. Pasamos ese día visitando las mejores joyerías de Dallas.

Regresé a Austin y organicé una comida en casa sólo para Kik y para mí. Nos sentamos en el rompeolas de detrás de la vivienda, mirando la puesta de sol sobre el lago Austin. Por fin le dije:

—Tengo que regresar a Europa y no quiero irme sin ti. Quiero que vengas conmigo.

El sol desapareció por detrás de la orilla y la oscuridad nos fue rodeando. Todo estaba en silencio, en una penumbra sólo rota por la luz que salía de la casa. Me puse de pie.

—Hoy he recibido algo —mencioné—, y quisiera que lo vieras.

Metí la mano en el bolsillo y cogí la cajita forrada de terciopelo

—Ven a la luz.

Abrí la cajita y el diamante empezó a brillar.

—Cásate conmigo —le dije. Y Kik aceptó.

Nunca habíamos hablado de mi diagnóstico. Ella me había acompañado a mis chequeos mensuales y había contemplado conmigo las radiografías, pero nunca habíamos sentido la necesidad de hablar del tema en profundidad. Sin embargo, cuando nos comprometimos una amiga de su madre comentó:

—¿Cómo le permites a tu hija casarse con un paciente de cáncer?

Eso nos llevó a pensar en el asunto por primera vez. Kik se limitó a decir:

—¿Sabes? Prefiero pasar un año maravilloso que setenta mediocres. Eso es lo que pienso al respecto. La vida es una incógnita que ni tú ni nadie puede despejar.

Kik y yo empaquetamos nuestras cosas y fuimos en coche a Santa Barbara, California, donde me inscribí en un campamento de entrenamiento durante dos meses. Alquilamos una pequeña casa en la playa y acabamos sintiendo tanto cariño por ella que decidimos casarnos allí. Decidimos que la boda sería en mayo, aunque primero iríamos a Europa para pasar allí la temporada de carreras de invierno del 97 y primavera del 98.

Volví a frecuentar el gimnasio e hice ejercicios básicos de recuperación, prensa para piernas y sentadillas, y cada vez fui alargando más las salidas a rodar. A todo el mundo le sorprendió ver lo bien que se me daba el tema en el campamento de Santa Barbara. Una tarde estaba recorriendo unas colinas con Frankie Andreu y me dijo:

—Tío, tenías cáncer ¡y ahora te estás cargando a todo el mundo!

Oficialmente, ya era un superviviente del cáncer. El 2 de octubre había celebrado el primer aniversario de mi diagnóstico de la enfermedad, lo cual significaba que ya no estaba en fase de remisión. Según mis médicos, sólo existía una mínima probabilidad de que la enfermedad regresara. Un día recibí una nota de Craig Nichols: «Es hora de seguir adelante con tu vida», decía.

Pero, ¿cómo sobrevive uno al cáncer? Esa es la parte sobre la que nadie te ofrece consejos. ¿Qué quiere decir? Cuando acabas el tratamiento los médicos te dicen: «Está curado, así que váyase y viva. Que lo pase bien». Pero no hay ningún método que te ayude a regresar al mundo después de haber luchado por tu vida.

Uno no se despierta un día por la mañana y dice, simplemente: «Vale, ya he vencido al cáncer. Ahora es cuestión de volver a la vida normal». Stacy Pounds me había demostrado eso. Físicamente me había recuperado, pero mi alma seguía cicatrizando. Estaba entrando en una fase llamada *supervivencia*.

¿Qué forma se suponía que debía adoptar ahora mi vida? Y ahora, ¿qué? ¿Qué pasaba con mis pesadillas recurrentes? ¿Y con mis sueños?

8

LA SUPERVIVENCIA

Mientras estaba enfermo me decía a mí mismo que nunca volvería a decir tacos, a beber cerveza ni a perder la compostura. Iba a ser el tío más genial y de vida más inmaculada que nadie pudiera imaginar. Claro que la vida sigue, las cosas cambian y las intenciones desaparecen. Después vuelves a beber cerveza y a decir palabrotas.

¿Cómo vuelve uno al mundo normal? Ese fue el problema al que me enfrenté después del cáncer, y en ese momento el viejo tópico que dice que hemos de vivir cada día como si fuera el último no me servía de gran ayuda. Lo cierto es que se trata de un hermoso sentimiento, pero en la práctica no funciona. Si sólo viviera el momento sería un inútil muy simpático con barba de tres días. De verdad, ya lo intenté.

La gente considera que mi regreso fue un triunfo, pero al principio fue más bien un desastre. Cuando has pasado todo un año aterrorizado por la idea de morir crees que te mereces pasar el resto de tu vida de vacaciones perpetuas, pero, por supuesto, no puedes hacerlo. Tienes que volver con tu familia, tus colegas y tu trabajo. Pero en aquel momento una parte de mí no quería volver a esa vida anterior.

En enero nos fuimos a Europa con el U. S. Postal Service.

Kik abandonó su trabajo, regaló su perro y empaquetó todas sus posesiones. Alquilamos un apartamento en Cap Ferrat, a medio camino entre Niza y Mónaco, y allí la dejé mientras hacía carretera con mi equipo. La carrera no es el mejor sitio para las novias y las esposas. No es muy distinto a una oficina: es un empleo, y nadie se lleva a su mujer a la sala de conferencias.

Kristin estaba sola en un país extranjero, sin amigos ni familia, y no hablaba el idioma. Pero reaccionó de manera típica: se apuntó a un curso intensivo de francés en una escuela, decoró el apartamento y se tomó la situación como una gran aventura, sin el menor indicio de temor. No se quejó ni una sola vez, y yo estaba orgulloso de ella.

Mi propia actitud no era tan positiva. Las cosas no me iban tan bien en la carretera, donde constantemente tenía que readaptarme a las dificultades de correr por Europa. Había olvidado lo que era aquello. La última vez que había estado en el continente fue de vacaciones con Kik, y entonces, como turistas que éramos, nos habíamos alojado en los mejores hoteles, pero ahora volvía a la mala comida, las malas camas en tristes pensiones de carretera y los viajes constantes. Y no me gustaba demasiado.

En lo más profundo de mi ser, no estaba preparado. Si hubiera entendido mejor el tema de la supervivencia me hubiese dado cuenta de que mi regreso iba a estar salpicado de problemas psicológicos. Si tenía un mal día solía pensar: «Bueno, es que he pasado demasiado. Tres operaciones, tres meses de quimioterapia, un año de miedo... Ese es el motivo de que no rinda mucho. Mi cuerpo nunca volverá a ser el mismo». Pero lo que en realidad debería haber dicho era: «¡Eh, tranquilo, es sólo un mal día!».

Estaba corriendo cargado de dudas ocultas, con resentimientos enraizados muy adentro. Cobraba sólo una fracción de mi sueldo anterior, y no recibía más ayudas. Lo llamaba, con sarcasmo, «la tasa del cáncer, la del ochenta por ciento». Había asumido que en el mismo momento en que volviera a subir a la bici y anunciara mi retorno todo Estados Unidos vendría a llamar a mi puerta, y cuando nadie vino le eché la culpa a Bill. Le volví loco, preguntándole constantemente por qué no me traía ofertas. Al final, tuvimos una discusión por teléfono cuando yo estaba en Europa y él seguía en Texas. Yo empecé a quejarme de que en el tema de los contratos todo seguía igual.

—Mira, vamos a hacer lo siguiente —me dijo Bill—. Voy a buscarte otro agente. No puedo soportar más tiempo esta situación. Ya sé que piensas que te necesito, pero no es cierto. Así que renuncio.

Tras una pausa, contesté:

—Bueno, no es eso lo que yo quiero.

Dejé de cargar sobre Bill, pero seguía dándole vueltas al hecho de que nadie me quería. En Europa ningún equipo solicitaba mis servicios, ni tampoco en Estados Unidos.

Llegó mi primera carrera profesional en dieciocho meses, la Ruta del Sol, una carrera de cinco días por España. Acabé en el puesto decimocuarto y eso produjo una cierta sorpresa, pero yo me sentía todavía deprimido y neervioso. Estaba acostumbrado a ganar, no a quedar en esa posición. Tampoco me gustaba toda la atención que los medios prestaban a esa carrera. Me sentía acosado por la presión de tener que mejorar mi posición y me molestaba el circo que montó la prensa. Quisiera haber participado sin tanta parafernalia, sin decir nada y luchando en silencio contra mis propias dudas. Sólo quería correr con el pelotón y recuperar mis piernas.

Dos semanas después participé en la carrera París-Niza, de ocho días de duración y famosa por su clima desapacible y por el viento, una de las competiciones por etapas más arduas después del Tour de Francia. La carrera empezaba con una etapa Prólogo, una contrarreloj que en cierta forma aclararía quiénes estarían al frente del pelotón. Acabé en decimonovena posición, lo que no estaba mal para alguien que se recuperaba de un cáncer, pero yo no lo entendí así, acostumbrado como estaba a ganar.

A la mañana siguiente, al despertarme, vi que era un día gris, lluvioso y con un viento violento, y una temperatura muy baja. En cuanto abrí los ojos supe que no quería correr con ese tiempo. Tomé el desayuno de mal humor y me reuní con el resto del equipo para debatir la estrategia de ese día. Decidimos unánimemente que si nuestro líder, George Hincapie, se quedaba atrás por cualquier motivo, todos le esperaríamos para ayudarle a mejorar posiciones.

En la zona de salida me metí en un coche intentando entrar en calor y pensé en lo poco que me apetecía estar allí. Cuando uno empieza a pensar así las cosas no mejoran fácilmente. Una vez salí fuera, al aire frío, mi actitud empeoró incluso, y realmente me sentí molesto mientras me ponía los calentadores en las piernas, intentando que algún centímetro de la piel permaneciera seco.

Empezamos a rodar en una etapa larga y llana. El agua venía de lado, y el viento hacía que la sensación térmica fuera todavía inferior a los dos grados que marcaba el termómetro. No hay nada más desmoralizante que una carretera larga y lisa bajo la lluvia. Al menos en una subida el cuerpo se calienta un poco por el esfuerzo constante, pero en una carretera llana uno sólo puede quedarse frío y empaparse hasta los huesos. Ningún protector de calzado es lo suficientemente bueno, ni ningún chubasquero. En el pasado me había aprovechado de mi capacidad para soportar condiciones que hacían renunciar a otras personas, pero ese día no pude.

Hincapie pinchó una rueda y todos nos paramos. El pelotón siguió adelante, alejándose de nosotros. Cuando volvimos a ponernos en marcha estábamos a veinte minutos de los líderes, y gracias al viento haría falta una hora de tremendos esfuerzos para recuperar el tiempo perdido. Así que seguimos adelante, con las cabezas inclinadas frente a la lluvia.

El viento lateral me atravesaba la ropa y me hacía difícil controlar la bicicleta mientras pedaleaba al lado de la cuneta. En un momento dado levanté las manos para agarrar la parte superior del manillar, me enderecé en el sillín y me acerqué al arcén.

Me retiraba, abandonaba. Dejé la carrera. Me quité el dorsal pensando: «No es así como quiero pasarme la vida, helándome, empapado y en una cuneta».

Frankie Andreu, que iba justo detrás de mí, recuerda mi aspecto cuando me levanté y me detuve en la carretera. Por la forma en que lo hice supo que iba a dejar de competir durante un tiempo... o para siempre. Frankie me diría luego que tuvo un pensamiento: «Está acabado».

Cuando el resto del equipo regresó al hotel, al final de la etapa, yo estaba haciendo las maletas.

—Me largo —le comenté a Frankie—. Ya no voy a correr más, me voy a casa.

Me daba igual que mis compañeros lo entendieran o no. Dije adiós, me colgué la bolsa al hombro y me fui.

La decisión de abandonar no tuvo nada que ver con cómo me sentía físicamente, porque estaba fuerte. Lo que pasaba era que no quería seguir allí. Sencillamente, no sabía si quería pasarme el resto de la vida pedaleando en medio del frío y del dolor.

Kik estaba de compras tras salir de la academia cuando la localicé con el móvil.

—Esta noche llego a casa —le dije. Ella no me escuchaba bien porque la cobertura era mala:

—¿Qué? ¿Qué sucede?

—Luego te lo cuento —le dije.

—¿Estás herido? —Pensaba que me había caído.

—No, no estoy herido. Nos vemos esta noche.

Un par de horas más tarde Kik me recogió en el aeropuerto. No hablamos mucho hasta que entramos en el coche y nos encaminamos a casa. Al final le dije:

—¿Sabes? No me siento a gusto haciendo esto.

—¿Por qué? —Preguntó.

—Mira, no sé cuánto tiempo me queda, pero no quiero pasarlo pedaleando —contesté—. No lo aguanto. Odio las condiciones, odio estar apartado de ti. Aborrezco este estilo de vida y no quiero estar en Europa. En la Ruta del Sol ya demostré quién era, ya demostré que podía volver y dedicarme a esto. Ya no me queda nada por demostrarme, a mí o a los de la comunidad del cáncer, de forma que se acabó.

Me preparé para oírla decir: «¿Y qué pasa con la academia, con mi trabajo? ¿Por qué me hiciste trasladarme aquí?». Pero no me dijo nada. Tranquilamente, comentó:

—Vale, muy bien.

En el avión de vuelta a Cap Ferrat había visto un anuncio de Harley-Davidson que resumía mis sentimientos. Decía «Si tuviera que volver a vivir mi vida...» y luego hacía una lista de diversas cosas, como «ver más puestas de sol». Lo había arrancado de la revista y, mientras le explicaba a Kik cómo me sentía, le pasé el anuncio y le dije:

—Esto es lo malo del ciclismo, no es lo que debería ser mi vida.

—Bueno, vamos a concedernos una noche de descanso, esperamos un par de días y luego tomamos una decisión.

Al día siguiente Kik volvió a la escuela de idiomas, y yo me quedé sin hacer nada. Me pasé el día solo en el apartamento, sin ni siquiera querer mirar la bicicleta. La academia de Kik tenía la norma estricta de no recibir llamadas telefónicas, pero yo la llamé tres veces.

—No me puedo quedar aquí sentado sin hacer nada —le dije—. Ya he hablado con la agencia de viajes. Todo arreglado. Nos vamos.

—Estoy en clase —dijo Kik.

—Voy a buscarte. Esa escuela es una pérdida de tiempo.

Kik salió de clase, se sentó en un banco fuera de la academia y se puso a llorar. Llevaba semanas luchando con la barrera del idioma. Había conseguido arreglar nuestro hogar y aprendido a ir de compras con unas monedas que al final lograba entender. Había aprendido a conducir por la *autoroute* y a pagar en los peajes franceses, y ahora todo ese esfuerzo había sido en vano.

Cuando llegué para recogerla todavía seguía llorando. Me sentí alarmado.

—¿Por qué lloras? —pregunté.

—Porque tenemos que irnos.

—¿Qué quieres decir? Aquí no tienes amigos, no hablas el idioma, no tienes tu trabajo. ¿Por qué quieres quedarte?

—Porque eso es lo que habíamos decidido hacer, y quiero acabar lo que empecé. Pero si crees que debemos irnos a casa, hagámoslo.

Aquella noche hicimos las maletas a toda prisa, y Kik se dedicó a la faena con tanta energía como la que había invertido cuando las deshicimos. En venticuatro horas hicimos más que muchas personas en dos semanas. Llamamos a Kevin Livingston y le confiamos todos nuestros enseres: las toallas, los cubiertos de plata, las lámparas, los utensilios de cocina, los platos, la aspiradora... Yo le dije a Kevin:

—No vamos a volver. No necesito todo esto.

Él no intentó convencerme, porque ya me conocía. En realidad, se lo tomó todo con mucha calma. Yo veía en su expresión el pensamiento de que no estaba tomando la decisión más apropiada, pero él no me lo iba a decir. De todos modos, siempre le había preocupado mi retorno a las carreras.

—Vigila tu cuerpo —solía decir—. Tómatelo con calma.

Había superado a mi lado todas las etapas de la enfermedad, y a estas alturas lo único que le preocupaba era mi salud. Pero en ese momento, mientras lo avasallaba con cajas y más cajas, estaba tan triste que temía se fuera a poner a llorar.

—Toma —le dije, entregándole una caja de cazuelas y demás—. Quédatelo todo.

Fue una auténtica pesadilla, y mi único recuerdo bueno de aquellos momentos es Kik, la serenidad que demostró en medio de mi confusión. No podría haberla culpado si se hubiera venido abajo: había dejado su trabajo, se había trasladado a Francia, sacrificado todo y, al cabo de dos semanas escasas, yo ya estaba dispuesto a regresar a Austin y retirarme. Pero ella estuvo siempre a mi lado. Era realmente comprensiva, brindándome siempre su apoyo y su ilimitada paciencia.

En Estados Unidos todo el mundo estaba preguntándose por mi paradero. A las ocho de la mañana sonó el teléfono en casa de Carmichael. Era un periodista francés.

—¿Dónde está Lance Armstrong? —preguntó el reportero.

—En la carrera París-Niza —contestó Chris.

—No, él ha abandonado —dijo el otro, chapurreando en inglés macarrónico.

Chris colgó. Un minuto más tarde el teléfono volvió a sonar. Era otro periodista francés.

Chris llamó a Bill Stapleton y Bill dijo que no sabía nada de mí. Och tampoco tenía noticias. Chris intentó localizarme en mi apartamento y en el móvil, pero no hubo respuesta. También me dejó mensajes, que yo no le devolví.

Finalmente contacté con Chris desde el aeropuerto:

—Vuelvo a casa. Ya no necesito todo esto, ni los hoteles baratos, ni el tiempo asqueroso ni la mala comida. ¿Qué está haciendo esta vida por mí?

Chris contestó:

—Lance, haz lo que quieras, pero no seas temerario —comentó calmadamente, intentando ganar un poco de tiempo—. Sobre todo, no hables con la prensa, no anuncies nada, no digas que vas a abandonar —me advirtió.

Después llamé a Stapleton.

—Estoy acabado, tío. Ya les he demostrado que podía volver a esto, y ahora se acabó.

Bill se mantuvo tranquilo.

—Bueeeenooo —me dijo. Ya había hablado con Chris y lo sabía todo. Igual que Chris, se lo tomó con bastante calma.

Bill sugirió que debería esperar a hacer el anuncio del retiro.

—Esperemos una o dos semanas, Lance, porque ahora mismo sería una locura.

—No, no me entiendes. Quiero hacerlo ahora mismo.

—Lance —me dijo Bill—, entiendo que te vayas a retirar. Vale, muy bien, pero todavía tenemos que discutir algunos puntos. Vamos a dejarlo un par de días.

El siguiente al que llamé fue Och, y tuvimos una de nuestras conversaciones típicas.

—Abandono la París-Niza.

—Tampoco era tan importante.

—Me retiro. No pienso volver a competir.

—Bueno, pero no tomes la decisión hoy mismo.

Kik y yo volamos a Austin, adonde llegamos muy cansados por el cambio de hora propio del largo viaje. En cuanto entramos por la puerta el teléfono ya estaba sonando sin cesar, con gente que llamaba para localizarme y enterarse de por qué había desaparecido.

Al final las cosas se calmaron un poco, y tras un par de días de descanso Kik y yo nos reunimos con Bill en su bufete de la ciudad. Allí le dejé bien claro:

—No he venido a hablar de la posibilidad de volver a competir. Este no es un tema del que tengamos que hablar. No voy a volver, y me da igual lo que me digas al respecto.

Bill Stapleton alzó los ojos hacia Kik y ella le devolvió la mirada, encogiéndose de hombros. Ambos sabían bien que yo estaba en uno de esos estados de ánimo en los que discutir no sirve de nada. A estas alturas Kik era una sombra de sí misma, agotada y frustrada, pero en aquella mirada que cruzó con Bill parecieron decirse algo. La mirada de Kik parecía transmitir un mensaje: «Ten paciencia con él. Está confuso».

Se produjo una pausa de unos veinte segundos hasta que Bill me contestó:

—Bueno, al menos tenemos que hacer esto oficial. Venga, manos a la obra.

—Yo haría un comunicado a la prensa, y basta. ¿O no?

—No me parece muy buena idea.

—¿Por qué?

—Ya conoces esas carreras, la Ruta de... lo que sea, y la París... adonde sea —dijo Bill—. En Norteamérica no hay nadie que sepa nada de ellas, chaval. Aquí nadie sabe siquiera que te has subido a una bici. Así que, sin duda alguna, puedes celebrar una conferencia de prensa y decirle a todos que te retiras. Ya sé que piensas que tu regreso fue espectacular, y estoy de acuerdo. Quiero decir que lo que has hecho es sorprendente, porque el mero hecho de vencer al cáncer es un buen regreso, pero nadie más lo sabe.

—Quedé decimocuarto en la Ruta del Sol —dije a la defensiva.

—Lance —dijo Bill—, serás el tío que tuvo cáncer y no volvió a competir. Eso es lo que va a pasar.

Hubo otra larga pausa y los ojos de Kik, sentada a mi lado, empezaron a llenarse de lágrimas.

—Bueno —reaccioné yo—, pero eso no podemos permitirlo.

Stapleton fue muy astuto conmigo: empezó a mencionar un montón de temas que había que resolver antes de que pudiera retirarme oficialmente.

—Entiendo que te retires —empezó Bill—, pero, ¿cómo vas a hacerlo?

Me preguntó si quería celebrar una conferencia de prensa en directo, y me sugirió que nos reuniéramos con los patrocinadores. Luego preguntó:

—¿No deberías hacer al menos una carrera de despedida?

No podía abandonar el deporte sin una última aparición en Estados Unidos.

—¿Por qué no corres en los campeonatos nacionales de junio como última carrera? —sugirió—. Ésa la puedes ganar, ya lo sabes, y eso sí que sería un buen regreso, porque es algo de lo que la gente se enterará seguro.

—Bueno, no sé —contesté—. No me apetece volver a subirme a una bici.

Bill, con gran paciencia, me fue alejando de la idea del retiro, con cada complicación que iba comentando conseguía ganar más tiempo. De entrada, me dijo que no me podía retirar antes de la Carrera de las Rosas, que no era hasta mayo.

Al final, Bill pudo conmigo: le dije que esperaría antes de anunciar nada. Mientras tanto, decidí tomarme unos días libres.

Mi equipo tuvo bastante paciencia. Thom Weisel decidió esperar, pero lo que iban a ser unos pocos días se convirtieron en una semana, y la semana en un mes. Ni siquiera desempaqueté la bicicleta. Allí estaba en su bolsa, dentro del garaje, acumulando polvo.

Me volví un holgazán. Jugaba al golf todos los días, hacía esquí acuático, bebía cerveza, me tumbaba en el sofá y hacía *zapping*. Fui a Chuy's a comer *tex-mex* y me salté todas las normas de mi dieta de entrenamiento.

Cada vez que volvía de Europa tenía la costumbre de ir a Chuy's justo al volver del aeropuerto, por muy cansado que estuviera, y pedir un burrito con salsa de tomate y un par de margaritas o Shiner Bocks. Ahora prácticamente hacía allí todas las comidas. No me iba a privar de nada: se me había concedido una segunda oportunidad y pensaba sacarle el máximo provecho.

Pero no era divertido. No me sentía motivado, feliz o libre. Era algo más bien forzado. Intenté recrear el estado de ánimo que había compartido con Kik en nuestras vacaciones por Europa, pero esta vez las cosas eran distintas, y no entendía por qué. Lo cierto es que me sentía avergonzado y me asaltaban las dudas. Sentía vergüenza por lo que había hecho en la París-Niza. *Hijo, nunca abandones,* pero yo había abandonado. Me estaba comportando de una forma totalmente ajena a mi carácter, y el motivo era la supervivencia. Era el caso típico de «¿Y ahora qué?». Había tenido una profesión y una vida, y luego me puse enfermo mi vida se puso patas arriba. Cuando intenté volver a la vida de siempre estaba desorientado, nada era ya lo mismo, y no podía soportarlo.

Odiaba la bicicleta, pero al mismo tiempo pensaba: «¿Y qué otra cosa voy a hacer? ¿Ser el chico de los cafés en una oficina?». No me sentía precisamente como un campeón. No sabía qué iba a hacer, de modo que, por el momento, sólo quería huir, y eso es lo que hice: eludir mis responsabilidades.

Ahora sé que sobrevivir al cáncer implicaba algo más que la convalecencia del cuerpo, porque la mente y el alma también debían pasar por ese proceso.

Nadie entendía lo que pasaba excepto Kik. Ella mantuvo la compostura cuando tenía todo el derecho del mundo a sentirse preocupada y furiosa conmigo, porque yo le estaba reventando la vida. Mientras yo me iba a jugar al golf todos los días ella se quedaba sola, sin su perro y sin su trabajo, leyendo las ofertas de trabajo y preguntándose de qué íbamos a vivir. Mi madre entendía sus sentimientos. Nos llamaba, hablaba con ella y le preguntaba:

—¿Cómo te va?

Pero al cabo de unas cuantas semanas de jugar al golf, beber y comer comida mejicana Kik decidió que ya era suficiente, y que alguien tenía que hacerme entrar en razón. Una mañana, cuando estábamos sentados en el patio tomando café, dejé la taza en la mesa y le dije:

—Bueno, nos vemos luego. Es hora de hacer unos cuántos hoyos.

—Lance —respondió ella—. ¿Qué voy a hacer yo hoy?

—¿Qué quieres decir?

—No me has preguntado qué voy a hacer hoy. No me has preguntado qué quería hacer, o si me importaba que te fueses a jugar al golf. Te has limitado a decirme lo que pensabas hacer. ¿Te importa algo lo que haga yo?

—Vaya, lo siento.

—¿Qué voy a hacer hoy? —me preguntó—. ¿Qué voy a hacer? Venga, dime.

Me quedé callado. No sabía qué decir.

—Tienes que tomar una decisión —me soltó ella—. Tienes que decidir si vas a retirarte de verdad y quieres ser un gandul que juega al golf, bebe cerveza y come comida mejicana. Si vas a serlo, perfecto. Te quiero y me voy a casar contigo igual. Pero tengo que saberlo para recomponer mi vida y volver a la calle, a buscar trabajo y pagar tus partidas de golf. Así que ya me dirás. Pero si no te vas a retirar tienes que dejar de comer y beber como lo haces, dejar de ser un gandul y plantearte qué

243

vas a hacer. Al no tomar una decisión ya estás decidiendo, y eso no es típico de ti, Lance. Te quiero igual, pero tienes que plantearte todo esto.

No me dijo estas palabras con rabia, pero tenía razón: yo no sabía muy bien qué intentaba conseguir y además estaba perdiendo el tiempo. De repente vi en sus ojos mi imagen de persona retirada, una imagen que no me gustó. Ella no quería vivir una vida fracasada, y tenía toda la razón.

Suavemente, añadió:

—Así que dime si vamos a quedarnos en Austin. Si es así, me buscaré un trabajo, porque no voy a quedarme sentada en casa mientras juegas al golf. Me aburro.

Normalmente, nadie me hablaba así. Pero lo dijo dulcemente, sin buscar pelea. Kik sabía lo cabezota que puedo llegar a ser cuando alguien me lleva la contraria, mi reflejo de siempre frente al control y la autoridad. No me gusta que me acosen, y si alguien lo hace busco la salida a patadas, ya sean éstas físicas, lógicas o emocionales. Pero mientras me hablaba no me sentí atacado ni a la defensiva, ni herido, ni insultado, porque era capaz de reconocer la verdad sincera cuando la escuchaba. Fue una conversación muy profunda, pero a la vez pausadamente demoledora. Yo me levanté de la mesa.

—Vale. Déjame que lo piense.

De todos modos, me fui a jugar al golf, porque sabía que a Kik no le importaba y que el golf no era la cuestión. La cuestión consistía en encontrarme otra vez a mí mismo.

Por otro lado Kik, Stapleton, Carmichael y Och conspiraban contra mí, sin parar de planear a mis espaldas sobre cómo conseguir que volviera al ciclismo. Yo seguía diciendo que me iba a retirar, pero a medida que transcurrían los días empecé a tener mis dudas. Bill me convenció de que participara en una última carrera, los Campeonatos Profesionales de Estados Unidos, que iban a celebrarse en Filadelfia en mayo.

Chris Carmichael vino en avión a Austin. Echó un vistazo a mi garaje y a la bici aún envuelta en su funda y meneó la cabeza. Chris sentía lo mismo que Kik, que tenía que tomar una decisión consciente sobre si iba a volver al ciclismo o no. «Vuelves a estar vivo, y debes volver a vivir», me repetía. Pero sabía que yo no estaba dispuesto a comprometerme con un regreso a gran escala, no todavía, de modo que la excusa que puso para haber regresado a Austin fue la de organizar una rutina de entrenamiento que me preparase para los Campeonatos Profesionales. Además, se iba a celebrar la segunda Carrera de las Rosas por un circuito alrededor del centro de Austin, lo cual exigía que yo estuviera mínimamente en forma.

—No puedes correr así —dijo Chris señalándome—. No puedes poner en ridículo a tu fundación.

Insistió en que, independientemente de lo que decidiera con respecto a mi jubilación, necesitaba un programa de entrenamiento que durase de ocho a diez días para recuperar la buena forma, y tenía que hacerlo fuera de Austin.

—Vámonos de la ciudad —me dijo—. Aquí no puedes concentrarte. Hay demasiado golf, demasiadas distracciones.

Pensamos en algún lugar al que ir. ¿Arizona? Demasiado calor. ¿Colorado? Demasiada altura. Luego le dije:

—¿Te acuerdas de Boone, aquel pueblecito *hippie* en Carolina del Norte?

Boone estaba situado en los montes Apalaches, a bastante altura, en la ruta del antiguo Tour Du Pont, y yo tenía buenos recuerdos de la ciudad. Allí había ganado en dos ocasiones aquella carrera, y había pasado muchas tardes pedaleando y sufriendo en su cima más alta, Beech Mountain, que era la etapa de ascenso más importante de la carrera. Era una zona difícil pero hermosa, y Boone era una ciudad universitaria repleta de estudiantes y profesores de la cercana Universidad Appalachian State. Además, poseía unas instalaciones donde entrenar en la propia universidad, y muchas cabañas para alquilar en el bosque.

Busqué en Internet y alquilé una cabaña. Luego decidí invitar a un viejo amigo llamado Bob Roll a que fuera mi pareja de entrenamiento; Bob era un tío alegre de treinta y ocho años, antiguo corredor, que se había pasado a la bicicleta de montaña y que sería una buena compañía durante diez días.

Cogimos el avión hasta Charlotte, en Carolina del Norte, y luego viajamos tres horas en coche por las montañas. Nuestra primera parada fue Appalachian State, donde Chris quedó con los del centro de entrenamiento deportivo en que me hicieran algunas pruebas con una bicicleta estática, para averiguar cuánto tenía que recuperar. Chris analizó mi VO_2 máximo, mi índice de lactato y mis umbrales, que confirmaron lo que ya sabía: que estaba gordo y en baja forma. Normalmente mis niveles fisiológicos habían sido lo mejor de lo mejor, pero ahora mi cifra de VO_2, que solía ser de 85, estaba en 64.

Chris pidió a los entrenadores de Appalachian State, que nos echaran una mano:

—Venga, cuando volvamos estará en 74, y lo va a conseguir en una sola semana.

Chris sabía que mi cuerpo podía responder a los nuevos umbrales en muy poco tiempo, y tenía la sensación de que podía estar en forma óptima en cuestión de pocos días. Pero, sólo para picarme, hizo una apuesta: que yo no sería capaz de mantener mi potencia de vatios —la cantidad de potencia invertida en pedalear— por el espacio de una semana.

—Van cien dólares a que no logras pasar de 500 —me dijo. Acepté la apuesta.

A partir de ese momento lo único que hicimos fue comer, dormir y correr en bicicleta. La primavera empezaba a envolver ya las montañas, creando una niebla constante que parecía arropar los pinares. Cada día salíamos a correr bajo la lluvia y el frío me azotaba los pulmones. Echaba una bocanada de vapor con cada espiración que salía de mi cuerpo, pero me daba igual, porque eso me hacía sentirme limpio. Íbamos por caminos secundarios, algunos de los cuales ni siquiera estaban pavimentados ni señalados en el mapa. Pedaleábamos sobre grava y sobre un suelo muy duro cubierto de una alfombra de pinaza, pasando por debajo de ramas que se curvaban hasta tocar el suelo.

Por la noche, Chris preparaba grandes platos de pasta y patatas hervidas, y nos sentábamos a la mesa para devorar la comida y mantener conversaciones no aptas para su publicación. Nos contamos historias y nos reímos recordando los viejos tiempos, los inicios de nuestra amistad y mis primeros años como profesional.

Llamaba a casa cada noche, y Kristin me decía que ya empezaba a sonar como mi viejo yo, porque me lo estaba pasando bien, bromeaba y no parecía deprimido. Cuando le hablaba del frío y de la lluvia, o de la distancia que habíamos recorrido, me reía.

—Me siento muy bien —le decía, casi sorprendido.

Empecé a disfrutar de la concentración propia del entrenamiento, pedaleando con fuerza durante el día y recluyéndonos en la cabaña por la tarde, e incluso llegó a gustarme aquel terrible clima. Era como si regresara a la París-Niza y me enfrentara con los elementos que me habían hecho abandonar. Lo que me había derrotado en París fueron las condiciones de frío y humedad, pero ahora me satisfacía correr a pesar de ellas, como solía hacerlo antes.

Hacia el final del campamento decidimos subir a Beech Mountain. Chris sabía exactamente lo que estaba haciendo cuando me lo sugirió, porque hubo una época en que yo dominaba aquella montaña. Era una subida agotadora de más de 1.500 metros hasta la cima nevada que había supuesto la etapa decisiva en mis dos victorias en el Tour Du Pont. Recordaba cómo subía, esforzándome ladera arriba, con la gente alineada junto a la carretera, y cómo pintaban mi nombre en el asfalto: «¡Ánimo, Armstrong!».

Iniciamos otro día frío, lluvioso y con niebla. El plan era recorrer 160 kilómetros por una ruta sinuosa antes de intentar el ascenso final a Beech Mountain. Chris me seguiría en coche para que pudiéramos cargar las bicis en el coche tras alcanzar la cima y volver a la cabaña para cenar. Corrimos y corrimos bajo la lluvia constante durante cuatro horas, y luego otra más. Cuando llegamos al pie de la montaña ya llevaba seis horas sentado en la bici pero, levantándome sobre los pedales, empecé a atacar la subida con fuerza, y dejé atrás a Bob Roll.

En ese momento, mientras empezaba a subir, vi algo emocionante: el asfalto aún tenía mi nombre pintado. Las ruedas pasaron por encima de las viejas letras amarillas y blancas y yo eché un vistazo hacia abajo, hacia mis pies. Todavía podía leerse, bastante borroso, «Ánimo, Lance».

Seguí adelante y la pendiente se hizo cada vez más abrupta. Golpeé con fuerza los pedales, haciendo un esfuerzo, y sentí satisfecho que empezaba a sudar. Noté el calor bajo la piel, casi como si hubiera bebido alcohol. Mi cuerpo reaccionó instintivamente a la subida y yo, tranquilamente, me levanté del sillín y ajusté el ritmo. De repente, Chris se me puso detrás con el coche, bajó la ventanilla y empezó a animarme:

—¡Venga, venga, venga! —gritaba. Giré la cabeza para mirarlo.

—¡*Allez*, Lance, *allez, allez*! —seguía él. Yo continué

dando pedales con fuerza, sintiendo cómo se me entrecortaba la respiración, y aceleré.

Aquel ascenso activó algo en mi interior. Mientras pedaleaba, reflexioné a fondo sobre mi vida: mi infancia, mis primeras carreras, mi enfermedad y cómo ésta me cambió. Quizá fuera aquel primitivo acto de escalar el que me hizo enfrentarme a las cuestiones que llevaba semanas eludiendo. Me di cuenta de que ya era hora de dejar de aminorar. «Muévete», me dije. «Si puedes moverte es que no estás enfermo».

Volví a contemplar el suelo que se deslizaba bajo mis pies, el agua que salía despedida de las ruedas y los radios que giraban. Vi más letras pintadas, deslucidas ya, y mi nombre medio borrado: «Adelante, Armstrong». Mientras seguía pendiente arriba, vi mi vida como un todo: vi su estructura y el privilegio que suponía vivirla, y también su propósito. Y se trataba meramente de esto: yo estaba destinado a una escalada larga y dura.

Me aproximaba a la cumbre. Chris, detrás de mí, al ver cómo me movía sobre la bicicleta, se dio cuenta de que mi corazón iba despertando. Él notó la gran liberación que yo experimentaba.

Alcancé fácilmente la cima y luego me detuve. Chris aparcó y salió del coche. No hablamos de lo que acababa de suceder. Se limitó a mirarme y me dijo:

—Voy a subir tu bici al coche.

—No —contesté—. Dame el impermeable. Bajaré en bici.

Estaba recuperado y volvía a ser un ciclista. Chris sonrió y volvió al coche de nuevo.

Pasé el resto del viaje en un estado cercano a la adoración por aquellas hermosas, tranquilas y conmovedoras montañas. Las rutas, en medio de aquel silencio, resultaban exigentes, pero yo corría enamorado por la bicicleta. Boone empezó a parecerme una especie de Tierra Santa, un lugar al que había acudido en peregrinaje. Si alguna vez vuelvo a tener problemas grave sé que volveré a Boone y hallaré la respuesta, porque en aquellos paseos recuperé mi vida.

Uno o dos días más tarde fuimos al centro de entrenamiento de la universidad para evaluar mi potencia. Pedaleé con tanta velocidad que casi reviento el odómetro. Chris no conseguía leer las cifras, que cambiaban sin cesar en la pantalla. Riendo, me puso un billete de cien dólares en la mano.

Aquella noche, durante la cena, le dije a Chris como quien no quiere la cosa:

—Me pregunto si podría participar en aquella carrera de Atlanta.

—Hagámoslo —contestó él.

Esa misma tarde empezamos a planear mi vuelta al ciclismo. Chris hizo unas cuantas llamadas, intentando localizarme unas ruedas de carrera nuevas. Luego llamó a Bill Stapleton y le dijo:

—Prepárate. El Lance que vuelve conmigo ya no es el mismo. Es aquel otro que un día conocimos.

Pero el regreso no fue sólo subirse a la bici y ganar. Hubo muchos altibajos, con resultados buenos y malos. La diferencia es que esta vez no permití que los malos me decepcionaran.

Después de la visita a Boone he disfrutado de cada uno de mis días sobre una bicicleta, de todos y cada uno de ellos. Incluso cuando estaba en baja forma, sufriendo, cayéndome e intentando mejorar, jamás, ni una sola vez, volví a pensar en abandonar. Llevé la bici incluso a mi boda. Mi viaje a Boone fue en abril del 98, y Kik y yo nos casamos aquel mayo en Santa Barbara. Invitamos a cien personas e intercambiamos promesas en una pequeña ceremonia religiosa, puesto que

Kik es católica, y luego hubo un baile. Nadie se sentó aquella noche: todo el mundo estaba demasiado ocupado baileoteando por la sala. Lo estábamos pasando tan bien que Kik y yo hubiéramos querido que la fiesta no se acabara nunca. Fuimos a parar al bar del hotel con los invitados, todos vestidos de gala, bebiendo cócteles y fumando puros.

Nos quedamos en una casa de la playa durante unos días, pero no fue la luna de miel ideal, porque yo estaba demasiado volcado en mis entrenamientos después de la experiencia en Boone, y me ejercitaba todos los días. Finalmente, regresamos a Austin para la Carrera de las Rosas, que se había convertido en todo un acontecimiento. Una parte del centro de la ciudad estaba cortada al tráfico, y habían colgado luces por todas las calles. Gané la carrera con bastante ventaja. Cuando subí al podio Kik chilló y dio saltos, tan contenta como si hubiera sido el Tour de Francia, y entonces me di cuenta de que ella nunca me había visto ganar nada.

—No es para tanto —dije encogiéndome de hombros, pero en el fondo estaba encantado.

Fue bonito volver a sentir el gusanillo de la competición. Tuve otra en junio, cuando hice mi regreso oficial al circuito de competiciones oficiales, y acabé cuarto en el Campeonato de Estados Unidos. En esa ocasión el ganador fue mi amigo y compañero de equipo George Hincapie.

Una mañana le dije a Kik:

—Bueno, quizá sea el momento de volver a probar en Europa.

Ella asintió, sonriendo, y se puso a hacer las maletas. La cuestión es que yo podría haberle dicho «Nos vamos a Europa» y, nada más llegar, soltarle «Nos volvemos a Austin»; y, al volver a pisar suelo americano, comentar: «¿Sabes qué? Me he equivocado. Volvamos a Europa». Y ella hubiera hecho todos los viajes sin quejarse. Para ella nada suponía una gran crisis.

A Kik le gustó el reto que suponía un nuevo lugar y un nuevo idioma, de manera que cuando dije: «Venga, vamos a probar suerte de nuevo», se lo tomó bien. Algunas esposas lo hubieran considerado todo un sacrificio, pero por eso no me había casado con ellas. Otras mujeres no habrían aguantado lo que ella había soportado hasta ese momento, pero mi esposa es una de esas personas realmente duras.

Aunque con ciertas dudas, alquilamos un apartamento en Niza, y ella volvió a una escuela para retomar sus clases de francés mientras yo seguía compitiendo. Participé en el Tour de Luxemburgo y lo gané. Recuerdo que tras la primera etapa llamé a casa. Kik quería saber por qué no estaba más emocionado, pero a esas alturas estaba tan harto de los altibajos psicológicos del regreso que intenté mantenerme frío. Era sólo una carrera de cuatro días, no de las que los grandes corredores considerasen una gran victoria. Pero, desde el punto de vista de sus posibilidades para aumentar mi moral, fue algo estupendo, porque significaba que podía volver a ganar. Además, la carrera me proporcionó unos cuantos puntos UCI, y contribuyó a borrar mis últimas dudas sobre mi propia capacidad.

Lo siguiente que hice fue participar en el Tour de Holanda, que duraba una semana, y acabé cuarto. En julio me salté el Tour de Francia porque no estaba preparado todavía para aquella agotadora carrera de tres semanas. En lugar de ello hice de comentarista para una cadena televisiva, y contemplé desde el arcén cómo se convertía en la carrera ciclista más controvertida y traumática de la historia. En una serie de registros en los coches de diferentes equipos la policía francesa descubrió grandes cantidades de EPO y de esteroides anabolizantes. Algunos miembros de los equipos y sus directivos acabaron en la cárcel. Todo el mundo quedó bajo sospecha, y los ciclistas protestaron airadamente por los métodos de las autoridades francesas. De los 21 equipos que comenzaron la carrera al final quedaban sólo 14. Un equipo fue expulsado, y los otros seis se retiraron como protesta.

El dopaje es una desagradable realidad en el mundo del ciclismo, o en cualquier otro deporte que exija resistencia. Siempre hay equipos y corredores que lo consideran como si fuera la poción mágica, y tienen que tomar algo si quieren seguir el ritmo del pelotón. Yo nunca he pensado así, y lo cierto es que, después de la quimioterapia, introducir más sustancias extrañas en mi cuerpo me resultaba especialmente repulsivo. De todas formas, y en términos generales, el Tour del 98 me produjo sentimientos encontrados: simpatizaba con los corredores atrapados en aquella tormenta de fuego, a algunos de los cuales conocía bien, pero también fui consciente de que, a partir de entonces, el Tour sería una competición más limpia.

A lo largo del verano seguí haciendo progresos constantes con la bicicleta, y para agosto Kik y yo teníamos la suficiente confianza en el futuro como para comprar una casa en Niza. Mientras Kik empleaba su imperfecto francés para tratar con los bancos y comprar muebles destinados al nuevo hogar yo fui con el equipo a participar en la Vuelta a España, una prueba de tres semanas y que es también una de las tres carreras más duras del mundo, junto al Tour de Francia y el Giro de Italia.

El 1 de octubre de 1998, casi dos años después de que me diagnosticaran el cáncer, conseguí acabar la Vuelta. Terminé en cuarta posición, y fue un acontecimiento tan importante para mí como cualquiera de mis triunfos. Recorrí 3.800 kilómetros en 23 días, y no me pude subir al podio por tan sólo seis segundos. El ganador, el español Abraham Olano, sólo había corrido dos minutos y dieciocho segundos más rápido que yo, y lo que es más, casi gano la etapa de montaña más dura del recorrido, con vientos de gran potencia y temperaturas bajo cero. La carrera fue tan dura que casi la mitad de los corredores se retiraron antes del final, pero yo no abandoné.

Acabar cuarto en la Vuelta significaba más que un simple regreso. En mi vida anterior había sido un gran corredor en competiciones de un solo día, pero nunca había supuesto una amenaza para nadie en carreras de tres semanas. La Vuelta significó que no sólo había regresado, sino que era mejor que antes. Era capaz de ganar cualquier carrera sobre la faz de la Tierra. Empecé a acumular puntos UCI por todas partes y, de repente, me convertí en alguien famoso.

Mientras yo corría en la Vuelta, Kik se hallaba inmersa en su propia prueba de resistencia, que se llamaba mudanza. Nuestro apartamento estaba en el tercer piso, así que ella llamaba al ascensor, lo cargaba de cosas —cajas de ropa, equipaciones de ciclismo, cosas de cocina—, bajaba y lo descargaba todo en el portal. Luego lo trasladaba todo al portal de casa, y más tarde al maletero del coche. Conducía hasta la casa nueva, descargaba el coche, subía las cajas por un tramo de escaleras colina arriba y las metía en casa. Luego volvía al apartamento y repetía la rutina, una y otra vez, ascensor tras ascensor. Kik trabajó durante dos días seguidos hasta quedar agotada.

Cuando llegué a casa tenía el armario ordenado, la nevera llena de comida y un nuevo juego de llaves, que me entregó ceremoniosamente. En ese momento, por algún motivo, me puse ridículamente contento. Aquella casa parecía la culminación de todo un año. Lo habíamos conseguido, nos habíamos asentado en Europa y recuperado mi carrera. Kik ya sabía hablar algo de francés, y teníamos un hogar y una vida juntos, y eso lo significaba todo para nosotros.

—¡Dios mío! —exclamó ella—. ¡Lo hemos conseguido! ¡Hemos vuelto a empezar!

Para celebrarlo fuimos a pasar unos días en el lago de Como, que seguía siendo uno de mis lugares favoritos. Nos alojamos en un hermoso hotel, en una habitación con una terraza gigantesca y una vista impresionante, y lo único que hicimos fue dormir, pasear y acudir a restaurantes de postín.

A continuación regresamos a Austin para pasar el otoño y las vacaciones de invierno. Poco después de llegar recibí un correo electrónico del director del equipo U. S. Postal Service, Johan Bruyneel, que me felicitaba por la Vuelta. «Creo que quedar cuarto ha sido incluso más de lo que esperabas», me escribía. Luego me hizo un comentario interesante. «El año que viene quedarás la mar de bien subido al podio del Tour de Francia», decía el texto con un cierto misterio.

Ese era el final del mensaje. Lo grabé en el disco duro, lo imprimí y lo leí. ¿El Tour? Johan no sólo pensaba que podía volver a ser un corredor de etapas, sino un corredor del Tour. Pensaba que podía hasta ganarlo.

Valía la pena reflexionar sobre ello. En los siguientes días leí y releí aquel correo. Y es que, tras un año de confusión y dudas acerca de mí mismo, sabía exactamente qué era lo que tenía que hacer. Quería ganar el Tour de Francia.

Lo que uno aprende al sobrevivir es que cuando se acaban los gritos, cuando se supera el desánimo y la crisis personal, cuando uno ha aceptado el hecho de la enfermedad y celebrado la recuperación de la salud, las viejas rutinas y hábitos, como afeitarse por la mañana, ir al trabajo, amar a la esposa o criar a unos hijos... Todo ello son hebras que componen el tapiz de los días, son lo que conforman la estructura a la que llamamos *vida*.

Una de las cosas que amaba de Boone era los paisajes que ofrecía. A veces, pasado algún recodo del camino, los árboles se abrían y podía ver las cadenas montañosas perdiéndose en el horizonte. Ahora empezaba a ver mi vida de la misma manera.

Quería tener un hijo. Mientras estaba enfermo la paternidad era algo impensable, como si quedara todavía oculta tras un recodo de mi camino. Era un imposible, una oportunidad perdida. Pero ahora mi visión era tan clara y cristalina como la de aquellas montañas lejanas, y no quería posponer por más tiempo la paternidad. Por fortuna, Kik estaba tan dispuesta como yo. Nos comprendíamos perfectamente el uno al otro, a pesar de los problemas del año anterior, e íbamos desarrollando una gran armonía entre los dos, ese tipo de armonía que te impulsa a unirte a otra persona para traer al mundo un nuevo ser humano.

Irónicamente, el proceso iba a ser casi tan complicado desde el punto de vista médico como el propio tratamiento del cáncer: exigiría la misma investigación y planificación, y una batería de jeringuillas, medicinas y dos operaciones. Yo era estéril. Para quedarse embarazada, Kik necesitaría una fecundación *in vitro* con el esperma que yo había depositado en el banco de semen de San Antonio aquel fatídico día.

Lo que voy a contar ahora es un intento de explicar clara y abiertamente nuestra experiencia de aquellos días. Hay muchas parejas que mantienen en secreto su tratamiento de fertilidad y no quieren hablar del tema, y están en su derecho. Nosotros sí queremos. Entendemos que nos puedan criticar por ser tan explícitos con los detalles, pero hemos decidido compartirlos porque muchas parejas que se ven afectadas por la infertilidad tienen que enfrentarse al miedo de no tener familia. Queremos que sepan cuál es el proceso de la fecundación *in vitro* para que comprendan lo que les espera. Para nosotros fue difícil, pero valió la pena.

Decidimos tener familia justo después de Año Nuevo, así que comencé a informarme sobre la fecundación *in vitro* tanto como lo había hecho con el cáncer, navegando por Internet y consultando a los médicos. Planificamos un vuelo a Nueva York para visitar a los expertos en el proceso de la Cornell University pero, a medida que se acercaba la fecha, empezamos a tener dudas. La experiencia de por sí ya iba a ser bastante engorrosa, y estábamos tan cansados de viajar, que la idea de pasar semanas en la habitación de un hotel desconocido de Nueva York nos sonaba tan poco atractiva como un ciclo de quimioterapia. Cambiamos de opinión y decidimos buscar un especialista en fecundación *in vitro* de Austin, el doctor Thomas Vaughn.

El 28 de diciembre tuvimos nuestra primera reunión con el doctor Vaughn. Ambos estábamos nerviosos, sentados en el sofá de su consulta y, por puro hábito, yo llevaba lo que Kik denominaba mi *cara de ir al médico:* una expresión dura, de dientes apretados. Kik se mostró muy sonriente para contrarrestar mi seriedad, y confiando en que así Vaughn nos consideraría aptos para ser padres.

Mientras discutíamos el procedimiento que íbamos a seguir me di cuenta de que Kik se sonrojaba levemente. No estaba familiarizada con el lenguaje médico pero, después de un cáncer testicular, a mí no me resultaba muy problemático hablar públicamente con un desconocido sobre asuntos sexuales. Salimos de la consulta con un esquema general en la cabeza y una sensación de sorpresa porque pudiera resolverse todo tan rápido... Si la cosa funcionaba, Kik podría quedarse embarazada para febrero. La sincronización era importante, porque tendríamos que encajar la llegada del bebé en mi agenda de carreras, al menos si quería ganar el Tour de Francia.

Dos días después Kik acudió a un laboratorio a hacerse radiografías. Las enfermeras la sujetaron a una mesa especial deslizante y le introdujeron una especie de instrumento de tortura que desprendía un tinte. La radiografía era para comprobar que no existieran problemas internos. Resulta que las enfermeras se equivocaron dos veces antes de acertar, y a Kik le dolió tanto que se echó a llorar. Típico de ella, eso hizo que se enfadara mucho consigo misma.

—Soy patética —mencionó.

Al día siguiente llegaba la Nochevieja, la última noche en la que ella podría beber alcohol, pues a partir del Año Nuevo tenía que abandonar el alcohol y la cafeína. La mañana de Año Nuevo mi *reina de Java* tuvo que aguantar juntos la resaca y el *mono* de la cafeína. A partir de ese momento no probó ni una gota de ninguna de las dos cosas, porque nosotros queríamos un bebé sanísimo.

Una semana después teníamos una cita en el hospital para lo que pensábamos sería una simple visita de rutina dentro del proceso, pero nos equivocamos. Cuando entramos en la consulta todo estaba dispuesto como para una intervención: había dos mesas, una enfrente de la otra, y varias parejas, bastante tensas, aferrándose las manos en silencio. Una enfermera parlanchina dijo que tenía que sacarnos una foto para los historiales, de modo que apretamos los dientes y tratamos de sonreír. Después nos pasamos dos horas viendo peliculitas de educación sexual, con esas viejas escenas del esperma subiendo por los tubitos. Ya las habíamos visto en el instituto, y no nos apetecía mucho repetir. Luego las enfermeras nos dieron folletos informativos y nos los fueron explicando página por página. Yo me removía en el asiento, y entretenía a Kik haciendo dibujos de espermatozoides dentro de círculos con una raya en diagonal, como las señales de prohibición. Le susurraba chistes al oído: le dije que me sentía como en una reunión de Alcohólicos Anónimos: «Hola, me llamo Lance y no tengo esperma».

Le di un codazo para que nos fuéramos, pero no encontrábamos el momento y seguíamos allí, sentaditos y deseando salir corriendo, pero sin que se presentara el momento de hacerlo educadamente. Al final ya no pudimos más. Kik recogió los folletos, se puso de pie y salió a toda prisa de la habitación conmigo pisándole los talones. Nos escapamos como dos críos de la escuela y corrimos al coche riendo, preguntándonos si seríamos demasiado inmaduros como para ser padres.

Unos días después volvimos a la consulta para hacernos análisis de sangre. Kik se puso blanca como una sábana cuando le pincharon. Le dije que era una llorica, pero en realidad lo sentía de verdad por ella, porque tiene auténtico pánico a las agujas, y sabía que le quedaban todavía unas semanas difíciles por delante. Esa noche se puso su primera dosis intramuscular de Lupron, un medicamento que evita que las mujeres ovulen. Tenía que administrarse diez unidades cada venticuatro horas, o sea, demasiados pinchazos para alguien que tiene miedo a las agujas y, para colmo, debía inyectárselo ella sola. Cada tarde, exactamente a las ocho y media, Kik tenía que ir al baño y pincharse en el muslo. La primera vez que lo hizo le temblaban tanto las manos que no lograba expulsar las burbujitas de la jeringuilla, pero al final se dio un fuerte pinchazo, soltó un taco y se inyectó la dosis.

A mediados de semana el equipo del U. S. Postal Service vino a Austin a hacer pruebas en el túnel de viento. Kik y yo nos llevamos a todos a comer por ahí, pero justo cuando llegaban los invitados Kik miró el reloj y vio que eran las ocho y media. Tuvo que excusarse, ir al baño y «chutarse como un yonqui», como ella decía .

Tras las pruebas en el túnel de viento el equipo del U. S. Postal Service se iba a California, a un campo de entrenamiento, y yo tenía que ir con ellos, lo cual significaba que Kik iba a estar sola durante varios días con el tratamiento para el embarazo. En esos días le tocó hacer un peregrinaje hasta la clínica de San Antonio donde tenían congelado mi esperma. Allí tenía que pagar cien dólares anuales por la custodia, casi como un alquiler. Esa mañana temprano Kik fue a la consulta de fecundación *in vitro* de Austin y recogió un voluminoso bidón termo, tan grande que en el coche ocupaba todo el asiento del pasajero. Condujo una hora hasta llegar a San Antonio y arrastró el bidón por el edificio hasta llegar al piso 13, donde hojeó una revista de decoración mientras una de las enfermeras preparaba a nuestra familia para el gélido viaje de vuelta a Austin. A petición mía la enfermera abrió el bidón un instante para que Kik viera mis iniciales, LA, grabadas en el frasquito.

—Recé en silencio rogando que el frasco no perteneciese a alguien llamado Larry Anderson —me dijo luego.

En el camino de regreso condujo el coche con mucha prudencia, y tuvo que responder a varias llamadas mías, que le preguntaba por sus progresos. No me sentí seguro del todo hasta que depositó el bidón en manos del personal médico que llevaba nuestro tratamiento. No era precisamente el encuentro romántico a la luz de las velas que teníamos en mente, pero ya estábamos preparados para concebir el bebé de esta manera.

Kik siguió pinchándose. Una noche tenía en casa a un montón de amigas invitadas a cenar. Llegaron las ocho y media y, cuando les dijo a lo que iba, ninguna se creía que ella sola fuera capaz de pincharse con una aguja, de modo que fueron con ella al baño para comprobarlo. Llámenlo miedo escénico, llámenlo dedos húmedos, pero el caso es que su última dosis de Lupron se le escurrió, cayó al suelo del baño y se hizo trizas. Ella se quedó mirándolo incrédula y horrorizada, porque sabía perfectamente que si no se pinchaba esa noche perdería todo el ciclo entero y tendría que volver a realizarlo durante otro mes. Se le llenaron los ojos de lágrimas. Mientras sus amigas limpiaban los cristales antes de que el perro se los comiera, Kik buscó frenéticamente en la agenda el número de la enfermera de guardia y la llamó. Eran las nueve menos cuarto de un sábado por la noche, y Kik, llorosa, le explicó la situación. La enfermera respondió un escueto:

—Vaya por Dios.

Hicieron varias llamadas para intentar encontrar alguna farmacia de guardia en la ciudad, y finalmente Kik localizó una. Le tocó conducir a toda velocidad por la autopista para llegar a tiempo. El encargado tuvo la amabilidad de mantener la farmacia abierta hasta que llegó ella, y luego la despidió con una cariñosa palmadita en la espalda.

Un par de días después Kik volvió a la consulta del doctor Vaughn para que le practicara un sonograma, para contar y medir sus óvulos. Le costó ir al médico sola, porque todas las demás mujeres solían ir siempre acompañadas de sus esposos. Me dijo que sentía cómo la observaban mientras hojeaba la revista *People,* y que casi podía leer sus pensamientos: se preguntaban por qué alguien tan joven necesitaba someterse a un tratamiento de fecundación *in vitro,* y por qué siempre iba sola.

El doctor Vaughn empezó a administrarle Gonal-F. Era la medicación que estimularía su organismo para producir más óvulos. A partir de ese momento tendría que pincharse dos veces: cinco unidades más de Lupron y tres ampollas enteras de Gonal-F. Por esos días Kik bromeaba diciendo que su cuerpo, que antes había sido como un templo, ahora era «un cruce entre un acerico y un gallinero».

Preparar la mezcla de Gonal-F era complicado, porque

venía presentado en polvo dentro de ampollas de cristal. Ella tenía que coger una jeringa provista de una larga aguja, una aguja que la ponía enferma sólo con mirarla, y llenarla después con media unidad de una solución de agua esterilizada. Luego rompía la parte superior de las ampollas de cristal e introducía el líquido dentro de ellas. Llenaba la jeringa con la mezcla, la agitaba para eliminar una gruesa burbuja de aire que se formaba en la parte superior y presionaba el émbolo poco a poco hasta que el aire salía. Finalmente, se inyectaba en el muslo su contenido.

El 22 de enero por la mañana Kik fue a ver al doctor Vaughn para que le hicieran otro análisis de sangre. Otra aguja más. Apartó la vista todo lo que pudo, mirando hacia los cuadros colgados en la pared y preguntándose cómo iba a soportar el parto si ni siquiera podía dar sangre sin sentirse mareada. Ese mismo día por la tarde volvió a la consulta del doctor para su segundo sonograma, que reveló la existencia de doce óvulos, todos ellos desarrollándose según el plan previsto.

Era el colmo de la ironía: el mismo día en que ella fue a hacerse el sonograma yo volé desde California a Oregón para ver al doctor Nichols, que debía hacerme un chequeo cada seis meses. El doctor Nichols se había trasladado de Indianápolis a Portland, pero yo seguía visitándole para mi seguimiento periódico. No puedo evitar insistir en lo curioso de que, mientras yo estaba visitando a un médico, ella estaba viendo a otro. Cada uno lo hacíamos por motivos totalmente distintos, pero ambas consultas tenían algo en común: las dos confirmaron que la vida seguía adelante.

Kik estaba casi a punto para la *recuperación,* la operación donde se le extirparían los óvulos, y yo conseguí volver a casa, para alivio de ambos, el día antes de la intervención. Aquel día ella tuvo que pasar por una nueva serie de análisis, sonograma e inyección, una dosis de GCH, el marcador tumoral que había invadido mi vida durante la etapa de la quimioterapia. En este caso el GCH era positivo, porque haría madurar el óvulo en el cuerpo de Kik, de manera que después pudieran recuperarlo.

Una enfermera muy amable la pinchó exactamente a las siete de la tarde con la aguja más larga de todas, treinta y seis horas antes de que la interviniesen en una clínica de la ciudad. Kik miraba aquella enorme aguja temblando mientras permanecía tumbada sobre la camilla. Por la noche soñó con cuchillos y gallineros.

Llegó el día de la operación. Nos levantamos a las seis de la mañana y acudimos a la clínica, donde le dieron a Kik un camisón para que se cambiara, un gorro de ducha de color azul y una bata. El anestesista explicó el procedimiento y nos pasó unos papeles que había que firmar. Nerviosos como estábamos, garabateamos nuestros nombres en todos aquellos documentos, incluso en uno que daba derecho a los médicos a hacerle una incisión en el abdomen para recuperar los óvulos si el método tradicional, por medio de una aguja, no funcionaba.

Kik entró en el quirófano. La ataron literalmente a una mesa, con los brazos extendidos como para una crucifixión. Después de que le pusieran la anestesia ella ya no recuerda nada. Menos mal, porque el doctor empezó a recoger sus óvulos por medio una aguja muy larga y una sonda. Cuando se despertó en la sala de reanimación yo estaba a su lado.

—¿Por qué no te echas a mi lado? —me pidió.

Me metí en la cama y le hice compañía mientras ella dormitaba durante más o menos una hora. Cuando finalmente se despertó y nos dejaron marcharnos a casa la llevé hasta el coche en silla de ruedas y, por segunda vez en toda mi vida, no aceleré a toda velocidad.

Kik se pasó el fin de semana descansando, durmiendo y

viendo películas mientras yo cocinaba y la cuidaba. La esposa de Bart Knaggs, Barbara, vino a visitarla con un ramo de flores y nos regaló un cartón de huevos.

—Como ya no tienes... —le dijo a Kik.

A ella reírse le dolió, pero no tanto como la inyección de progesterona que le tuve que administrar. La última orden del médico era una inyección diaria de progesterona, y había que usar la aguja más larga y de aspecto más siniestro de todas. Pero tenía que hacerlo por su bien.

El 1 de febrero el doctor Vaughn nos llamó porque ya le había llegado el informe de la fertilización. Habían descongelado el esperma y fertilizado los óvulos de Kik mediante un procedimiento llamado *inyección de esperma intracitoplásmica,* en el que inyectaban un poco de esperma en cada óvulo. Teníamos nueve óvulos viables, nos dijo. De esos nueve seis eran perfectos, dos posibles y uno estaba mal. Decidimos implantar tres de los perfectos en el vientre de Kik y congelar los otros tres. Se nos hacía extraño pensar que estábamos congelando a nuestros futuros hijos.

Después de colgar el teléfono, de repente, nos entró el pánico. Me pregunté en voz alta:

—¿Y qué pasa si se fertilizan los tres?

Podíamos acabar rodeados de tres pequeñajos chillones e inquietos, dando golpes con las cucharas todos a la vez.

Tres días después de la recuperación volvimos al hospital para la *transferencia,* que era el término clínico para definir lo que consideramos como el día más importante de nuestra vida, tal vez exceptuando nuestra boda. Entramos en la zona quirúrgica donde nuestra embrióloga, Beth Williamson, nos explicó que se había pasado el fin de semana fertilizando nuestros embriones. Dijo que cuando analizó el esperma se alegró al descubrir que estaban vivitos y coleando, lo cual siempre es un alivio, porque no siempre sucede esto tras la crioconservación. Nos dijo que la fertilización había ido muy bien, e incluso nos enseñó fotos.

—Aquí está la foto de grupo —nos comentó. Esa fue su descripción humorística de una imagen borrosa con los tres embriones juntos, tras la cual vimos imágenes de cada uno de ellos. Cada embrión tenía ocho células, que se iban dividiendo conforme al programa previsto.

—¿Se puede saber el género del bebé? —preguntó Kik.

La doctora Williamson dijo que no, que para saber el género en este estadio lo único que podía hacerse era extraer una de las células y hacer un análisis del ADN. Yo ya había tenido suficientes análisis para el resto de mi vida.

—¡Oh, no, gracias! —dije—. Preferimos soportar la incertidumbre.

Cuando Beth se fue vino una enfermera con dos batas de quirófano, una para Kik y otra para mí. Mientras nos vestíamos, Kik me dijo:

—Tienes toda la pinta de un malo de película.

Sin dejar de reírnos, le pedimos al doctor Vaughn que nos hiciera una foto, la última como pareja sin hijos. Luego entramos en un quirófano a oscuras, con una iluminación suave para crear un ambiente lo más relajante posible. No estábamos angustiados, pero sí muy nerviosos.

Recuerdo que sonreíamos como bobos. Finalmente, cuando el médico indicó al equipo de embriólogos que ya era la hora, trajeron nuestros embriones en una jeringa. Me senté en un taburete junto a Kik, le sujeté las dos manos por debajo de la sábana, y al cabo de cinco minutos todo había acabado. No dejamos de mirarnos durante todo ese tiempo. Después levantaron a Kik con cuidado y la colocaron en una camilla para llevarla a la sala de recuperación.

Allí tuvo que permanecer inmóvil por espacio de una hora. Yo me tumbé en otra cama contigua y nos quedamos allí los dos, mirando al techo y bromeando sobre lo de tener trillizos.

Al cabo de una hora vino una enfermera y nos explicó que durante los dos días siguientes Kik no podía hacer absolutamente nada. Conduje con cuidado hasta casa, la metí en la cama y la cuidé. Le llevaba las comidas en una bandeja, y para la hora de comer puse la mesa con bonitas servilletas blancas.

—Armstrong, mesa para cinco —anuncié.

Serví la comida como un camarero. Kik sólo podía sentarse a la hora de comer, y entre la ensalada y el primer plato la hacía tumbarse en el sofá. Ella me llamaba «el mayordomo».

Al día siguiente desperté a Kik besándole el vientre. Aquel día empezó a tomar unos medicamentos que nosotros llamábamos «los de la incubación». El equipo de embriólogos había practicado un agujero microscópico en cada uno de los folículos fertilizados antes de transferirlos, y los medicamentos de incubación, junto con aquellos agujeritos, ayudarían a los embriones a salir del folículo e implantarse. Hasta dos semanas después, hasta el 15 de febrero, no sabríamos si Kik estaba embarazada o no, pero no podíamos esperar. Intentamos descubrir algún pequeño cambio en su estado de ánimo pero, teniendo en cuenta que había estado pinchándose y tomando pastillas durante semanas, era difícil comparar las condiciones alteradas con las *normales*.

—¿Sientes algún cambio? —le preguntaba, insistente—. ¿Cómo se supone que debes sentirte?

Nos pasábamos todo el rato preguntándonos cosas así.

—¿Lo estaré? —decía ella.

Finalmente, once días después del trasplante Kik fue al hospital a primera hora de la mañana para sacarse sangre y hacerse la prueba del embarazo. Estaba tan nerviosa que apagó la radio y se pasó todo el rato rezando, tanto a la ida como a la vuelta. Los resultados estarían sobre la una y media, de modo que intentamos matar el rato con un enorme desayuno, una buena ducha y la preparación de las maletas para irnos a Europa.

Justo cuando Kik iba a sacar de paseo al perro sonó el teléfono. Lo descolgué y, de repente, se me llenaron los ojos de lágrimas. Colgué el teléfono y le di un tremendo abrazo:

—Cariño, estás embarazada.

Kik me rodeó con los brazos y preguntó:

—¿Estás seguro?

Yo me eché a reír, y luego nos pusimos los dos a llorar.

Ahora que sabíamos que estaba embarazada la pregunta era: ¿cuántos bebés íbamos a tener? Le dije muy alegre que esperaba que fueran trillizos.

—Cuantos más, mejor —dije.

Kik puso los ojos en blanco.

—Mi esposo tiene una gran imaginación —afirmó—. O eso o es que le resulta divertido atormentarme.

—Ya te imagino con los trillizos en un vuelo internacional de once horas —le dije—. Véase también: locura, cansancio, estado catatónico, insomnio.

Kik quería asegurarse de hacerlo todo bien. Hacía una dieta sana, caminaba casi siete kilómetros diarios, se tomaba sus vitaminas prenatales y se echaba la siesta. Compró un montón de libros sobre el embarazo, y fuimos a ver cunas. Sus amigas no dejaban de preguntarle si aún no se sentía mareada, y lo cierto es que no. De hecho, se encontraba tan bien que empezaba a preguntarse si el hospital se habría equivocado de análisis de sangre y, después de todo, no estaba embarazada.

Se hizo un test de embarazo en casa sólo por si acaso. El cartoncito confirmó lo que ya sabíamos.

—Vale, sólo estaba comprobándolo —me dijo.

Finalmente, llegó el momento de regresar a Europa y al equipo del U. S. Postal Service. Kik se quedó para hacerse un par de pruebas más, pero se reuniría conmigo lo antes posible. El 5 de marzo le hicieron un sonograma para ver el número de bebés que iba a tener. Estaba casi convencido de que iban a ser trillizos, pero el sonograma reveló que sólo había uno, y sano. Nada de gemelos ni de trillizos. Ella se sintió aliviada, aunque una pequeña parte de su ser se sentía extrañamente decepcionada, no porque quisiera que fuéramos padres de varios niños, sino porque no podía evitar una vaga sensación de pérdida, de preguntarse qué había pasado con los otros dos. Kik preguntó al doctor Vaughn si podíamos haber hecho algo mal que hubiera impedido que los otros dos vivieran. Él aclaró que no, que en absoluto, y que existen ciertas cosas que son naturales e inexplicables, incluso cuando se trata de un procedimiento aparentemente esterilizado y científico.

Luego añadió:

—Y lo que tenemos aquí es el latido de un corazoncito fuerte.

Indicó un diminuto parpadeo en la pantalla, una lucecita que brillaba. Kik se rió y comentó:

—Seguro que no han sido mis genes los que han hecho que un corazón lata así. Ese es Lance.

El doctor Vaughn imprimió una foto —bastante oscura, por cierto— del embrión, para que Kik me la enseñara en Europa.

Un par de días más tarde Kik llegó a Niza. Me enseñó la foto y yo la estudié pasmado, totalmente hipnotizado. Aquella cosita con un corazón que latía me hizo sentirme más vivo que cualquier otra cosa que hubiese experimentado. Me hizo sentir limpio y digno, como cuando estuve en Boone. Me hizo sentir, al fin, que había sobrevivido.

—Corre como el viento —dijo Kik—. Papi Armstrong tiene una familia que mantener.

9

EL TOUR

La vida es larga y... ¡menos mal! Pero *larga* es un término relativo: cuando uno pedalea pendiente arriba un segundo puede parecerle un mes, y por eso pocas cosas hay que parezcan más largas que un Tour de Francia. ¿Cómo es de largo? Largo como los guardarraíles de una autopista, extendiéndose hasta el horizonte lejano, largo como los campos de heno en el verano, sin vallas a la vista, largo como la vista sobre tres países distintos desde lo alto de una cumbre helada de los Pirineos.

Resultaría fácil considerar el Tour de Francia como una empresa monumentalmente absurda: doscientos corredores pedaleando durante tres semanas por Francia, montañas incluidas, y padeciendo los rigores del verano. No existen motivos lógicos para intentar una hazaña semejante, excepto el hecho de que hay personas, personas como yo, claro está, que para definirse a sí mismas necesitan conocer las posibilidades de su resistencia, y pensar: «Sí, yo soy capaz de soportar eso». Es una competición que genera un sufrimiento que parece carecer de sentido pero, por razones estrictamente personales, yo creo que debe de ser la competición deportiva más elegante del mundo. Para mí, por supuesto, tiene que ver con la vida.

Un poquito de historia: la bicicleta fue un invento de la Revolución Industrial junto con la máquina de vapor y el telégrafo, y el primer Tour se celebró en 1903 como resultado de un reto planteado en el periódico deportivo francés *L'Auto*. De los 60 corredores que lo empezaron sólo acabaron 21, y el acontecimiento cautivó de inmediato a toda la nación. Se calcula que unos 100 000 espectadores bordeaban las carreteras que conducían a París, y ya por entonces se hicieron las primeras trampas: algunos añadían alcohol a las bebidas, y los líderes de los equipos lanzaban tras de sí clavos y botellas rotas para frenar a sus seguidores.

Aquellos primeros corredores debían llevar encima su propia comida y equipo, con bicicletas de sólo dos marchas que hacían frenar usando los pies. Las primeras etapas de montaña se introdujeron en el año 1910 (junto con los frenos), cuando el pelotón atravesó los Alpes, superando la amenaza que suponían los ataques de animales salvajes. En 1914 la carrera comenzó el mismo día que dispararon al archiduque Fernando. Cinco días después de acabada la carrera la guerra se extendería a esos mismos Alpes por los que los corredores habían pasado poco antes.

Hoy en día el Tour es una maravilla de la tecnología. Las bicis son tan ligeras que se las puede levantar con una sola mano, y los corredores van equipados con ordenadores, pulsómetros e incluso radios bidireccionales. Pero la prueba esencial de la carrera no ha variado: ¿quién podrá superar mejor las adversidades y tener la fuerza necesaria para seguir adelante? Tras la prueba tan dura que yo había superado no podía evitar el sentimiento de que estaba hecho para esa carrera.

Antes de que empezara la temporada del 99 fui a Indianápolis a celebrar una comida cuyo fin era sensibilizar al público sobre el cáncer, y me pasé por el hospital a ver a mis viejos amigos. Scott Shapiro me dijo:

—¿Así que vuelves a participar en carreras por etapas?

Le dije que sí, y luego le pregunté:

—¿Crees que puedo ganar el Tour de Francia?

—No sólo lo creo —contestó—. Espero que lo ganes.

Pero seguí teniendo accidentes.

Los comienzos de la temporada de ciclismo de 1999 fueron un fracaso total. En la segunda carrera del año, la Vuelta de Valencia, me caí de la bicicleta y casi me rompo un hombro. Tuve que tomarme dos semanas de descanso. Además, en cuanto volví a subirme a la bici tuve otro accidente: estaba entrenando en el sur de Francia cuando una señora mayor arrancó su coche de manera imprevista y me tiró a un lado. Padecí como el perro del proverbio en la París-Niza y en la Milán-San Remo, en medio de un clima espantoso, esforzándome para llegar a la meta al menos hacia la mitad del pelotón. Lo achaqué a mi baja forma y me inscribí en la siguiente carrera... donde volví a caerme. Llovía, y en la última curva de la primera etapa patiné sobre el asfalto mojado. Las ruedas resbalaron cuando pasaron por aquella mezcla de polvo y gasolina, y me caí de la bici.

Tuve que volver a casa. El problema estaba, sencillamente, en que me había oxidado, de modo que durante dos intensas semanas trabajé mi técnica, hasta sentirme de nuevo seguro en el sillín. Cuando volví a correr intenté mantenerme sin caídas, y al final gané algo, una etapa contrarreloj en la prueba Circuito de La Sarthe. Mis resultados mejoraron un poco.

Lo curioso es que ya no era un buen corredor en las carreras de un solo día, ya no era aquel corredor cabreado y nervioso que fui un día. Seguía pedaleando con fuerza, pero la mejora del estilo y la técnica me habían estabilizado, ya no era tan manifiestamente agresivo. Ahora había algo muy distinto que me motivaba —psicológica, física y emocionalmente—, y ese algo era el Tour de Francia.

Estaba dispuesto a sacrificar toda la temporada por el Tour, y puse en él todas mis esperanzas. Me salté todas las clásicas de primavera, las carreras tan prestigiosas que constituyen la columna vertebral del calendario ciclista internacional, limitándome a elegir unas cuantas que me permitieran estar en forma óptima en julio. Nadie entendía lo que estaba haciendo, porque en el pasado me había ganado la vida en esas carreras clásicas. ¿Cómo es que no participaba en las pruebas que había ganado antes? Un periodista me preguntó si no iba a competir en alguna de esas carreras.

—No —repuse.

—Bueno, y... ¿por qué no?

—Voy a concentrarme en el Tour.

Hizo una especie de mueca y me dijo.

—¡Oh, así que ahora es un corredor del Tour! —Lo dijo con ironía, como si yo estuviera bromeando.

Me lo quedé mirando y pensé: «Vale, tío, ya veremos».

Poco después me encontré con Miguel Induráin en el ascensor de un hotel y él también me preguntó qué estaba haciendo.

—Estoy dedicando un montón de tiempo a entrenar en los Pirineos.

—¿Y eso por qué?

—Por el Tour.

Alzó las cejas sorprendido y se guardó los comentarios.

Todos los miembros de mi equipo estaban tan entregados al Tour como yo. Las especialidades del equipo se dividían así: Frankie Andreu era nuestro capitán, y un voluminoso y potente *sprinter,* un consumado veterano al que había conocido cuando yo era un adolescente. Kevin Livingston y Tyler Hamilton eran nuestros especialistas en ascenso, una gente con mucho talento; George Hincapie era el ganador del Campeonato de Estados Unidos y otro gran *sprinter*, como Frankie; Christian Vandevelde era uno de los novatos más prometedores de todos, y Pascal Derame, Jonathan Vaughters y Peter Meinert-Neilsen eran fieles gregarios que podían correr horas y horas sin quejarse una sola vez.

El hombre que nos dio forma como equipo fue nuestro director, Johan Bruyneed, un belga con cara de póquer y antiguo corredor del Tour. Johan sabía todo lo que era necesario para ganar el Tour. De hecho, había ganado dos etapas durante su etapa de ciclista. En 1993 ganó la que en aquel momento era la etapa más larga de la historia del Tour, y en 1995 ganó otra cuando superó a Induráin en un duelo final espectacular, en Lieja. Johan e Induráin eran los dos únicos que iban delante, y él estuvo pegado a las ruedas de Miguel todo el rato hasta que le superó en el *sprint* final de la meta. Era un corredor inteligente y lleno de recursos, que sabía muy bien cómo derrotar a competidores más poderosos, y aportó a nuestro equipo esa misma sensación de serenidad en la estrategia.

Fue Johan quien tuvo la idea de montar concentraciones para entrenarnos. Aceptamos su plan sin quejarnos, y pasamos períodos de una semana en los Alpes y en los Pirineos. Estudiamos el tipo de terreno que nos encontraríamos en el Tour y practicamos las escaladas que nos esperaban, pedaleando hombro con hombro durante siete horas diarias en todo tipo de climas.

A medida que recorríamos las etapas de montaña trabajé especialmente con Kevin y Tyler, porque ellos eran nuestros escaladores, los que tendrían que hacer la mayor parte del trabajo tirando de mí montaña arriba. Mientras la mayoría de los otros competidores descansaban entre temporadas o competían en las clásicas, nosotros subíamos montañas con un tiempo horroroso.

John y yo teníamos un chiste para cuando corríamos. Era enero en los Pirineos, y llovía todos los días. Yo me llevaba la peor parte, agotado por aquellas escaladas, mientras Johan me seguía en el coche, calentito, hablando conmigo por el *walkie-talkie*. Un día cogí el aparato y le dije:

—¡Johan!

—Sí, Lance. ¿Qué quieres?

—El año que viene voy a correr las clásicas.

A partir de aquel momento se lo dije todos los días. En seguida Johan se dio cuenta de por dónde iban los tiros.

—Johan...

—Deja que lo adivine, Lance... —me decía, sin entonación—. El año que viene te dedicas a las clásicas.

—Eso.

Cuando no estábamos corriendo por los Alpes o los Pirineos yo entrenaba por mi cuenta. En todo lo que hacía había un propósito. Kik y yo vivíamos el día a día con sólo dos cosas en mente: el Tour de Francia y tener un bebé sano. Todo lo demás era secundario, una distracción innecesaria, pero en esa dedicación estaba nuestra paz interior.

Traté de distanciarme del asunto. Abordé el problema del Tour como si estuviera en una clase de matemáticas, de ciencias o de química, o todas juntas. Hice cálculos por ordenador que equilibraban el peso del cuerpo y el de mi equipo con la velocidad potencial de la bici en las diferentes etapas, intentando obtener la ecuación que me hiciera llegar a la meta más rápido que los demás. A lo largo de los entrenamientos hacía meticulosos gráficos de ordenador, calibrando las distancias, la potencia en vatios y los umbrales.

Incluso comer se convirtió en algo matemático. Analicé mi dieta, y guardaba en la cocina una pequeña báscula para pesar las cantidades de pasta y de pan. Luego contrasté la potencia en vatios con la ingestión de calorías, de modo que supiera perfectamente lo que comía cada día y cuántas calorías debía quemar, y así conseguir que lo que ingería fuese inferior a lo que quemaba, para perder peso.

Aquí estaba una de las imprevistas ventajas del cáncer: había rehecho mi cuerpo por completo, y ahora estaba mucho más delgado. En las fotos de antes yo tenía aspecto de jugador de fútbol americano, con el cuello grueso y el torso desarrollado, lo cual había contribuido a mi potencia sobre la bici. Pero, paradójicamente, cuando corría en la montaña ese mismo peso me lastraba, porque invertía mucha potencia en desplazarlo cuesta arriba. Ahora estaba casi demacrado, y el resultado fue una ligereza que nunca antes había sentido sobre la bicicleta. Mi cuerpo era más esbelto, y mi espíritu más equilibrado.

La duda que tenía acerca de mí mismo de cara al Tour estaba en mi capacidad de escalada. Esprintar siempre podría hacerlo, pero las montañas me perdían. Eddy Merckx llevaba años diciéndome que adelgazara, y ahora entendía por qué. Perder dos kilos suponía una gran ventaja para correr en la montaña, y yo había perdido seis. Era todo lo que necesitaba. Empecé a mejorar también en ese capítulo.

Cada mañana me levantaba y comía lo mismo para desayunar, algo de cereales con fruta y pan, a menos que fuera a tener un entrenamiento especialmente largo, en cuyo caso comía un plato de claras de huevo revueltas. Mientras tanto Kik me llenaba las botellas de agua, y a las ocho salía disparado por la puerta para unirme a Kevin y Tyler para entrenar. La mayor parte de los días corría hasta la hora de comer, sobre las tres de la tarde. Cuando llegaba a casa me duchaba y me echaba una buena siesta. Me levantaba por la tarde, pesaba la pasta y cenaba con Kik.

No hacíamos nada. No íbamos a ninguna parte. Comíamos y dormíamos, para que pudiera levantarme por la mañana y entrenar. Así fue nuestra vida durante varios meses. A veces los amigos de Kik decían:

—¡Vaya! Así que vives en el sur de Francia. ¡Qué nivel!

No tenían ni idea de la verdad.

Mientras yo entrenaba Kik hacía recados o descansaba en el porche. Pensaba que Niza era el lugar perfecto para estar embarazada, porque podía salir a los mercados callejeros en busca de fruta fresca y verduras. Por las tardes hojeábamos libros sobre el embarazo y seguíamos el crecimiento del bebé. Primero tenía el tamaño de un alfiler, luego el de un limón, hasta que llegó el gran día en el que Kik tuvo problemas, por primera vez, a la hora de abrocharse los vaqueros.

El grado en que Kik y yo estábamos volcados en el tema del ciclismo era muy alto. Es un deporte muy duro, y por ello Kik lo respetaba.

—Que tengas un buen día en el trabajo —me decía cada día al irme a entrenar. Si ambos no hubiéramos estado igualmente comprometidos con ese estilo de vida la cosa no habría funcionado. Si ella se hubiera aburrido, se hubiese sentido engañada o descontenta, no podríamos haber pasado aquellos meses en paz. Ella era para mí como un gregario del equipo, resultaba igual de esencial para mis entrenamientos.

Kevin se daba cuenta, porque era nuestro mejor amigo y también tenía un apartamento en Niza. A diferencia de mí, cuando venía a Europa tenía que hacerlo solo. Cuando volvía de una carrera o un campo de entrenamiento se encontraba una casa vacía, y a veces la leche rancia. Tenía ropa limpia, una casa en condiciones, un gato, un perro y todo lo que necesitara para comer, y todo gracias al trabajo duro de Kik. Yo siempre me había sentido incómodo y solo viviendo en Europa, hasta que lo hice como persona felizmente casada. Ahora estaba aprendiendo a amar esa vida.

Había días en que pinchaba y me quedaba tirado en mitad de ninguna parte, y entonces llamaba a Kik y ella venía a buscarme. Algunas tardes se acercaba a las montañas con el coche sólo para traerme Gatorade y comida. Aprendió mucho sobre el ciclismo para poder ayudarme. Sabía lo que necesitaba y cuándo, qué días eran los difíciles, cuándo era un buen momento para hablar y cuándo debía dejarme tranquilo.

En los días de entrenamiento más duro ella esperaba impaciente para saber cómo me había ido, porque sabía que yo estaba muy concentrado en mi preparación, y lo importante que era seguir el plan previsto. Si la cosa no iba bien ella comprendía mi decepción y mi mal humor.

A finales de abril volví a las carreras en una clásica de un día llamada la Amstel Gold Road, y así evaluar mi forma física. Desde el principio me sentí un corredor distinto, más fuerte, y durante gran parte del día estuve enzarzado en un duelo con el holandés Michael Boogerd, uno de los mejores ciclistas del mundo. Cuando sólo quedaban unos 16 kilómetros para la meta yo iba en cabeza. Boogerd estaba pegado a mi rueda, siguiéndome de cerca. A estas alturas yo sabía, o creía que sabía, que le iba a derrotar en el *sprint* final. Hubiera apostado mi salud, de lo convencido que estaba.

Comencé el último *sprint*... y Boogerd se descubrió. Maniobró y se situó a mi lado, poniéndose a mi altura, mientras acelerábamos los últimos metros... y yo perdí. Perdí por un centímetro. Menos que el grosor de una rueda.

Me sentí hecho polvo. Estaba absolutamente convencido de que iba a ganar, y la derrota me escocía más porque a Boogerd se le consideraba uno de los favoritos para ganar el Tour de Francia. Mientras subíamos los dos al podio lo único en que podía pensar era en cómo afectaba eso a mis planes para el Tour. Me incliné hacia él y le dije:

—Me las pagarás en julio.

Se me quedó mirando, extrañado.

—¿De qué hablas? Estamos en abril.

Volví a los entrenamientos. Corrí y corrí, corrí como nunca había corrido antes, castigando el cuerpo por todas las montañas que encontraba. Alrededor de Niza hay unas cincuenta escaladas bastante fuertes, con pendientes de más de 16 kilómetros. El truco no estaba en escalar de vez en cuando, sino en hacerlo todo el tiempo. Cada día hacía tres escaladas distintas, que duraban seis o siete horas. Una escalada de 20 kilómetros, por ejemplo, me llevaba una hora, para que se hagan una idea de cómo eran mis días.

Corría cuando nadie más corría, a veces ni siquiera mis compañeros de equipo. Recuerdo en concreto el 3 de marzo, un gélido día de primavera típico de Europa. Hacía un frío que taladraba. Yo entrenaba por los Alpes con la bici, seguido por Johan en el coche, cuando se puso a granizar. La temperatura era de cero grados, pero a mí me daba igual. Nos colocamos junto a la carretera y contemplamos el paisaje, y viendo el tiempo que hacía Johan me sugirió que lo dejáramos.

—No, sigamos —le contesté.

Corrí siete horas solo. Para ganar el Tour tenía que estar dispuesto a seguir corriendo cuando nadie más lo hiciera.

El paseo más agotador de Niza era subir por el Col de la Madone, o Madonna. Era una escalada que tenía fama de dura, ascendiendo por encima de la ciudad. Desde nuestra casa casi se veía, más allá de las verdes colinas del horizonte. La Madone era demasiado difícil como para hacerlo todos los días, pero era una gran prueba de resistencia. La mayoría de los corredores subían una o dos veces por temporada. Yo subía una vez al mes.

Tony Rominger, que durante años fue el mejor corredor del mundo, usaba la Madone como entrenamiento mientras residía en Mónaco, y tenía el tiempo: tardaba 31 minutos y 30 segundos en subirlo. Kevin Livingston, el mejor escalador de nuestro equipo del U. S. Postal Service, logró hacerlo una vez en 32 minutos. Por mi parte, en la temporada del 98, cuando regresé al ciclismo, subí la Madone en 36 minutos, pero para ganar el Tour sabía que tenía que superar esa marca en bastante tiempo.

—Voy a rebajar los 31 minutos —le dije un día a Kevin.

Eso sonaba a fantasmada, viniendo de alguien que en aquellos momentos no podía ni hacerlo en 35 minutos.

—Estás tonto —contestó Kevin.

Pero llegué a los 34, y luego bajé a 33. Entonces, una tarde, hice un tiempo de 32 y medio. Justo antes del Tour, Kevin y yo subimos el Madone una última vez.

Era un día húmedo, con una ligera brisa, muy bochornoso por el calor. Corrimos hacia la cima, envuelta en nubes, a 1.000 metros sobre el nivel del mar, y cuando quedaba cosa de un kilómetro Kevin pinchó. Mientras se detenía a cambiar la rueda yo seguí adelante. Cuando llegué a la cima eché un vistazo al cronómetro del manillar.

Esperé a Kevin. Llegó sin aliento y de mal humor por haber pinchado. Le enseñé el tiempo que marcaba el cronómetro. En seguida vimos las implicaciones para el Tour.

—Vaya, tío —dijo Kevin—. Esto va a traer cola.

Kik sabía que cada vez que subía la Madone era un día importante. Durante el desayuno había estado serio, concentrado. Cuando llegué a casa estaba esperando junto a la puerta, con ganas de saber cómo me había ido, si vendría contento o frustrado. Och estaba de visita, y también esperaba con ansiedad.

Entré en la casa con mala cara.

—¿Cómo ha ido? —me preguntó ella.

—Las condiciones eran malísimas —contesté.

—Vaya.

—Sí —continué—. Sólo hice 3:47.

Ella me abrazó. Och me dio palmaditas en la espalda.

—Jimmy, estoy listo —le comenté.

Unos pocos días más tarde Och regresó a Estados Unidos, y le dijo a todo el que quiso escucharle que yo iba a ganar el Tour de Francia.

Hice las maletas para el Tour obsesionado por los más mínimos detalles. Kik y yo habíamos sacado todas mis cosas y las habíamos colocado cuidadosamente en la maleta, y yo insistí en que las dispusiera de una forma especial. Mis *culottes* tenían que enrollarse de una forma determinada, para que encajaran bien, las cajas de las zapatillas tenían que ir en su lugar correcto, los guantes iban en una esquina, los manguitos, en otra. Todo tenía que estar perfectamente alineado, de modo que, con sólo echar un vistazo, viera las diversas prendas adecuadas para cada circunstancia.

Llegamos a París para los preliminares del Tour, que incluían una batería de pruebas médicas y controles antidopaje, así como de discursos oficiales de los organizadores. A cada ciclista se le entregaba la *Biblia* del Tour, una guía que mostraba cada etapa de la carrera con perfiles de la ruta y la situación de las áreas de avituallamiento. Estuvimos brujuleando por entre las bicis, cambiando los manillares y asegurándonos de que los anclajes de las zapatillas encajasen a la perfección en los pedales. Algunos corredores prestaban menos atención que otros a la preparación de sus máquinas, pero yo era tan puntilloso que la gente del equipo me apodaba *el señor Milímetro*.

En medio de la actividad previa a la carrera nuestro equipo del U. S. Postal Service era considerado un cero a la izquierda y nadie comentaba que tuviéramos oportunidades de ganar. Se hablaba de Abraham Olano, el campeón mundial, de Michael Boogerd, que me había derrotado en la Amstel, de Alexander Zülle, el suizo, y de Fernando Escartín, otro español. Se hablaba también de los que no estaban allí, víctimas de los análisis antidopaje. Yo era una nota a pie de página, el americano que había sobrevivido al cáncer. Sólo había una persona que parecía pensar que yo podría conseguirlo: poco antes de empezar la carrera alguien preguntó a Miguel Induráin por quién pensaba que podría tener opciones de ganar. Quizá él recordaba nuestra conversación del ascensor y sabía cómo había entrenado.

—Armstrong —contestó.

El Tour comenzó con una etapa Prólogo, una contrarreloj de ocho kilómetros en Le Puy du Fou, un pueblo con un castillo color pergamino y un parque temático sobre la Edad Media. El Prólogo era una especie de sistema de selección que seleccionaba a los corredores más rápidos y decidía quién iba a correr al frente del pelotón. Aunque sólo eran ocho kilómetros, se trataba de una prueba importante, que no dejaba margen de error. Había que salir a tope desde el principio o quedarse en casa. Los corredores que quisieran ir bien situados en la general tendrían que clasificarse entre los tres o cuatro primeros.

La carrera empezaba con un *sprint* de cinco kilómetros, con un posterior. Había que resistir una subida 700 metros de altitud, una escalada que no podíamos permitirnos subir si no era dándolo todo. Por último, detrás de una curva, llegaba el *sprint* final hasta la meta. La carrera favorecía a un corredor potente como yo, y también había sido perfecta para el gran Induráin, que una vez la había hecho en un tiempo récord de 8:12.

Así que la carrera duraría menos de nueve minutos. El problema más serio era la ascensión. No se podía gastar toda la energía en los primeros cinco kilómetros para luego quedarse tirado. Además, había que tomar una decisión fundamental: ¿debía subir la colina con un plato grande o pequeño? Estuvimos comentando el tema durante un par de días. Johan, a la hora de planificar nuestra estrategia, se había mostrado tranquilo y meticuloso. Dividió la carrera en potencia en vatios y en fracciones de minuto, dándome instrucciones precisas. Incluso sabía cuál debería ser mi ritmo cardíaco durante el primer *sprint*: 190.

Los corredores habían empezado a salir uno a uno, a intervalos de tres minutos. Mientras, nos iban llegando informes de la carrera. Frankie Andreu, mi compañero de equipo, se sacrificó para hacer una prueba, intentando subir la colina con un plato grande. Fue un error, y cuando llegó a lo alto de la colina estaba agotado y sin fuelle.

Olano superó el récord de la carrera con un 8:11, y luego Zülle volvió a batir ese tiempo con un 8:07. Me tocaba a mí. Cuando corro bien mi cuerpo parece casi inmóvil sobre el sillín, y lo único que se mueven son las piernas, como los pistones de un motor. Desde atrás, en el coche, Johan podía ver que apenas movía los hombros, lo que indicaba que no estaba desperdiciando energía, sino invirtiéndola en la bicicleta, en la marcha.

Mientras corría, Johan me iba dando los tiempos que iba haciendo, e instrucciones para ir mejor.

—Ya no tocas el sillín —me decía—. Siéntate.

Sin darme cuenta, estaba apretando demasiado. Me senté de nuevo y me concentré en mi pedaleo, en la técnica de la carrera. No tenía ni idea de cuál era mi tiempo global. Sólo pedaleaba.

Crucé la línea de meta y miré el reloj.

«8:02».

Pensé: «No puede ser».

Volví a mirar: «8:02».

Era el líder del Tour de Francia. Por primera vez en mi carrera como ciclista iba a llevar el jersey amarillo, el *maillot jaune* que me distinguiría de los demás corredores.

Ya en nuestras habitaciones, recibí fuertes abrazos por parte de mis compañeros, y el mayor de ellos vino de Johan. Llegó un equipo de cámaras de la cadena ESPN para entrevistarme, pero no conseguí decir nada. Sentía la boca seca, y temía que si hablaba me fallara la voz en directo. No podía hablar. No lograba encontrar las palabras.

—Estoy sorprendido —dije, con voz ronca—. Aún no me he hecho a la idea.

Entre la multitud vi a Induráin que se iba abriendo camino y se me acercó. Me estrechó la mano y me dio un abrazo cariñoso.

Lo cierto es que uno no dispone de tiempo para celebrar que ha ganado una etapa del Tour, porque primero te llevan a hacerte los controles antidopaje, y luego hay que seguir el protocolo. Me llevaron a un cuarto donde pude ducharme antes de subir al podio, y me entregaron el *maillot* amarillo para cambiarme. Me había preparado mucho para el Tour, pero no había contado con este momento. No estaba preparado para la sensación de ponerme aquel *maillot*, sintiendo el tejido deslizarse sobre mi piel.

En Niza, Kik pudo ver en la tele cómo subía al podio vestido con el *maillot* amarillo. Empezó a dar saltos por la casa, agitando al bebé en su vientre y provocando los ladridos del perro. Al final, bajé del podio y fui a llamarla por teléfono.

—Cariño —le dije.

Lo único que oí al otro extremo de la línea fue:

—¡Oh, Dios mío, Dios mío! ¡Oh, Dios mío! —y luego se puso a llorar. Y añadió:

—Maldita sea, cariño, ¡lo lograste!

Hubo un segundo momento supremo de victoria. Mientras cruzaba la zona de meta pasé junto al equipo de Cofidis. Por allí rondaban varios miembros de la organización, personas que me habían dado por muerto en la habitación del hospital.

—Quería dedicarles esta victoria —les dije, pasando de largo.

Salimos a cruzar las llanuras del norte de Francia. Yo era el primer estadounidense que corría para un equipo estadounidense sobre una bici estadounidense, y que lideraba el Tour de Francia. Esa mañana miré el calendario: era el 4 de julio. De repente, me puse nervioso. El *maillot* amarillo era una responsabilidad y ahora, en lugar de ser el atacante, iba a ser el corredor que aguantara los ataques. Jamás en mi vida había estado en la posición de tener que defender aquel *maillot*.

Las primeras etapas del Tour eran ideales para los *esprinters*. Nos lanzamos por las llanuras siguiendo carreteras lisas y monótonas, jugando nuestra partida de ajedrez sobre la bicicleta. Los nervios estaban tensos; en el pelotón la gente maniobraba para cerrar a los demás, lo cual supuso un riesgo constante de accidente que terminó en un par de caídas típicas del Tour.

Los manillares se tocaban, los corredores se empujaban con las caderas y las ruedas de las máquinas colisionaban. En la parte delantera del pelotón había menos problemas, así que intentamos no movernos de ella, pero eso es lo que intentaban también los demás equipos, y la carretera tenía una anchura fija. Con casi doscientos corredores maniobrando en busca de posición era difícil evitar las colisiones. En aquellos primeros días la estrategia principal era la de evitar los problemas, lo cual es más fácil de decir que de hacer, ya que entre tantas escaramuzas, y con aquellos movimientos tan constantes, uno podía quedarse en el fondo del pelotón antes de que se diera cuenta. De hecho, el año anterior Kevin se había caído dos veces en las llanuras, con lo que se encontró a quince minutos del líder antes de llegar a las etapas de montaña.

Nuestro equipo tenía dos coches de apoyo y una furgoneta. En un coche iban Johan y el personal, con nuestras bicis de reserva en la baca, y en el otro los directores y los patrocinadores que habían acudido. La furgoneta llevaba todas las bicicletas, nuestras maletas y el resto del equipo. Si alguien pinchaba siempre había un mecánico disponible, y si necesitábamos agua o comida el personal nos la facilitaba.

Johan dirigía las tácticas de la carrera desde el coche. Iba dándonos informes sobre los tiempos, posiciones y órdenes de ataque por medio de un sofisticado sistema de radio. Cada miembro del equipo llevaba un auricular y un cable en torno al cuello del *maillot,* y también estaba conectado a un medidor de ritmo cardíaco, de modo que Johan pudiera saber cómo funcionaban nuestros cuerpos bajo aquella presión.

Durante todo el día, y día tras día, corrían delante de mí todos mis compañeros, protegiéndome del viento y de las caídas, los competidores o cualquier otra amenaza. Eludíamos constantemente a espectadores demasiado ansiosos, fotógrafos y una parafernalia de lo más variada: cochecitos de bebé, neveras portátiles, de todo. En la segunda etapa llegamos a una carretera sobre un dique llamada el Passage du Gois, un paisaje de una singularidad casi surrealista. El Passage es una carretera larga y estrecha que cruza por encima de unas marismas, pero el agua oscura la cubre durante la marea alta, haciendo imposible pasar por ella. Incluso cuando la carretera está descubierta es resbaladiza y peligrosa, y las riberas están cubiertas de mejillones y algas.

El pelotón seguía apiñado, con golpes y maniobras raras, y éramos conscientes de que sería una travesía peligrosa. El primer equipo en pasar sería el que lo tuviese más fácil, de modo que la mayoría de los corredores del U. S. Postal Service se agruparon en torno a mí y nos mantuvimos cerca de la cabeza de carrera. Durante el recorrido, algunos de nuestros compañeros se vieron separados y se quedaron en otro grupo. Frankie y George me ayudaron a pasar sin incidentes, pero pasamos un mal rato: la carretera estaba tan resbaladiza que incluso dudábamos en mover el manillar, y además luchábamos contra un viento lateral que hacía aún más difícil mantener el equilibrio.

Detrás de nosotros, otros corredores no tuvieron tanta suerte, y se vieron involucrados en una tremenda caída colectiva. Alguien debió de frenar, y de repente hubo ciclistas caídos por toda la calzada. Las bicis saltaban por los aires, las ruedas giraban descontroladamente y los competidores iban a parar al suelo en lo que fue una reacción en cadena masiva. Se quedaban tirados por el suelo, lo cual hacía que los que venían detrás tropezaran con ellos y se fueran también a tierra. Nosotros perdimos a Jonathan Vaughters, que se golpeó en la cabeza y se abrió la barbilla, teniendo que abandonar. Jonathan había evitado un desastre el día anterior en otro choque, al salir despedido por encima del manillar, pero entonces consiguió caer de pie. Gracias a ello el pelotón le puso el apodo de *el gato,* pero ahora ya estaba fuera de la competición. Tyler Hamilton salió del choque con una rodilla dolorida.

Visto en perspectiva, el Passage Du Gois fue uno de los momentos más críticos de la carrera. Al lograr atravesarlo rápido gané unos minutos preciosos, porque algunos de los corredores tirados por el suelo a mis espaldas eran favoritos dentro del Tour. Michale Boogerd y Alex Zülle se quedaron a más de seis minutos de distancia, una diferencia que cada vez pesaría más a medida que avanzasen los días.

Durante aquellas diez primeras jornadas sólo teníamos una meta: quedarnos cerca de la parte delantera del pelotón y alejarnos de más desastres. Yo intentaba encontrar un equilibrio entre seguir a buen ritmo y conservar la frescura física de cara a la etapa más crucial que tenía por delante, una contrarreloj en Metz. Por el momento, estaba dispuesto incluso a ceder el *maillot* amarillo.

Esos fueron algunos de los días más largos del Tour, y las carreteras y el paisaje siempre parecían iguales. Fuimos de Nantes a Laval, y de allí a Amiens, pero a veces se hubiera dicho que pedaleábamos sin avanzar terreno. Mario Cippolini, el italiano, ganó cuatro etapas consecutivas, consiguiendo un récord dentro del Tour, y se las cedimos sin luchar, porque Cippolini era un gran corredor, pero no era escalador, y sabíamos que no era un enemigo importante para la victoria final.

Cada noche compartíamos la misma rutina: masajes en las piernas resentidas, cena y *zapping* por los seis canales de la televisión francesa disponibles en el hotel. Johan me prohibió llevarme el ordenador, porque tenía tendencia a quedarme hasta tarde navegando por Internet.

Seguimos adelante, pedaleando hacia Metz, y yo me seguía reservando.

Se le llama *la carrera de la verdad* por algo. Las primeras etapas separan a los corredores fuertes de los débiles, y ahora los débiles quedarían eliminados.

Llegamos a Metz para la contrarreloj, y en ésta, a diferencia del Prólogo, los participantes tendrían la oportunidad de ganar o perder mucho tiempo. Era una distancia de 56 kilómetros, lo cual implicaba correr a tope durante más de una hora, y los corredores que no llegaran a un mínimo quedaban eliminados de la carrera. De aquí la expresión *la carrera de la verdad*.

Kik vino desde Niza. Durante buena parte de la primera semana estuvo viéndonos por televisión, pero luego se pasaría el resto del Tour viajando por Europa con sus padres para evitar el aburrimiento y la tensión, y reuniéndose conmigo periódicamente. El Tour no era exactamente el lugar más adecuado para una visita conyugal, porque yo estaba secuestrado con el equipo, pero verla un día era mejor que nada, y quería ir comprobando cómo evolucionaba su embarazo. Además, tenerla en Metz me recordaba lo duro que había trabajado yo para esta ocasión.

La mañana de la etapa, temprano, salí a echar un vistazo a la ruta, aunque ya la conocía de antes, porque la habíamos examinado durante los entrenamientos. Había dos repechos muy fuertes, uno de ellos de un kilómetro y medio de longitud, y el otro de cuatro. Durante la primera parte soplaría el viento, luego vendrían las colinas, y las llanuras finales estarían barridas por un viento frontal muy fuerte. Era una carrera que favorecía la potencia de un corredor que fuera capaz de atacar aquel viento con una buena marcha. Ser rápido no era suficiente. Además, habría que serlo durante más de una hora.

Mientras yo estaba calentando en el rodillo me fueron llegando los resultados. Los corredores salían con una diferencia entre uno y otro de dos minutos, y Alex Zülle, el suizo favorito que había sufrido aquel desgraciado accidente en el Passage Du Gois, era de momento el líder, con un tiempo algo superior a una hora y nueve minutos. No me sorprendió; Zülle era un tío rubio y fortachón que no estaba dispuesto a renunciar, como yo iría comprobando a lo largo de la carrera.

El favorito antes de la carrera, Abraham Olano, salió justo antes que yo, pero mientras yo esperaba en la zona de salida llegó el aviso de que Olano se había caído en una curva y había perdido 30 segundos. Volvió a subir a la bici, pero ya sin ritmo.

Me tocaba. Salí con fuerza, quizá demasiada. En mi oído escuchaba los contantes y habituales comentarios de Johan, consejos e información. Me informó de que en los dos primeros controles yo tenía el mejor tiempo del pelotón.

En el tercer control iba por delante de Zülle en un minuto y 40 segundos. Delante de mí vi a Olano.

A Olano nunca lo había atrapado nadie en una contrarreloj, y me empezó a mirar por encima del hombro, pero yo pedaleé con más fuerza.

Estaba encima de él y Olano tenía una expresión de incredulidad y preocupación. Le alcancé y le sobrepasé, hasta que desapareció por detrás de mi rueda trasera.

Johan me hablaba al oído. Tenía una cadencia de 100 pedaladas por minuto.

—Demasiado alta —me advirtió Johan. Estaba forzándome demasiado. Aminoré.

Empecé a bajar por una amplia curva en una colina, con balas de paja apiladas junto a la carretera, y vi otra figura delante de mí. Había un corredor a un lado de la carretera, herido y esperando a los enfermeros. Entonces reconocí los colores del equipo de Cofidis.

Era Bobby Julich. Había perdido el control y se había salido de la curva. Luego me enteré de que se había magullado bastante el tórax y las costillas. Se le había acabado la carrera.

Tomé una curva y poco después, de entre la multitud, salió un niño corriendo a la carretera. Hice un quiebro amplio para esquivarlo, con el corazón latiéndome muy aprisa.

Rápidamente recuperé la compostura y, sin perder el ritmo, vi delante de mí vi a un tercer corredor. Me esforcé por intentar descubrir quién era y vi algo verde. Era el *maillot* de Tom Steels, de Bélgica, un estupendo especialista en el *sprint* que había ganado dos de las etapas lisas, y que podía aspirar al título general. Pero Steels había empezado seis minutos antes que yo. ¿Es que yo había corrido tanto?

Johan, que por lo general se controlaba y mantenía impasible, comprobó el tiempo. Empezó a pegarme gritos por la radio.

—¡Te estás cargando el Tour de Francia! ¡Te estás cargando el Tour de Francia!

Superé a Steels. Sentía el ácido láctico corriéndome por las piernas, y mi rostro era una mueca de dolor. Había corrido demasiado, y lo estaba pagando. Entré en la última fase, la del viento en contra, y me sentí como si apenas pudiera moverme. Con cada giro de las ruedas le cedía ventaja a Zülle. Los segundos fueron pasando mientras avanzaba hacia la meta.

Finalmente, crucé la línea de llegada.

Comprobé el reloj: 1:08:36. Era el ganador. Había superado a Zülle en 58 segundos.

Me caí de la bicicleta, tan agotado que pensaba que me moría, y más cansado de lo que había estado jamás, pero volvía a liderar el Tour de Francia. Mientras me vestía con el *maillot* amarillo y volvía a sentir el tejido deslizándose por mi piel decidí que ése era el lugar en el que debía quedarme.

Bajé del podio y le di las flores a Kik, junto con un gran abrazo y un beso. Esa tarde le dije:

—Creo que voy a ganar esta carrera.

De vuelta al hotel del equipo los miembros bebimos una copa de champán todos juntos. Sólo bebimos un sorbo, porque aquel día habíamos pedaleado tanto que un poco de alcohol se nos hubiera subido como una botella entera. Tras el brindis, Johan se puso en pie.

—Muy bien, se acabó el champán —dijo—. Es la última vez que lo bebemos en la carrera, porque vamos a ganar tantas etapas que tendríamos que beber cada día hasta París.

El equipo aplaudió.

Entramos en las montañas. A partir de este momento todo iría cuesta arriba, incluyendo las metas. La primera etapa alpina era una carrera de 132,7 kilómetros hasta el pueblo de Sestrière, repleto de chalets, justo en la frontera entre Francia e Italia, y yo ya sabía lo que pensaba el pelotón: que yo frenaría la marcha. Creo que no respetaban demasiado el *maillot* amarillo que llevaba.

Llevaba una ventaja de dos minutos y veinte segundos, pero en las montañas uno puede quedarse atrás y perderlo todo en un solo día. Nunca he sido un escalador destacado, y ahora estábamos a punto de embarcarnos en las etapas más penosas y empinadas de la carrera, atravesando cimas que hacían que los corredores se rompieran como nueces. Estaba seguro de que mis adversarios me atacarían con todo, pero lo que ellos no sabían era con qué rigor y sacrificio me había entrenado para esta parte de la carrera. Era el momento de demostrárselo.

Consistiría tanto en una carrera táctica como física, y tendría que depender de mis compañeros escaladores, Kevin Livingston y Tyler Hamilton. Tirar en cabeza es tremendamente importante en las montañas: Kevin y Tyler se encargarían de buena parte del fatigoso trabajo de subir pendiente arriba delante de mí, mientras yo conservaba mis fuerzas para la última subida en Sestrière, donde los otros corredores estaban seguros de que podrían arrebatarme el *maillot* amarillo.

Así es como funciona una fuga: había algunos corredores que suponían una mayor amenaza que otros, como el suizo Alex Zülle y el español Fernando Escartín, los hombres que más de cerca me estaban siguiendo a lo largo de la carrera. Si alguno de ellos, por ejemplo Zülle, intentaba escaparse del resto, uno de mi equipo, como Kevin, saldría inmediatamente en su persecución. En caso contrario un corredor como Zülle podía demarrar y sacarnos una ventaja de dos minutos antes de darnos cuenta siquiera, recortando así mi ventaja en la general.

El trabajo de Kevin consistía en colocarse detrás de Zülle y mantenerse allí, poniéndole más difícil subir la colina. A esto se le llama *sentársele encima*. Mientras Kevin *se sentaba* en el manillar de Zülle y le hacía aminorar, el resto de mis compañeros del U. S. Postal Service tiraban de mí, permitiéndome recuperar la ventaja. Si éramos capaces de acabar ese día sin sucumbir a ataques importantes significaría que habíamos sido capaces de controlar el pelotón.

No perseguíamos a todos los escapados. Algunos corredores no suponían una amenaza para el título final, así que no malgastábamos energías atrapándolos. En estos casos mis compañeros se limitaban a protegerme, me rodeaban y se aseguraban de que mi posición no revistiera peligro alguno. Si necesitaba una nueva botella de agua, uno de ellos retrocedía hasta el coche y me la facilitaba.

En la ruta hacia Sestrière había tres grandes picos, o *cols*. El primero era el Col du Télégraphe, luego venía el monstruoso Col du Galibier, la montaña más alta del Tour, y por fin el Col de Montgenèvre. Al final quedaba la última pendiente hasta Sestrière. Durante buena parte de los 250 kilómetros de ese día el equipo del U. S. Postal Service funcionó como una máquina, con transiciones suaves y un completo dominio de la situación.

Los españoles atacaron desde el principio, y Escartín se desmarcó en el Télégraphe como si fuera una especie de juego, pero nosotros mantuvimos la calma y rehusamos gastar demasiadas energías tan pronto. En el Galibier, Kevin Livingston hizo un trabajo magnífico, llevándome hasta la cima, donde granizaba y caía aguanieve. Mientras me protegía detrás de Kevin le animaba constantemente:

—¡Estás haciendo un gran trabajo, tío! —le decía—. Los de atrás se están ahogando.

Descendimos el Galibier por curvas amplias entre bosques de pinos. Permítanme que les describa ese descenso: uno se encorva sobre el manillar y baja zumbando a 112 kilómetros por hora sobre dos ruedas de dos centímetros de ancho. A eso hay que añadir curvas, *zigzags* y niebla. Por las laderas bajaba una cortina de agua que se metía bajo las ruedas y, en algún punto por detrás de mí, Kevin se cayó. Se recuperó, pero pasaría los siguientes días dolorido y con fiebre.

Luego llegó Montgenèvre, nuestro tercer ascenso en el espacio de seis horas, con más lluvias gélidas y nieblas, entrando en una cortina de agua y saliendo por el otro lado. En la cima hacía tanto frío que la lluvia se me congeló en el *maillot*. Durante el descenso granizaba. Ahora estaba separado del resto del equipo y seguía recibiendo ataques, como si los demás adversarios pensaran que me iba a hundir en cualquier momento. Eso me enfureció. Los corredores más débiles se quedaron atrás, incapaces de seguir, y yo me encontré corriendo entre los mejores escaladores del mundo, trabajando solo. Me propuse hacerles sufrir hasta que no pudieran respirar. La única compañía que tenía era la voz de Johan en mi oído; venía en el coche de apoyo. Thom Weisel, el patrocinador del equipo, iba sentado al lado.

Durante el descenso del Montgenèvre Ivan Gotti y Fernando Escartín aprovecharon las curvas y la niebla y sacaron una ventaja de 25 segundos. Yo les seguí la pista en medio de un grupo de otros cinco ciclistas.

Iniciamos el último ascenso, aquel recorrido largo y difícil de 30 kilómetros que entraba en Sestrière. Llevábamos cinco horas y media en la bicicleta esforzándonos al máximo. A partir de ese momento era cuestión de ver a quién le fallaban las fuerzas. Cuando sólo faltaban ocho kilómetros yo estaba a 32 segundos de los líderes, y apresado en el segundo grupo de cinco corredores, todos pedaleando con fuerza montaña arriba. Los demás eran escaladores veteranos de diversas nacionalidades, entre los que destacaba el suizo Zülle, fornido, infatigable y pegado a mí.

Era el momento de escaparse. En una pequeña curva me pegué a la cara interior del grupo, me alcé sobre el sillín y demarré. Me pareció que la bicicleta salía despedida hacia delante. Casi choco con la espalda de los motoristas de la escolta.

Desde el coche de apoyo, un sorprendido Johan me comentó:

—Lance, te has distanciado. —Luego añadió—. Tres metros.

Johan controló mis pulsaciones en el ordenador digital para saber el grado del esfuerzo y el estrés que soportaba mi cuerpo. Iba a 180 por minuto, no demasiado cansado. Me sentía como si fuera por una carretera lisa, pedaleando confortablemente.

Johan dijo:

—Lance, la distancia se hace más amplia.

Me parecía que volaba. En un kilómetro saqué una ventaja de 21 segundos. Ahora estaba sólo a 11 segundos de los líderes. Era extraño, pero aún no sentía nada especial, y me parecía que avanzaba... sin esfuerzo. Los dos corredores que iban delante, Escartín y Gotti, miraban atrás por encima del hombro y veían cómo me acercaba a ellos rápidamente.

Me situé en la rueda trasera de Escartín, que me echó

un rápido vistazo, incrédulo. Gotti intentó subir el ritmo y yo aceleré, pasándole y colocándome al lado de Escartín.

Volví a demarrar, aumentando sólo ligeramente el ritmo. Estaba tanteando, buscando información sobre sus facultades físicas y lo que pensaban hacer, cómo iban a reaccionar.

Me distancié ligeramente. Curioso. ¿Estarían cansados? No reaccionaron.

—Una rueda —me dijo Johan. Aceleré.

—Tres ruedas, cuatro, cinco ruedas.

Johan hizo una pausa. Luego dijo desenfadadamente:

—¿Por qué no subes un poco más?

Yo volví a acelerar.

—Doce metros —dijo.

Cuando te escapas de los demás y nadie reacciona eso te dice algo. Están agotados. Y cuando están agotados es cuando les ganas.

Estábamos a seis kilómetros y medio del final. Clavé los pies en los pedales con más fuerza.

—¡Tienes treinta segundos! —exclamó Johan, excitado.

Siguió informándome por el auricular sobre mis progresos. Ahora Zülle intentaba atraparme. Zülle, siempre Zülle.

—Mira, voy a escaparme del todo —le dije por radio—. Acabemos con esto.

En la habitación de un hotel italiano, Kik estaba sentada hipnotizada delante del televisor. Cuando me levanté del sillín y ataqué, ella también se puso en pie de un salto.

—¡Arriba ese trasero! —gritó.

En Plano, Texas, mi madre veía la etapa en diferido por la diferencia horaria. Aún no sabía lo que había pasado.

— ¡Mira eso! — gritó—. ¡Ahí va! ¡Ya lo tiene!

La bicicleta se movía entre las piernas mientras pedaleaba, y mis hombros comenzaban a sentir el cansancio. Sentí un agotamiento cada vez mayor, con el cuerpo balanceándose encima de la máquina. Me palpitaban las aletas de la nariz en el intento de respirar, de luchar por un poco más de oxígeno. Hice una mueca enseñando los dientes. Aún quedaba un largo tirón hasta la meta, y estaba preocupado por que Zülle me atrapase, pero pude mantener el ritmo.

Eché un vistazo por encima del hombro, esperando ver a Zülle pegado a la rueda, pero no había nadie. Volví a mirar al frente. Ahora veía la línea de meta, pero el resto del camino era cuesta arriba. Me encaminé hacia la cima.

¿Pensaba en el cáncer mientras recorría esos últimos metros? No. Mentiría si dijera que sí, aunque creo que, directa o indirectamente, lo que me había sucedido en los dos últimos años me pesaba en el ánimo. Todo aquello por lo que había pasado estaba allí, almacenado, tanto la lucha contra el cáncer como la incredulidad dentro del mundo del ciclismo cuando regresé. Lo que ya no sé es si eso me hizo acelerar o me frenó.

Sentí dolor mientras seguía subiendo, pero también regocijo al ver lo que podía hacer con mi cuerpo. Correr y sufrir es duro, pero no es lo mismo que estar tumbado en la cama de un hospital con una sonda metida en el pecho, con el platino quemándote en las venas y vomitando las venticuatro horas del día, los cinco días de la semana.

¿Que qué estaba pensando en esos momentos? Es gracioso, estaba recordando una escena de *El indomable Will Hunting,* una película en la que Matt Damon hace el papel de un joven prodigio de las matemáticas, un chico rebelde parecido a mí de un barrio bajo de South Boston. En la película él intenta relacionarse con unos cuantos estudiantes de clase alta de Harvard, en un bar y, para obtener el amor de una chica se reta en un duelo de inteligencia con un listillo arrogante, al que vence.

Después, Damon se dirige irónicamente a aquel tío y le dice:

—Eh, ¿te gustan las manzanas?

—Sí —contesta el otro—, me gustan las manzanas.

—Bueno, pues yo tengo su número de teléfono —dice él—. ¿Hasta qué punto te gustan las manzanas?

Seguí subiendo esos últimos metros, respirando el frío aire de la montaña. Pensaba en aquella película y sonreía. Mientras me acercaba a la línea de llegada llamé por radio con mis amigos en el coche de apoyo, Johan y Thom Weisel.

—Eh, Thom y Johan —les pregunté—. ¿Os gustan las manzanas?

Escuché su respuesta, asombrada, en mi oído.

—Sí, nos gustan las manzanas. ¿Por qué?

Aullé en el micrófono:

—¿Hasta qué punto os gustan las jodidas manzanas?

Crucé la meta con los brazos en alto y los ojos puestos en el cielo, y luego me cubrí la cara con las manos, incrédulo.

En la habitación de su hotel, en Italia, mi mujer estaba delante de la televisión sin parar de sollozar. Y en Indianápolis, aquel mismo día pero más tarde, LaTrice Haney, el personal del centro médico y todos los pacientes de la sección se reunieron para ver la emisión en diferido, y mientras yo subía la colina arriba no perdían de vista el televisor.

—Lo ha hecho —exclamó LaTrice—. Lo ha conseguido, lo ha conseguido.

Con la escalada a Sestrières yo era el líder del Tour de Francia con una ventaja de seis minutos y tres segundos.

Cuando corres entre montañas lo cierto es que no las ves. No hay tiempo para contemplar el paisaje, los majestuosos riscos, los precipicios y farallones que se alzan a ambos lados, ni las paredes de roca con glaciares, ni las cumbres que se ciernen sobre el camino y descienden hasta los pastos verdes. Lo único que ves es la carretera que tienes por delante y a los corredores que llevas detrás, porque ninguna ventaja es definitiva en la montaña.

A la mañana siguiente de Sestrières me levanté pronto y desayuné con el equipo. Cada semana nos comíamos 25 paquetes de cereales, y docenas y docenas de huevos. Primero me puse un poco de muesli, luego un plato de dos o tres huevos y un buen puñado de pasta. Iba a ser otro día duro, de escalada, y necesitaba hasta el último carbohidrato que pudiera conseguir.

Íbamos a subir el Alpe d'Huez, un ascenso de un kilómetro de altitud y 14 de longitud, con un desnivel de nueve grados. El ascenso incluía 21 curvas tortuosas, una serie aparentemente inacabable de curvas cerradas que llevaban a la cima. Tanto a la subida como a la bajada hacía calor, y en ocasiones la carretera tenía sólo el ancho de mi manillar. A principios de siglo, cuando se añadieron por primera vez al Tour etapas de montaña, un corredor completó el recorrido subido a una bicicleta tremendamente primitiva y, al acabar, se detuvo junto a los organizadores que estaban al lado de la carretera y les gritó:

—¡Son unos asesinos!

Quería evitar cualquier dramatismo en el Alpe d'Huez. No necesitaba atacar como lo había hecho en Sestrières; lo único que tenía que hacer era mantener a raya a mis oponentes: Abraham Olano estaba a 6:03 por detrás de mí, y Alex Zülle estaba en cuarto lugar, a 7:47. Fernando Escartín estaba en octava posición, a más de nueve minutos. El objetivo del día era mantenerse firme y no ceder la ventaja que había obtenido en Sestrière.

Llegamos al pie del Alpe d'Huez. Quería que el equipo supiera que yo estaba en buena forma, porque en una escalada tan dura como aquella la moral lo es todo. Todo el mundo disponía de un auricular y una radio, de modo que podían escucharme.

—Hey, Johan —dije.

—Sí, Lance —me contestó con su tono monótono.

—Podría hacer esto subido a un triciclo. No hay problema.

Oí que alguien se reía.

Pedaleamos a ritmo rápido, para limitar los ataques y desanimar a los corredores que pensaran desafiarnos. Primero, Tyler Hamilton tiró de mí en la subida, y yo me puse a rueda y conversé con él todo el camino. Adelantamos a Olano y Johan me dijo por radio:

—Olano se queda. Buen trabajo.

Aquí llegaba Manuel Beltrán, uno de los compañeros de Zülle. Le grité a Tyler:

—¿Vas a permitir que Beltrán te haga un feo?

Nos quedaban diez kilómetros por delante, una media hora de trabajo pendiente arriba. De repente, entró en escena Escartín y su compañero, Carlos Contreras, acelerando montaña arriba, luego atacó Pavel Tonkov, compañero de Tom Steels. Tyler estaba agotado, sin fuerzas, de modo que tuve que cazar a Tonkov yo mismo. Luego llegó Zülle, con Beltran abriéndole camino, mientras el corredor francés Richard Virenque se colocaba a rueda. Intentaban ponerme contra las cuerdas.

Yo no estaba cansado y además me gustaba toda aquella acción, porque mientras estuviera junto a ellos nadie podría sacarme una ventaja importante. Seguí adelante en cuarta posición, manteniendo vigilado a todo el mundo. Nos quedaban cuatro kilómetros hasta la cumbre, unos seis minutos y medio más de esfuerzo. Un italiano, Giuseppe Guerini, un famoso corredor que en dos ocasiones había quedado tercero en el Giro de Italia, atacó en ese instante, pero teniendo en cuenta que llevaba quince minutos de desventaja en la clasificación general yo no tenía necesidad de detenerlo, y le dejé marchar. Entretanto, Zülle llegó al límite y ya no podía seguir el ritmo.

Guerini logró distanciarse con una ventaja de 20 segundos y luego, inexplicablemente, atropelló a un espectador. La verdad es que el público llevaba varios días tentando a la suerte, cruzando a menudo la carretera delante del pelotón, y en aquel momento un seguidor fanático saltó en medio de la pista con su cámara y allí se quedó, haciendo fotos. Guerini se apartó a un lado y luego al otro, intentando esquivarlo, pero al final se lo llevó por delante y se cayó. Por otra parte, esto es algo típico del Tour, y por eso nunca estás seguro aunque vayas de líder. Afortunadamente, Guerini cruzó el primero la línea de meta y se proclamó ganador de la etapa. Yo acabé en quinto lugar, con una ventaja sobre Olano de 7:42 en la clasificación general. Zülle, a pesar de sus esfuerzos, sólo había recuperado unos segundos, y se quedaba a 7:47 de distancia.

Un día típico del Tour de Francia, nada más.

Me estaba creando enemigos allá en los Alpes. Mi recién adquirida capacidad de ascenso despertaba las sospechas de la prensa francesa, que seguía olfateando la sangre después del escándalo de dopaje del año anterior. Y empezó una campaña de rumores: «Armstrong se debe de estar metiendo algo». Artículos de *L'Equipe* y *Le Monde* insinuaban, sin decirlo abiertamente, que mi regreso había sido un tanto milagroso.

Sabía que lo de Sestrière traería consecuencias. De hecho, es casi una tradición que cualquier corredor que lleve el *maillot* amarillo esté sujeto a especulaciones sobre drogas. Lo que me pilló de improviso fue la absurda argumentación de las acusaciones vertidas en la prensa francesa: algunos reporteros llegaban a insinuar que la quimioterapia había beneficiado mi capacidad como corredor, y especulaban con que durante el tratamiento había recibido algún fármaco misterioso que potenciaba mi actuación. Cualquier oncólogo del mundo, independientemente de su nacionalidad, se habría reído a mandíbula batiente frente a semejante sugerencia.

No lo entendía. ¿Cómo podía alguien pensar, aunque fuera por un segundo, que el tratamiento contra el cáncer me podía ayudar a ganar? Quizá hay que ser paciente de cáncer para comprender la gravedad de ese tratamiento. Durante tres meses seguidos recibí algunas de las sustancias más tóxicas conocidas por el hombre, venenos que atacaban diariamente a mi organismo y me hacían sentir envenenado. Incluso ahora, tres años después, me da la sensación de que mi cuerpo aún no se ha librado del todo de esas toxinas.

No tenía absolutamente nada que ocultar, y los análisis lo demostraban. No fue casualidad que, cada vez que los oficiales del Tour elegían a un corredor al azar de entre los miembros de mi equipo, yo fuera el elegido. Las pruebas antidopaje eran el aspecto más desagradable del Tour: tras acabar una etapa me llevaban a una especie de tienda donde me sentaba en una silla mientras un médico me apretaba el brazo con una cinta elástica, me clavaba una aguja y me sacaba sangre. Y, mientras estaba allí sentado, un montón de fotógrafos me sacaba fotos. Llamábamos a los médicos *los vampiros,* pero los análisis se convirtieron en mis mejores aliados, porque demostraban que estaba limpio.

Declaré a los medios de comunicación:

—Mi vida, mi enfermedad y mi carrera profesional están abiertas a todo el mundo.

Por lo que a mí respecta, yo sabía que ese debía ser el fin de la historia, porque en mi etapa de Sestrières no había nada misterioso: había trabajado mucho para ganar, y además estaba físicamente preparado y motivado. Sestrières fue una buena escalada para mí, y tanto la pendiente como las condiciones atmosféricas, la lluvia y el frío me fueron favorables. Si había algo raro en mi actuación de aquel día fue esa sensación de falta de esfuerzo con la que pedaleé, como si estuviera fuera de mi cuerpo, y la atribuí al puro regocijo que sentía por estar vivo y por poder subir aquella pendiente. Pero la prensa no se echó atrás, y decidí dejar pasar un par de días antes de volver a hacer declaraciones.

Mientras tanto el equipo del U. S. Postal Service iba como una moto. Entramos en las etapas de transición entre los Alpes y los Pirineos, cruzando una zona llamada el Macizo Central. Era un terreno extraño, porque no era montañoso pero tampoco llano, con curvas constantes, de forma que no podías descansar. A medida que nos dirigíamos al sur, a los Pirineos, las carreteras iban estando cada vez más rodeadas de ondulantes campos de girasoles.

Era un ritmo muy duro, y lo único que hacíamos era subir y bajar colinas bajo ataques constantes. En aquella ruta no hubo ni un solo momento para relajarse y recuperar fuerzas, porque los contrarios venían por todas partes. De alguna manera, conseguimos mantenerlos a raya y controlar al pelotón, pero los días eran muy calurosos y cargados de tensión. Hacía tanto calor que en algunos puntos el asfalto de la carretera se derretía bajo las ruedas.

Frankie, George, Christian, Kevin y Peter eran los que más trabajaban. Frankie aceleraba al llegar a la pendiente de las colinas, estableciendo un ritmo muy fuerte y dejando atrás a otros corredores. Cuando Frankie se cansaba George le sustituía, con lo que otros cuantos rivales se quedaban por el camino, incapaces de seguir la marcha. Luego llegaba Tyler, y lo mismo y, por último, Kevin tiraba de mí en las subidas. Así fuimos minando poco a poco a los demás miembros del pelotón.

A pesar de nuestro esfuerzo los ataques se sucedían día tras día. Los demás corredores aún nos consideraban vulnerables, y estaban decididos a agotarnos. Llegamos a una parte llamada el Homme Mort, el Ascenso del Muerto, un tramo de terreno ondulante que se extendía durante kilómetros. Las escapadas eran constantes, y los miembros del equipo empezaban a resentirse: la rodilla de Peter Meinert-Neilsen estaba dolorida, Kevin estaba hecho polvo por los cambios de temperatura en los Alpes, y Frankie y George estaban agotados por haber llevado la parte más dura del trabajo. A todos nos dolían los pies, que con aquel calor se nos hinchaban dentro de las zapatillas.

De repente, treinta corredores salieron disparados carretera adelante, y tuvimos que perseguirlos. Fue como un eco de mi yo anterior: salí disparado, sin esperar a Tyler ni a Frankie ni a nadie, y simplemente me fui. Los alcancé y corrí delante de ellos, solo. Oí el zumbido de la radio y la voz de Kevin que me gritaba:

—¡Maldita sea! Pero, ¿qué estás haciendo?

Había vuelto a caer en mi mala costumbre de otros tiempos, un acelerón inútil, una pérdida de energía.

—Retrocede —me advirtió Kevin—. Venga, no hace falta que hagas eso.

Me senté y le dije «Vale», y retrocedí, recuperando fuerzas mientras los demás miembros del equipo se encargaban de perseguir a los escapados.

¿Qué pensaba al estar subido en la bici de seis a siete

horas? Esa es una pregunta que me hacen muy a menudo, y la respuesta es más bien aburrida, pues sólo pensaba en el ciclismo. Mi mente no se despistaba, ni soñaba despierto; sólo pensaba en las tácticas de las diversas etapas y no perder la concentración para seguir teniendo ventaja, pues eso era algo que me preocupaba. También vigilaba de cerca a mis competidores, por si alguno intentaba una escapada. Estaba pendiente de todo lo que me rodeaba, y pendiente también de algún posible accidente.

Durante cinco monótonos días y noches corrimos por el centro de Francia hacia los Pirineos, desde Saint-Etienne a Saint-Galmier, Saint-Flour, Albi, Castres y Saint-Gaudens. La etapa decimotercera era la más larga del Tour, con siete puertos y ningún llano, y además el calor sería insoportable. Frankie dijo que el perfil de la ruta parecía el filo de una sierra, y la verdad es que eso mismo nos pareció al recorrerla —Peter Meinert-Neilsen tuvo incluso que abandonar, debido a su rodilla—. Algunos de los hoteles eran tan diminutos que Frankie se quejaba de que cuando se sentaba en la taza del baño las rodillas tocaban la puerta, y George afirmaba que Frankie y él, que estaban en la misma habitación, no podían abrir las maletas al mismo tiempo.

Cuando íbamos en la bici siempre teníamos hambre y sed. Comíamos galletas, tarta de manzana o de almendras, galletas con cereales y pasas, barritas energéticas y cualquier tipo de carbohidrato simple. Tomábamos bebidas con alto contenido en azúcar y que calmaran la sed, Cytomax durante el día y Metabol al final de la jornada.

Por las noches, sentados a la mesa durante la cena, hablábamos de cosas triviales, de tonterías, embelleciendo las viejas historias y fanfarroneando sobre nuestras conquistas, de las que el 99 por ciento no eran muy auténticas. Nos encantaban las historias de nuestro cocinero, Willy Balmet, un suizo de sesenta y cinco años y un gran amigo, que ha cocinado para todos los equipos en los que he estado. Willy tiene aspecto de ser mucho más joven de lo que es, y habla seis idiomas; sólo le falta dominar el suahili. La cocina era su reino y, durante todos los años que lo he conocido, jamás he visto que en un hotel le impidieran entrar en la cocina. Llegaba y convertía al personal del hotel en parte del equipo. Siempre cocinaba nuestra pasta, y no permitíamos que nadie más la tocara.

Mientras corríamos Kik iba encendiendo velas por toda Europa. Daba igual en qué ciudad o aldea estuviera, que ella encontraba una iglesia y encendía una vela. En Roma, por ejemplo, encendió una en el Vaticano.

Por fin alcanzamos los Pirineos. Entramos en Saint-Gaudens, a la sombra de las montañas, atravesando un paisaje típico de Van Gogh. Los Pirineos iban a ser la última oportunidad de mis adversarios para derrocarme: si tenía un mal día en aquellos montes podía perder la carrera. Por eso yo no estaría convencido de que podía ganar el Tour de Francia hasta que bajara de aquellas montañas.

La presión fue aumentando poco a poco. Yo ya sabía lo que era correr junto al pelotón y quedar en la posición número cincuenta y cinco al acabar el Tour, pero el *maillot* amarillo era una nueva experiencia para mí, y suponía un tipo de presión distinto. Estaba aprendiendo que, cuando uno lleva el *maillot* amarillo, se convierte en un blanco perfecto. Mis compañeros me probaban día tras día, y también me acosaban cuando bajaba de la bicicleta, a medida que se intensificaba el escrutinio al que me sometía la prensa. Decidí salir al paso de aquellas acusaciones, y convoqué una rueda de prensa en Saint-Gaudens.

—He estado en el lecho de muerte y no soy idiota —afirmé. Todos sabían que si una persona sana toma EPO y esteroides puede acabar con disfunciones hemáticas y embolias. Y lo que es más, dije a la prensa, no es tan sorprendente que ganase la etapa de Sestrières, porque anteriormente yo ya había sido campeón del mundo.

—Puedo afirmar categóricamente que no tomo drogas —dije—. Pensaba que un corredor con mi historia y mi salud no sorprendería a nadie. No soy un corredor novato. Ya sé que todo el mundo ha estado observándome, escudriñando y buscando pruebas, pero nadie va a encontrar nada porque no hay nada que encontrar... Y una vez que todos hayan hecho lo que es su obligación, y se den cuenta de que deben ser profesionales y dejar de publicar semejantes chorradas, llegarán a la conclusión de que soy un tío honrado.

Lo único que podía hacer era seguir compitiendo, pasar por las pruebas antidopaje y responder a las preguntas. Nos embarcamos en la primera etapa de los Pirineos, de Saint-Gaudens a Piau-Engaly, una ruta que atravesaba siete puertos. Era el mismo terreno por el que había corrido en medio de un frío tremendo, pero ahora, mientras subíamos y bajábamos los interminables *cols*, tragábamos polvo y hacía mucho calor, y los corredores se pedían agua unos a otros. Los descensos eran pronunciados y peligrosos, porque a ambos lados la carretera estaba bordeada por profundos barrancos.

La etapa acababa justo pasada la frontera con España, lo cual significaba que todos los corredores españoles estaban decididos a ganarla, sobre todo Escartín, un corredor enjuto y con cara de halcón que me seguía a todas partes. En medio de un ataque sorpresa nuestro equipo del U. S. Postal Service se desgajó, y yo me encontré solo y persiguiendo a Escartín, que corría como un salvaje. Lo único que yo podía hacer era limitar el tiempo de ventaja que me sacara.

A medida que las montañas se alzaban ante nosotros en la penúltima escalada del día conseguí apartar a Zülle de mi rueda y colocarme en segunda posición. Pero no había manera de atrapar a Escartín, que llevaba una ventaja de dos minutos. En la última subida yo estaba agotado y me fallaban las fuerzas. No había comido nada sólido desde el desayuno. Me mantuve en el grupo de cabeza y quedé cuarto, mientras que Escartín ganó la etapa y ascendió a la segunda posición en la general, pegado a mí con un tiempo de 6:19. Zülle estaba a 7:26.

Poco después de cruzar la meta, un periodista de la televisión francesa vino a entrevistarme porque circulaban rumores de que había dado positivo de una de las sustancias prohibidas. Los rumores eran falsos, por supuesto, y yo regresé al hotel del equipo, me abrí camino entre un ruidoso grupo de reporteros y convoqué otra rueda de prensa. Lo único que podía hacer era afirmar mi inocencia cada vez que en los periódicos se producían nuevas especulaciones, y había una cada tres o cuatro días.

Le Monde había publicado una historia afirmando que en uno de los análisis se habían detectado restos casi invisibles de corticoesteroides en mi orina. Yo usaba una pomada de cortisona para curarme las llagas producidas por el sillín, y era un asunto que había resuelto con las autoridades del Tour antes de que comenzara la carrera, así que, inmediatamente, esas mismas autoridades emitieron un comunicado declarando mi inocencia.

—*Le Monde* iba buscando una historia de dopaje y ha acabado con una sobre pomada de uso tópico —aclaré.

Los constantes ataques de la prensa me dolían y me desmoralizaban, porque yo me esforzaba mucho en la carrera y había pagado un precio muy alto para poder volver a competir, demasiado alto como para que ahora menospreciaran aquel esfuerzo. Intenté enfrentarme a los informes de una manera sincera y directa, pero no pareció servir de mucho. Empecé a darme cuenta de que los que cotilleaban y escribían que yo estaba usando anabolizantes eran los mismos que, cuando estuve enfermo, decían «Está acabado. No volverá a correr». Eran los mismos que, cuando intentaba regresar, dijeron: «No, no vamos a darle la oportunidad, porque nunca llegará lejos».

Ahora que era el líder del Tour de Francia, ahora que llevaba el *maillot* amarillo y que cada vez parecía estar más cerca de ganar, aquellas mismas personas repetían un mensaje idéntico: «No es posible», decían. «Eso no se puede hacer. Ese tío no es capaz de hacerlo. ¿Qué está pasando? Debe de haber otra explicación, algo raro». Todos esos incrédulos resultaban de lo más pesado. Menos mal que no les hice caso cuando estaba enfermo.

También me dolía que los periodistas franceses en particular sospecharan tanto de mí. Yo vivía en Francia y amaba ese país. Tras los problemas del año anterior en el Tour hubo cierto número de corredores que se negaron a acudir a Francia en el 99, pero yo no. Mientras otros corredores tenían miedo de que la policía los acosara o las autoridades gubernamentales los investigaran yo entrenaba cada día. Francia era el país más severo de este mundo si atrapaban a alguien usando potenciadores del rendimiento, pero todas mis carreras de primavera las corrí en Francia, donde además realicé todos mis entrenamientos previos al Tour. Según las leyes francesas la policía podría haberme registrado la casa todas las veces que quisiera y haber rebuscado en los cajones, los bolsillos o el coche, todo lo que quisieran, incluso sin orden judicial o previo aviso.

Así que dije a la prensa:

—Vivo en Francia y paso los meses de mayo y junio en

Francia, corriendo y entrenando. Si quisiera esconder algo me hubiera ido a otro país.

Pero ellos no apuntaban eso, ni lo publicaban.

Al día siguiente llegamos a la que es probablemente la montaña más famosa del Tour, el Col du Tourmalet. La carretera que llevaba a la cima ascendía más de 16 kilómetros hacia el cielo. Era nuestra última escalada, la última prueba y, una vez más, sabíamos que íbamos a padecer ataques constantes. A estas alturas ya estábamos cansados de correr delante del pelotón, tirando siempre mientras nos perseguían por detrás, pero si podíamos dominar un día más las montañas sería difícil negarnos el escalón más alto del podio en París.

En cuanto llegamos al pie del Tourmalet, de 20 kilómetros de longitud, los demás corredores comenzaron a atacar. Seguimos un ritmo rápido, intentando debilitar a los atacantes y, cuando aún quedaban ocho kilómetros por delante, demarramos. El escalador francés, Virenque, se puso al lado de Kevin y le dijo, enfadado:

—¿Qué problema tienes?

Kevin dijo que no tenía ningún problema. Virenque le preguntó si estaba yendo *a bloque,* es decir, a tope, y Kevin contestó:

—No. Y tú, ¿vas a bloque? —Y luego metió una marcha superior y lo dejó atrás. Durante el resto de la etapa Virenque nos persiguió, bastante enfadado.

Mientras seguíamos cuesta arriba Escartín y yo nos hacíamos sombra mutuamente y yo le vigilaba de cerca. En la parte más empinada del ascenso atacó. Comencé la persecución, igual que Zülle. Allí estábamos los tres, subiendo en dirección a la cima, enzarzados en nuestra carrera privada. Desde la cumbre pudimos contemplar una gruesa alfombra de nubes a nuestros pies. Mientras bajábamos nos envolvió la niebla y no veíamos más de tres metros por delante. Aquella persecución entre la niebla, pasando junto a precipicios sin barreras de protección, daba verdadero miedo.

Lo único que ahora me preocupaba era mantener a mis rivales o conmigo o detrás de mí. Delante de nosotros había un segundo ascenso, el Col du Soulor, en el que Escartín volvió a atacar, y una vez más me fui con él. Alcanzamos otra cima cubierta por la niebla, de manera que ahora en el Tour de Francia sólo nos quedaba una escalada: el Col d'Aubisque, un esfuerzo de siete kilómetros y medio en vertical. Luego se acabarían las montañas, y el resto sólo era bajar con todas nuestras fuerzas hacia la meta a velocidades de hasta 113 kilómetros por hora.

Ahora quedaban tres corredores en cabeza luchando por ganar la etapa, y un grupo de otros nueve que iban un minuto por detrás y seguían peleando por ganar, entre ellos Escartín, Zülle y yo mismo. A mí me daba igual ganar esa etapa, así que cuando sólo quedaban cuatro kilómetros decidí tomármelo con más calma y dejar que fueran los demás los que esprintaran mientras me limitaba a evitar los accidentes, porque entonces sólo tenía un objetivo: proteger el *maillot* amarillo.

Atravesé la línea de llegada y bajé de la bicicleta, completamente exhausto pero contento por haber conservado mi ventaja. Pero, tras cinco horas en la bici, tenía que pasar aún por otra rueda de prensa de una hora. Empecé a pensar que la prensa intentaba hundirme psicológicamente, ya que los otros corredores no podían hacerlo físicamente. Realmente, los medios de comunicación se habían convertido en un obstáculo tan grande como el propio terreno.

Aquel día la Unión Ciclista Internacional publicó todos mis análisis antidopaje, que estaban limpios. Y lo que es más, había recibido un estupendo voto de confianza del organizador de la carrera, Jean-Marie Leblanc: «Que Armstrong venza a su enfermedad es una señal de que el Tour puede vencer a la suya».

De alguna manera, habíamos conseguido parar los ataques, tanto en la bici como fuera de ella, y mantener el *maillot* amarillo. Lo habíamos hecho, habíamos controlado las montañas y al cabo de tres semanas y de 3540 kilómetros yo lideraba la carrera con un tiempo global de 86:46:20. En segundo lugar, a una distancia de seis minutos y 15 segundos, venía Escartín, y en tercero, con siete minutos y 28 segundos, estaba Alex Zülle.

Yo seguía llevando el *maillot jaune*.

Lo extraño era que, a medida que París iba estando más y más cerca, yo estaba más nervioso. Cada noche me despertaba cubierto de sudor frío preguntándome si estaba enfermo. Aquellos sudores nocturnos eran más intensos que cualquier otro que hubiera padecido cuando estaba enfermo. Intenté convencerme de que la lucha por mi vida era mucho más importante que la de ganar el Tour de Francia, pero por el momento ambas cosas me parecían iguales.

Yo no era el único miembro nervioso de mi equipo. El mecánico jefe del equipo estaba tan nervioso que dormía con mi bicicleta en su habitación del hotel. No quería dejarla en el furgón, donde podría ser presa de algún sabotaje. ¿Quién sabe qué cosas terribles podían suceder para apartarme de la victoria? Al final de la etapa decimoséptima, un recorrido largo y liso en dirección a Burdeos, algún idiota roció al pelotón con gas pimienta, y unos cuantos corredores tuvieron que detenerse, vomitando.

Existía una amenaza real que aún podía impedirme ganar el Tour de Francia: un accidente. Me enfrentaba a un último obstáculo, una contrarreloj individual de 57 kilómetros por el parque temático de Futuroscope. En una contrarreloj pueden suceder cosas terribles, podía caerme y romperme la clavícula o una pierna.

Quería ganar la contrarreloj y hacer una última afirmación subido a una bici, demostrar a la prensa y a los que fomentaban los rumores que no me importaba lo que dijesen de mí. Ya se acabaron las ruedas de prensa (pero no los controles antidopaje, porque tras la etapa decimoséptima siguieron haciéndome pruebas de vez en cuando). Sin embargo, ganar la contrarreloj era una empresa arriesgada, porque un corredor que busca conseguir el mejor tiempo tiene tendencia a hacer locuras y acabar mal, quizás tan mal que no podrá volver a subirse a una bicicleta.

Eso es algo que veíamos constantemente, pues basta con ver, por ejemplo, lo que le pasó a Bobby Julich en Metz, donde se estrelló yendo a casi 90 kilómetros por hora y sufrió hematomas por todo el pecho. Yo también casi me caí en una contrarreloj, cuando un niño se metió en mi camino justo después de una curva cerrada. En el Alpe d'Huez un espectador había saltado delante de Guerini, que se cayó, y si Zülle no hubiera tenido el accidente en el Passage du Gois ahora estaría a un minuto por detrás de mí.

Bill Stapleton vino a verme al hotel la noche anterior a la etapa.

—Lance, no soy entrenador, pero creo que en este caso te lo deberías tomar con calma —me aconsejó—. Tienes mucho que perder. No hagas ninguna estupidez.

La táctica más inteligente era la de evitar errores, no caerse, no hacerse daño y no perder minutos por algún accidente.

Me daba igual.

—Bill, ¿a quién puñetas crees que estás hablando? —le dije.

—¿Cómo?

—Mañana voy a dar caña. Voy a ir al cien por cien y voy a ponerle mi firma a este Tour.

—Vale —contestó Bill, resignado—. Supongo que no hay manera de convencerte de lo contrario.

Yo llevaba el *maillot* amarillo desde Metz, y no quería cederlo. Como equipo habíamos corrido a la perfección, pero ahora quería ganar como individuo. Sólo tres corredores habían conseguido superar los tres récords de una contrarreloj en el Tour, y daba la casualidad de que habían sido los mejores de la historia: Bernard Hinault, Eddy Merckx y Miguel Induráin. Yo quería contarme entre ellos y quería demostrar que era el hombre más fuerte de la carrera.

No podía echarme a dormir, porque Scott MacEachern, de Nike, vino a visitarme a la habitación junto con Stapleton. Johan asomó la cabeza en la habitación y vio a Scott tumbado en mi cama y a mí de pie. Miró el reloj: eran las once y media de la noche.

—Saca a esos dos de aquí y a dormir —me ordenó.

Mi madre cogió el avión para Futuroscope y conseguí que le dieran plaza en uno de los coches de seguimiento. Ella quería ver la contrarreloj por su viejo instinto protector: creía que, si me acompañaba, no me podía pasar nada malo. Pero las contrarreloj la asustaban mucho, porque entendía lo suficiente de ciclismo como para saber con qué facilidad podía estrellarme, y también sabía que ese día, el penúltimo de la carrera, me haría ganarla o perderla de una vez por todas, y ella tenía que estar allí para verlo.

Una contrarreloj es algo sencillo: un hombre enfrentado a un reloj. La carrera exigiría más o menos una hora y quince minutos corriendo a toda velocidad durante 57 kilómetros, describiendo un amplio recorrido por la zona centro-occidental de Francia. Pasaríamos sobre carreteras bordeadas de casas con tejas rojas y campos de labranza pardos y dorados, donde los espectadores estarían acomodados en sofás y sillones. De todos modos, no iba a ver mucho paisaje, porque la mayor parte iba a estar encogido en posición aerodinámica.

Los corredores saldrían en orden inverso, de modo que yo sería el último. Para prepararme, coloqué la bicicleta sobre los rodillos y fui probando las marchas que usaría durante el recorrido. Mientras calentaba llegó el turno de Tyler Hamilton. Su trabajo consistía en pedalear con toda la fuerza y rapidez que pudiera, independientemente del riesgo, y enviarme información técnica que pudiera ayudarme. Tyler no sólo corrió rápido, sino que durante buena parte del día nadie superó su tiempo, aunque al final Zülle hizo una marca de 1:08:26 segundos que arrebató a Tyler la primera posición.

Me tocaba a mí. Salí disparado de la zona de salida y conduje por las calles zigzagueantes. Delante de mí iba Escartín, que había empezado tres minutos antes que yo. Con la cabeza gacha, pasé junto a él mientras cruzábamos una zona de árboles y hierbas altas, tan concentrado en mi propia carrera que ni le miré. En las dos primeras fases del recorrido yo obtuve el mejor tiempo. Iba tan rápido que, en el coche de seguimiento, a mi madre se le iba la cabeza hacia atrás por los acelerones en las curvas.

Tras el tercer control de tiempo seguía en primer lugar, con 50:55. La pregunta era: ¿podría mantener el ritmo en la parte final de la etapa? Al entrar en los seis últimos kilómetros le llevaba una ventaja de 20 segundos a Zülle, pero entonces empecé a pagar el precio de todo lo anterior. Pagué por las montañas, por las colinas y por las llanuras. Empecé a perder tiempo, y me daba cuenta de ello. Si superaba a Zülle sería sólo por cuestión de segundos. Entonces, en las dos últimas curvas, muy amplias, me erguí sobre los pedales, aceleré al doblar las esquinas, intentando no caerme, pero tomándolas tan cerradas como podía; en una de ellas casi me subo a la acera y me caigo. En el *sprint* final aceleré sobre una autopista. Apretando los dientes, iba contando mientras conducía. Crucé la línea y comprobé el tiempo, 1:08:17. Había ganado por nueve segundos.

Me dirigí lentamente hasta una zona cerrada, frené y me caí de la bici, completamente agotado. Había ganado la etapa y el Tour de Francia. Ahora estaba seguro. Mi competidor más cercano era Zülle, que en la general estaba a 7:37 por detrás de mí, un margen que era imposible de superar en la última etapa hasta París.

Se acercaba el final del viaje, aunque en realidad los viajes habían sido dos: el viaje para ganar el Tour y el viaje del Tour en sí mismo. Al principio estuvo la etapa Prólogo con su estado emocional aburrido pero seguro, luego vinieron aquellas experiencias extracorporales tan curiosas de Metz y Sestrières, seguidas de los desmoralizadores ataques de la prensa, y ahora la victoria en la contrarreloj, que me proporcionaba una dulce sensación de justicia. Iba a entrar en París llevando el *maillot jaune*.

Mientras subía al podio mi madre aplaudía y sacudía una bandera, intentando secarse los ojos. Antes de la etapa no la había visto, pero inmediatamente después le di un gran abrazo y me la llevé a comer. Me dijo:

—Ni te imaginas lo que está pasando en casa. Ya sé que para ti es difícil entenderlo o incluso pensar en ello ahora, pero la gente de Estados Unidos está como loca, porque nunca antes habían visto nada así.

Después regresamos al hotel, donde nos rodeó otra masa de periodistas. Nos abrimos camino entre ellos hacia mi cuarto, donde uno de los reporteros franceses intentó entrevistar a mi madre.

—¿Podemos hablar? —preguntó. Me volví hacia él y le dije:

—No va a hablar con la prensa francesa.

Pero aquel tío seguía preguntándole algo.

—¡Déjela en paz! —pedí y, rodeándola con el brazo, me abrí camino hacia mi cuarto.

Aquella noche empecé a hacerme una idea de la reacción del público en los Estados Unidos. Llegó un periodista de la revista *People* que quería entrevistarme. Los patrocinadores no dejaban de entrar en el hotel a saludarme y darme la mano. Empezaron a llegar amigos que habían cogido el avión la noche anterior. Bill Stapleton me llevó a cenar y me dijo que todos los programas matutinos y los de última hora de la noche querían que apareciera en ellos. Suponía que tendría que volar a Estados Unidos el día después del Tour, para hacer una serie de entrevistas.

Pero, tradicionalmente, el ganador del Tour hace una serie de carreras por Europa para enseñar su *maillot* amarillo, y era una tradición que quería respetar.

—Caso cerrado —le dije—. Me quedaré aquí para esas carreras.

—Vale, muy bien —respondió—. Genial.

—Bueno, ¿tú qué opinas?

—Creo que estás cometiendo una tremenda estupidez.

—¿Por qué?

—Porque no tienes ni idea de lo que se está cociendo allí, y de lo importante que es esto. Pero ya lo descubrirás. El día en que se acabe este asunto no podrás esconderte, porque todo el mundo en Norteamérica está mirando hacia aquí.

Nike quería celebrar una rueda de prensa en Nueva York, en la tienda que tenían allí, a la que el alcalde y Donald Trump querían acudir, y la gente de Austin quería montar un desfile. Nike incluso ofreció un *jet* privado que me llevara a

Estados Unidos y estuviera de vuelta a Europa en un día, para que pudiera participar en las carreras. Yo estaba alucinado, porque había pasado un montón de años ganando carreras en Estados Unidos y no le había importado a nadie. Ahora le importaba a todo el mundo.

Pero había una parte de mí que todavía no se fiaba demasiado de mis posibilidades de ganar. Pensé que me quedaba un día más de competición y, tras la cena me metí en el cuarto, me hidraté, me di masajes en las piernas y me acosté.

La etapa final, desde Arpajon a París, es casi un paseo ceremonial de 143,5 kilómetros. Según la tradición, el pelotón debía hacer el recorrido sin correr demasiado hasta que viese la Torre Eiffel y el Arco de Triunfo, donde el equipo del U. S. Postal Service avanzaría al frente para entrar en los Campos Elíseos. Entonces empezaría el *sprint*, y daríamos diez vueltas en torno a un circuito en el centro de la ciudad. Por último, habría un desfile tras la carrera, la *vuelta de la victoria*.

Mientras rodábamos hacia París hice entrevistas sin bajarme de la bicicleta, conversé con amigos y compañeros de pelotón e incluso me comí un helado. El equipo del U. S. Postal Service, como siempre, corría con una gran organización.

—Yo no tengo que hacer nada —le dije a un miembro de una televisión—. Lo hacen todo mis amigos.

Al cabo de un rato se acercó otro equipo de televisión.

—Quisiera saludar a Kelly Davidson, en Fort Worth, Texas —dije—. Kelly, esto te lo dedico.

Kelly era la pequeña luchadora contra el cáncer a la que había conocido en la Carrera de las Rosas, y ella y su familia se habían convertido en grandes amigos.

Finalmente llegamos a la ciudad, y yo sentí una oleada de emoción mientras entrábamos en los Campos Elíseos por primera vez. Habían cerrado la avenida para que pasáramos, y tuve una visión asombrosa, con cientos de miles de especta-

dores a ambos lados del paseo de losas y ladrillo; se oían boci-
nas, el aire estaba lleno de *confetti* y colgaban banderas de todas las fachadas. El número de banderas norteamericanas que
veía entre la gente me sorprendió. En medio de la multitud,
alguien levantó un gran cartel de cartón que decía «TEXAS».
Me fui dando cuenta también de que no todas las banderas
que veía eran de los Estados Unidos, y comprobé contento
que algunas llevaban la estrella solitaria del estado de Texas.

Curiosamente, el *sprint* de las diez últimas vueltas hasta
la meta fue algo tranquilo, decepcionante, una formalidad
en la que lo único que hice fue evitar un accidente de última
hora. Luego crucé la meta. Al fin era tangible, real. Era el ganador.

Bajé de la bicicleta en mitad de la multitud. Había fotógrafos por todas partes, y personal de seguridad, y oficiales
de protocolo, y amigos que me daban palmadas en la espalda. Debía de haber unas cincuenta personas de Austin, incluyendo a Bart Knaggs y a mi querido amigo Jeff Garvey, e incluso, lo crean o no, Jim Hoyt. Mi viejo amigo había hallado
el modo de colarse entre los nuestros.

Me condujeron al podio para la ceremonia de la victoria, donde levanté el trofeo. No pude contenerme más, y bajé
de un salto para ir a las gradas a abrazar a mi esposa. Los fotógrafos me rodearon. Yo pregunté:

—¿Dónde está mi madre?

Entonces la gente se apartó y la vi. Le di un fuerte abrazo. La prensa también se arremolinaba en torno a ella, y alguien le preguntó si mi victoria era algo inesperado.

—La vida entera de Lance ha salido contra todo pronóstico —contestó mi madre.

Luego vino la mejor parte, la vuelta ceremonial de la victoria, cuando corrí junto al equipo una vez más, pedaleando
solos por los Campos Elíseos. Habíamos pasado juntos tres

semanas, y circulábamos muy, muy despacio, saboreando el momento. Un desconocido se metió en la calzada y me entregó una enorme bandera norteamericana fijada a un asta. No sé cómo llegó hasta allí, pero de repente apareció y me puso la bandera en la mano. La levanté, sintiendo una incontrolable oleada de sensaciones y emociones.

Por último, regresé a la línea de meta y hablé con la prensa, reprimiendo las lágrimas.

—Estoy abrumado, alucinado, desbordado —dije—. Sólo quisiera decir una cosa, que si alguna vez tienen una segunda oportunidad en la vida, aprovéchenla al máximo.

Vinieron a recogernos al equipo para el banquete de celebración de esa noche, una fiesta muy elaborada para 250 personas en el Musée d'Orsay, rodeados de algunas de las obras de arte más valiosas del mundo, y aunque estábamos agotados, completamente deshechos por la prueba de tres semanas, esperábamos con ansiedad el momento de levantar nuestras copas.

Llegamos al museo para descubrir las mesas exquisitamente preparadas, excepto por los extraños centros de mesa, que habían sido sugeridos por Thom Weisel: unos montoncitos de manzanas.

Levantamos nuestra primera copa de champán desde Metz, y yo me puse en pie para brindar por mis compañeros.

—Yo era el que llevaba el *maillot* amarillo —dije—. Pero creo que lo único que me corresponde de él es la cremallera, y mis compañeros se merecen el resto: las mangas, la parte delantera y la trasera.

Mis compañeros levantaron las manos. Llevaban algo atado a ellas: una manzana. Había manzanas, manzanas rojas y relucientes a mi alrededor.

Aquella noche Kristin y yo nos alojamos en el Ritz, donde teníamos reservada una suite grande y carísima. Nos cambiamos, nos pusimos los albornoces de regalo, y abrimos otra botella de champán. Era nuestro momento privado, nuestra celebración particular. Por fin volvíamos a estar solos, y nos reímos juntos al contemplar el tamaño de la suite. Cenamos en la habitación y luego nos sumimos en un sueño profundo.

A la mañana siguiente me desperté, apreté la cara contra la almohada e intenté acostumbrarme al entorno, tan poco familiar. Junto a mí, Kik abrió los ojos, y ambos nos fuimos despertando poco a poco Nos miramos el uno al otro, leyéndonos el pensamiento.

—¡Madre mía! —dijé—. He ganado el Tour de Francia.

—¡Anda ya! —costestó.

Y nos echamos a reír.

EL PAQUETE DE CEREALES

Lo cierto es que, si tuviera que elegir entre el Tour de Francia y el cáncer, me quedaría con lo segundo. Ya sé que suena raro, pero preferiría ser un superviviente del cáncer que no el ganador del Tour, y lo prefiero por lo que ha hecho por mí como ser humano, como hombre, como marido, como hijo y como padre.

En aquellos primeros días tras cruzar la línea de meta en París me vi inmerso en una oleada de atención, e intenté mantener las cosas en su justa perspectiva. Me pregunté por qué mi victoria tenía un efecto tan profundo sobre la gente. Quizá fuera porque la enfermedad es algo universal —todos hemos estado enfermos, nadie es inmune—, de modo que ganar el Tour fue un acto simbólico, prueba de que uno no sólo puede sobrevivir al cáncer, sino tener éxito después. Quizá, como dice mi amigo Phil Knight, soy una esperanza.

Al final Bill Stapleton me convenció de que tenía que coger un vuelo para estar un día en Nueva York. Nike me ofreció el *jet* privado, y Kik vino conmigo. Fue en Nueva York donde finalmente asimilamos el verdadero alcance de la victoria. Tuve una conferencia de prensa en Niketown, a la que acudió el alcalde y también Donald Trump, y salí en el show

Today y en el de David Letterman. Fui a Wall Street a tocar el timbre que abría la sesión diaria, y cuando entré en la gran sala los allí reunidos prorrumpieron en aplausos, lo que me sorprendió. Entonces, cuando salíamos del edificio, vi una gran cantidad de personas reunidas en la acera y le dije a Bill:

—Me pregunto qué estarán haciendo ahí.

—Es por ti, Lance —me dijo—. ¿Empiezas a entenderlo?

Luego, Kik y yo fuimos a Babies "R" Us. La gente se acercaba por los pasillos de la tienda a darme la mano y pedirme autógrafos. Me sentí algo cohibido, pero Kik manejó bien la situación y dijo:

—Necesitamos unos *bodies* para bebé y unos paquetes de pañales.

Para nosotros aún quedaba por llegar un acto de supervivencia más ordinario: la paternidad.

Al principio yo estaba preocupado porque, no habiendo tenido con mi padre una buena relación, temía que yo tampoco sería un buen padre. Intenté practicar cómo serlo: compré una mochila para llevar bebés y la llevé por la casa, vacía. Me la ponía y la llevaba a la cocina mientras hacía el desayuno. La llevaba cuando estaba en mi despacho, respondiendo al correo y devolviendo llamadas telefónicas, y me paseaba por el jardín trasero con ella, imaginando que dentro llevaba al pequeñajo.

Kik y yo acudimos al hospital para conocer las instalaciones, y una enfermera nos informó sobre lo que podríamos esperar cuando Kik estuviera de parto.

—Una vez nazca el niño se lo pondremos a Kik en los brazos —dijo—. Luego cortaremos el cordón umbilical.

—Yo cortaré el cordón umbilical —pedí.

—Muy bien —dijo la enfermera, conforme—. Luego, una enfermera bañará al bebé...

—Yo bañaré al bebé.

—Bueno —dijo la enfermera—. Después, llevaremos al bebé a...

—Yo llevaré al bebé —continué—. Es mi hijo.

Una tarde, ya avanzado el embarazo, Kik y yo estábamos haciendo recados en coches separados y al final acabé conduciendo detrás del suyo. Tuvé la sensación que estaba corriendo demasiado, de modo que la llamé por el teléfono del coche.

—Vete más despacio. Al que llevas dentro es mi hijo.

Durante esas últimas semanas del embarazo a Kik le gustaba decir a la gente:

—Estoy esperando mi segundo hijo.

A principios de octubre, unas dos semanas antes de que Kik saliera de cuentas, Bill Stapleton y yo fuimos a Las Vegas, donde yo tenía que dar una conferencia y arreglar un par de asuntos. Cuando llamé a casa Kik me dijo que estaba sudando y que se sentía rara, pero al principio no le dí mucha importancia. Seguí con mis ocupaciones y, cuando terminé, Bill y yo fuimos a coger el vuelo de regreso a Dallas, que tenía conexión a Austin esa misma tarde.

Desde una salita privada del aeropuerto llamé a Kik, y me comentó que seguía sudando, y que además tenía contracciones.

—Vamos, vamos... ¿No irás a tener al bebé ya? Seguro que es una falsa alarma.

Al otro extremo de la línea Kik me contestó:

—Lance, eso no me hace gracia.

Luego le dio una contracción.

—De acuerdo, de acuerdo —intenté tranquilizarla—. Voy de camino.

Subimos al avión para Austin y, cuando nos sentamos, Stapleton dijo:

—Permite que te dé un pequeño consejo de marido. No

sé si tu esposa tendrá al niño esta noche, pero en todo caso tendrías que llamarla de nuevo tan pronto despeguemos.

El avión empezó a rodar por la pista, pero yo estaba demasiado impaciente como para esperar, de modo que la llamé con el móvil desde la pista de despegue.

—Oye, ¿cómo va todo? —le pregunté.

—Tengo contracciones de un minuto, cada cinco minutos, y cada vez son más largas —me contestó.

—Kik, ¿crees que vas a tener el bebé esta noche?

—Sí, creo que sí lo voy a tener.

—Te llamo en cuanto aterricemos.

Colgué y le pedí a la azafata un par de cervezas, y Bill y yo brindamos por el bebé. El vuelo a Austin sólo duraba cuarenta minutos, pero me pasé todo ese rato moviendo las piernas, de los nervios que tenía. En cuanto aterrizamos volví a llamar. Por lo general, cuando Kik responde al teléfono suele decir «¡Hola!» con una voz llena de entusiasmo. Pero esta vez lo hizo con un «Hola» muy apagado.

—¿Cómo te sientes, cariño? —le pregunté, intentando aparentar tranquilidad.

—No muy bien.

—¿Qué te pasa?

—Espera un momento —dijo.

Tuvo otra contracción, y al cabo de un minuto volvió a ponerse al aparato.

—¿Has llamado al médico? —le pregunté.

—Sí.

—¿Qué te ha dicho?

—Que vayamos al hospital en cuanto llegues a casa.

—Vale —contesté—, ahora mismo voy para allá.

Conduje acelerando a tope, a 170 por hora en una zona donde el máximo era de 60, y entré dando un frenazo brusco en el camino que llevaba a la puerta. Luego ayudé a Kik a subir al coche y, ya con más prudencia, conduje hasta el St. David's Hospital, el mismo lugar donde me operaron del cáncer.

Olvídense de lo que dice todo el mundo sobre el milagro del parto, y de que es la experiencia más maravillosa que una persona tiene en su vida, porque fue horrible, aterrador. Pasé una de las peores noches de mi vida, preocupadísimo por Kik, por nuestro bebé y por todos nosotros.

Kik llevaba tres horas de parto, y cuando el personal de la sección de partos le echó un vistazo y vio lo dilatada que estaba, le dije:

—Eres una valiente.

Por si fuera poco problema, el niño venía al revés, con la cabecita apuntando al coxis de Kik, lo que le provocaba fuertes dolores en la espalda. Esto hizo que tuviera bastantes problemas para dar a luz, con un desgarro que sangró bastante. En ese momento el doctor advirtió:

—Tendremos que usar la aspiradora.

Entonces trajeron algo que parecía un desatascador de baño y se lo aplicaron a mi esposa. No sé lo que hicieron pero, de repente, el niño apareció. Era un niño: Luke David Armstrong había nacido oficialmente.

Cuando lo sacaron era diminuto, estaba azulado y cubierto por los fluidos del parto. Se lo pusieron a Kik sobre el pecho y nos abrazamos, pero el bebé no lloraba. Sólo produjo un par de sonidos breves, como maullidos. El personal del paritorio parecía preocupado al ver que el bebé no lloraba. «Llora», pensé. Pasó otro instante y Luke siguió sin llorar. «Venga, llora», pensé, mientras notaba la tensión que me rodeaba.

—Va a necesitar un poco de ayuda —dijo alguien.

Nos lo quitaron.

Una enfermera tomó al bebé de brazos de Kik y lo llevó a otra sala cercana, repleta de complejo instrumental médico.

De repente, todo el mundo se puso a correr.

—¿Qué pasa? —preguntó Kik—. ¿Qué sucede?

—No lo sé —repuse.

El personal médico entraba y salía de la sala a toda prisa, como si fuese una emergencia. Le cogí la mano a Kik y estiré el cuello, intentando ver qué sucedía en el otro cuarto, pero no veía a nuestro hijo. No sabía qué hacer porque mi hijo estaba allí dentro, pero tampoco quería abandonar a Kik, que estaba aterrorizada y no dejaba de decirme:

—¿Qué pasa ahí dentro, qué le están haciendo?

Al final le solté la mano y fui a echar un vistazo. Le estaban dando oxígeno con una pequeña mascarilla sobre la cara.

«¡Llora, por favor, llora!»

Yo estaba petrificado. En aquel momento hubiera dado cualquier cosa por oírle gritar, cualquier cosa. En aquella sala quedó totalmente eclipsado mi concepto previo sobre lo que es el miedo, porque cuando me diagnosticaron cáncer sentí miedo, el mismo que sentí mientras me sometía al tratamiento, pero aquello no fue nada comparado con lo que sentí cuando cogieron al bebé. Me sentí totalmente indefenso, porque esta vez no era yo el que estaba enfermo, sino otra persona, mi hijito.

Le quitaron la máscara. Abrió la boca, hizo una mueca y, de pronto, soltó un tremendo y potente «¡Guaaaa!» Chillaba como un campeón profesional del chillido. Cuando empezó a llorar le fue cambiando el color, y todo el mundo se fue relajando. Nos lo volvieron a traer. Yo lo cogí en brazos y le besé.

Lo bañé y la enfermera me enseñó cómo ponerle la fajita. Después nos fuimos juntos, Kik, Luke y yo, a una gran sala del hospital que parecía la suite de un hotel. Tenía la cama y el equipo reglamentarios de los hospitales, pero también un sofá y una mesita de café para los visitantes. Pasamos un par de horas durmiendo y luego empezaron a llegar todos:

mi madre, los padres de Kik y Bill y Laura Stapleton. Esa primera tarde celebramos una fiesta a base de pizza. Las visitas asomaban la cabeza por la puerta y se encontraban a Kik sentada en la cama, bebiendo Shiner Bock y comiendo pizza.

Mi madre y yo dimos una vuelta por los pasillos, y yo no podía evitar pensar en lo que acababa de pasar con Luke. Ahora comprendía perfectamente lo que mi madre sintió cuando creía que iba a vivir más que su propio hijo.

Pasamos junto a mi antigua habitación en el hospital.

—¿Te acuerdas de esto? —le pregunté.

Y nos sonreímos.

La pregunta que sigue pendiente es: ¿hasta qué punto fui yo un factor importante en mi propia supervivencia, hasta qué punto lo fue la ciencia y hasta qué punto fue un milagro? No tengo respuesta para esa pregunta. Otras personas intentan que se lo explique, ya lo sé. Pero, si pudiera hacerlo, tendríamos la cura contra el cáncer y, lo que es más, comprenderíamos mejor el verdadero significado de nuestra existencia. Puedo compartir motivación, inspiración, esperanza, valor y consejos, pero no puedo explicar lo que es inexplicable. Personalmente, no necesito ni siquiera intentarlo. Estoy contento, simplemente, de poder vivir para disfrutar de ese misterio.

Aquí va un buen chiste: hay un hombre atrapado por una inundación y, a medida que el agua va subiendo, trepa al techo de su casa a la espera a que alguien le rescate. Se le acerca un tío en una motora y le dice:

—¡Salte, le salvaré!

—No, gracias —contesta el otro—. Mi Dios me salvará.

Pero el agua sigue subiendo. Unos minutos más tarde llega un helicóptero de salvamento y el piloto le lanza un cable.

—No, gracias —insiste el hombre del techo—. Mi Dios me salvará.

Pero el agua sigue subiendo y subiendo, y al final cubre

el techo y el hombre se ahoga. Cuando llega al cielo le pregunta a Dios:

—Señor, ¿por qué no me salvaste?

—¡Pero será posible! —dice Dios—. ¡Si te envié una lancha y un helicóptero!

Creo que todos, en cierto sentido, somos como el hombre del techo. Pasan cosas, se dan coincidencias de acontecimientos y circunstancias y no siempre podemos conocer su propósito o ni siquiera saber si tienen uno, pero podemos aceptar nuestra propia responsabilidad y ser valientes.

Todos nos enfrentamos de un modo distinto al fantasma de nuestra muerte: unas personas la niegan, otras rezan y otras se distancian bebiendo tequila. Me sentí tentado a hacer un poco esas cosas, pero creo que se supone que debemos enfrentarnos a ella con los ojos bien abiertos y armados de coraje. La definición del valor es: la cualidad del espíritu que nos permite enfrentarnos al peligro con firmeza y sin temor.

Es un hecho que los niños que padecen cáncer tienen un porcentaje de curaciones muy superior al de los adultos, y me pregunto si el motivo será su valentía natural, inconsciente. A veces los niños pequeños parecen más capacitados para superar el cáncer que los adultos. Son personajes pequeñitos, pero muy decididos, y no hay que darles grandes charlas preparatorias, pero los adultos saben demasiado sobre el fracaso y son más cínicos, más resignados y más temerosos. Los niños dicen: «Quiero jugar. Así que pónganme bueno pronto», y eso es todo lo que desean.

Cuando la marca Wheaties decidió ponerme en el lateral de sus cereales tras el Tour de Francia les pregunté si podrían organizar una rueda de prensa en la sección infantil del hospital donde mi hijo había nacido. Mientras visitaba a los niños y les firmaba autógrafos un pequeñajo agarró una caja de cereales y se pegó a mis rodillas, aferrándola contra su pecho.

—¿Me la puedo quedar? —preguntó.

—Sí, claro que sí —contesté—. Es tuya.

Él se quedó allí, mirando la caja y luego me miró. Me imaginé que estaría impresionado o algo así, pero me dijo:

—¿Qué forma tienen?

—¿Cómo? —pregunté.

—¿Qué forma tienen?

—Bueno —dijé yo—, son cereales. Hay de todas las formas.

—Ah —dijo él. —Vale.

¿Lo ven? Para él no se trataba de cáncer, porque lo importante eran los cereales.

Si los niños tienen la capacidad de ignorar las probabilidades y los porcentajes quizá podamos aprender de ellos. Cuando pensamos en ello, ¿qué otra opción tenemos sino confiar? Tenemos dos opciones, una médica y otra emocional: rendirnos o luchar a muerte.

Cuando me hube recuperado le pregunté al doctor Nichols cuáles habían sido de verdad mis probabilidades.

—Estabas muy mal —y añadió que era uno de los peores casos que había visto. Yo le pregunté:

—Malo, ¿hasta qué punto? ¿Con una probabilidad del cincuenta por ciento?

El negó con la cabeza.

—¿Veinte por ciento? —El volvió a negar—. ¿Diez por ciento?

Volvió a decirme que no. Cuando bajé a tres por ciento asintió.

Todo es posible. Te pueden decir que tienes unas probabilidades del noventa por ciento, o del cincuenta, o del uno por ciento, pero tienes que creer y luchar. Por luchar entiendo hacerse con toda la información disponible y obtener segundas, terceras y cuartas opiniones. Hay que entender qué es lo que ha invadido tu cuerpo y cuáles pueden ser las posibles curas. Otra de las realidades del cáncer es que el paciente bien informado y valiente tiene más probabilidades de sobrevivir a largo plazo.

¿Y qué si hubiera perdido? ¿Y si hubiese recaído y el cáncer hubiera vuelto? Sigo pensando que en esa lucha hubiera salido ganando algo, porque en el tiempo que me quedara después hubiera sido una persona más completa, compasiva e inteligente; en otras palabras, una persona más viva. La única cosa de la que me ha convencido la enfermedad, más allá de toda duda, más que todo lo que he vivido como atleta, es que somos mucho mejores de lo que pensamos. Disponemos de unas capacidades que no usamos, y que en ocasiones sólo emergen cuando pasamos por una crisis.

De modo que, si existe algún propósito dentro de ese sufrimiento que es el cáncer, creo que debe de ser éste: está destinado a mejorarnos.

Me mantengo firme en la creencia de que el cáncer no es una forma de muerte. A mí me gusta redefinirlo: forma parte de la vida. Una tarde, cuando estaba en proceso de remisión y esperando a ver si el cáncer volvía o no, hice un acrónimo usando precisamente la palabra *cáncer*: «coraje, actitud, nunca ceder, capacidad de curación, entendimiento y recuerdo de mis colegas pacientes».

En una de nuestras charlas le pregunté al doctor Nichols por qué se había dedicado a la oncología, un campo tan difícil y desgarrador.

—Quizá por los mismos motivos por los que tú haces lo que haces —me contestó.

En cierto sentido, sugirió, el cáncer viene a ser como el Tour de Francia de las enfermedades.

—La carga que supone el cáncer es enorme, pero, ¿qué mayor desafío podríamos imaginar? —me dijo—. No cabe duda de que es desmotivador y triste, pero incluso cuando el paciente no se cura el médico siempre le ayuda, y si no es capaz de tratarlo con éxito, al menos puede ayudarle a sobrellevar la enfermedad, pues uno conecta con la gente.

En la oncología se producen momentos más humanos que en cualquier otro campo que se pueda imaginar. Uno nunca se acostumbra a ello, pero sí que comienza a apreciar el modo en que las personas se enfrentan al cáncer, lo fuertes que son.

«Tú aún no lo sabes, pero somos tipos con suerte», me escribió otro paciente con cáncer.

Siempre llevaré conmigo la lección que me enseñó el cáncer, y me sentiré parte de la comunidad de personas que lo padecen. Creo que ahora tengo una mayor obligación de hacer algo con mi vida, y de ayudar a todos los que estén luchando contra la enfermedad. Es una comunidad basada en la experiencia compartida, y todo el que haya escuchado las palabras «Tiene cáncer» y haya pensado «¡Oh, Dios mío, voy a morir!» es miembro de esa comunidad, de la que, una vez se entra en ella, no se sale jamás.

De modo que, cuando el mundo me parece un lugar gris falto de promesas, y cuando veo la naturaleza humana como algo despreciable, saco mi permiso de conducir y me quedo mirando la foto, y pienso en LaTrice Haney, Scott Shapiro, Craig Nichols, Lawrence Einhorn y en aquel niño al que le gustan los cereales por la forma que tienen. Pienso en mi hijo, la encarnación de mi segunda vida, que me da un objetivo más allá de mí mismo.

A veces me despierto por la noche y le echo de menos. Lo saco de la cuna y le llevo a la cama conmigo, echándolo sobre mi pecho, y cada vez que llora me siento bien. Echa atrás la cabecita, le tiembla la barbilla, agita las manos en el aire y berrea. A mí me suena como un llanto de vida.

—Sí, eso es —le animo—. Sigue así.

Y cuanto más llora él, más sonrío yo.